《老子指归》研究

◎ 樊波成　著

华 东 师 范 大 学 出 版 社

图书在版编目（CIP）数据

《老子指归》研究/樊波成著. —上海：华东师范大学出版社，2020
华东师大青年学术基金
ISBN 978 - 7 - 5760 - 0659 - 9

Ⅰ.①老… Ⅱ.①樊… Ⅲ.①道家　②《老子指归》-研究　Ⅳ.①B223.15

中国版本图书馆 CIP 数据核字(2020)第 153933 号

华东师大青年学术基金

《老子指归》研究

著　　者	樊波成
组稿编辑	孔繁荣
项目编辑	夏　玮
特约审读	王莲华
责任校对	王婷婷
装帧设计	高　山

出版发行　华东师范大学出版社
社　　址　上海市中山北路 3663 号　邮编 200062
网　　址　www. ecnupress. com. cn
电　　话　021 - 60821666　行政传真 021 - 62572105
客服电话　021 - 62865537　门市(邮购)电话 021 - 62869887
地　　址　上海市中山北路 3663 号华东师范大学校内先锋路口
网　　店　http://hdsdcbs. tmall. com

印 刷 者　当纳利(上海)信息技术有限公司
开　　本　787×1092　16 开
印　　张　14.5
字　　数　234 千字
版　　次　2020 年 10 月第一版
印　　次　2020 年 10 月第一次
书　　号　ISBN 978 - 7 - 5760 - 0659 - 9
定　　价　75.00 元

出 版 人　王　焰

(如发现本版图书有印订质量问题,请寄回本社客服中心调换或电话 021 - 62865537 联系)

　　《老子》一书虽仅五千余言，但在传统典籍中最受关注，至元代已有三千余家为之作注①，近来新刊的相关论著也是目不暇接，不可胜计。学者或探赜《老子》本义，或索隐老子生平，或寻绎思想内涵，或思考成书之过程，或梳理版本之演变，或比勘文字之异义。近数十年来第有简帛《老子》公布，使部分相关问题逐渐清晰，但仍有诸多问题治丝益棼，有待学者进一步发掘。或许是"疑古"思潮和出土文献的双重刺激，人们对原文本和作者本义的研究投入了大量的精力，但对于注释文献的研究成果则相对较少。②

　　作为中国思想史研究的文献基础，③ 百余年来中国学者在《老子》古注的辑斠考订上有着一定的学术积淀，蒙文通《道书辑校十种》④ 和严灵峰《无求备斋老子集成》初、续编⑤等书更是其中的集大成之作。放眼海外，宇佐美惠⑥

---

① 张与材《道德玄经原旨序》谓："《道德》八十一章，注者三千余家。"见杜道坚：《道德玄经原旨》，载《道藏·第一二册》，北京：文物出版社，1988，影印本，第725页上。

② 瓦格纳（Rudolf G. Wanger）指出："中国哲学注释的研究受到欧洲的宗教改革和文艺复兴对'经院哲学'（一直被视为二手的思想）的黑暗时代的蔑弃的极大影响。原文本、本来意义以及作者的本来意图一直被赞美为学术研究唯一正确的关注所在，而'前科学的'注释和注释者一直被斥责为主观主义和非学术性的，它们倾向于阐发自己的观点而非解释文本的'真正'意义。这一批评态度将杰出的能量导入对这一'科学'立场的强化。这些文艺复兴的偏见未经批判地输入中国（以及大多数中国学术共同体对它们的接受）的缺点在于，产生了大量荒芜的领域，这些领域被一概斥为不值得杰出学者投入精力的二手思想。"见瓦格纳著：《王弼〈老子注〉研究》，杨立华译，南京：江苏人民出版社，2008，第4页。

③ 加贺荣治：《中国古典解释史·魏晋篇》中《序论》和《经书解释史研究の意义と目的》两章，东京：劲草书房，1964，第1-36页。

④ 蒙文通：《道书辑校十种》，成都：巴蜀书社，2001。

⑤ 严灵峰对《老子》注疏之辑佚、校勘收在《无求备斋老子集成初编》（台北：艺文印书馆，1965）和《无求备斋老子集成续编》（台北：艺文印书馆，1970）之中。

⑥ 王弼注：《老子道德真经》，宇佐美惠考订，日本明和七年江都书肆花说堂印本。

等日本学人对《老子》古注的校定同样值得肯定，其中更以岛邦男《老子校正》最为苦心孤诣。① 海内外道教学界对《道德经》注释的研究成果同样值得重视，王明《河上公章句考》②、福井康顺《〈老子道德经序诀〉の形成》③、楠山春树《老子传说の研究》④、小林正美《六朝道教史研究》⑤、古胜隆一《贾大隐の〈老子述义〉》⑥ 等论著极具启发意义，法国道教学者贺碧来（Isabelle Robinet）也对汉魏晋六朝的《道德经》评注作了介绍和梳理。⑦

　　目前所见最早全面阐释《老子》的著作当属西汉时严遵的《老子指归》。明代刘凤认为："《老子》书注者无虑数十家，独河上公最著，然莫古于严君平矣。"⑧ 李学勤也说："对诠注疏解《老子》而言，严君平的《道德指归》是最古而又为最博大精深的了。"⑨ 西晋学者解释《老子》，也往往求诸严遵之说。但自明清以降，《老子指归》不仅亡佚其半，更有伪书之嫌，曹学佺⑩、全祖望⑪、《四库全书总目》⑫、周中孚⑬、邵懿辰⑭、章太炎⑮、吴承

------

① 岛邦男：《老子校正》，东京：汲古书院，1973。
② 王明：《河上公章句考》，《国立北京大学五十周年纪念论文集》，北京：北京大学出版部，1948。
③ 福井康顺：《老子道德经序诀的形成》，载《日本中国学会报》第十一集，1959。
④ 楠山春树：《老子传說の研究》，东京：创文社，1979。
⑤ 小林正美关于《河上公章句》《老子道德经序诀》的研究见《六朝道教史研究》（李庆译，成都：四川人民出版社，2001）相关部分。
⑥ 古胜隆一：《贾大隐の〈老子述义〉》，载《中国中古の学术》，东京：研文出版，2006，第 257 - 304 页。
⑦ Isabelle Robinet：*Les Commentaires du "Tao tö King" Jusqu'au VIIe Siècle*，Collège de France，Institut des hautes études chinoises：en vente，Presses universitaires de France，1977.
⑧ 刘凤：《严君平道德指归序》，见严遵：《道德指归论》，载沈士龙、胡震亨辑《秘册汇函》第一册，万历年间自刻本，第 1 页。
⑨ 李学勤：《严遵〈指归〉考辨》，载《古文献丛论》，上海：上海远东出版社，1996，第 209 页。
⑩ 曹学佺：《张玄羽集序》，见《玄羽外编六种》，载四库全书存目丛书编纂委员会编《四库全书存目丛书：史部二八七》，济南：齐鲁书社，1996，影印本，第 598 页。
⑪ 全祖望：《读道德指归》，载《全祖望集汇校集注》，朱铸禹汇校集注，上海：上海古籍出版社，2000，第 1455 - 1456 页。
⑫ 永瑢等：《四库全书总目》，北京：中华书局，1965，影印本，第 1242 页。
⑬ 周中孚：《郑堂读书记》，黄曙辉、印晓峰标校，上海：上海书店出版社，2009，第 1113 页。
⑭ 邵懿辰撰、邵章续录：《增订四库简明目录标注》，上海：上海古籍出版社，1979，第 618 页。
⑮ 章太炎：《菿汉昌言·连语一》，载《菿汉三言》，虞云国标点整理，沈阳：辽宁教育出版社，2000，第 94 页。

仕①、王重民②等咸以此书为伪作。近世以来，唐鸿学③、严灵峰④、王利器⑤、郑良树⑥、李学勤⑦等学者质疑这些说法，使得"真书说"逐渐压倒了"伪书说"。尽管如此，还有《说目》《总序》等重要关节存在争议。

据《释文序录》《隋书·经籍志》，严遵《老子》学著作除《老子指归》外还有《老子注》，一般认为《老子注》早已亡佚，严灵峰专门辑有严遵《老子注》（1970），但严氏所辑多与《老子指归》相重。似乎严遵《老子注》已无佚文存世。此外，道藏本《老子指归》除了包含"指归"正文外，还有不少双行小字，这部分内容既有对《指归》的注释，也有对《老子》经文的注释，由于该书号称"谷神子注"，一般认为双行小字都是谷神子的注文，⑧所以王德有整理本都将这些双行小字删去。⑨这种做法是否合适，本案将予以重新考察。

"指归"作为一种注释体式，在我国经典注疏传统中非常少见，故其性质也未有定论，或认为是"传"⑩，或认为是"说"⑪。要探求真相，则需要回到传统经解体式，联系汉代学术背景重新思考。此外，汉代经解体式由于涉及今古之学的关系，一直是研究之重点，但学者对于汉代经解体式的认识分歧不小。在梳理两汉经学相关问题的基础上，对严遵《老子》学著作体式之研究或有新的发现。

关于《老子指归》的校定、释读、辑佚，陆心源⑫和唐鸿学都颇为用力，

---

① 陆德明撰，吴承仕疏证：《经典释文序录疏证》，张力伟点校，北京：中华书局，2008，第137页。

② 王重民：《老子考》，北京：中华图书馆协会，1927，第70-72页。

③ 唐鸿学：《指归跋》，见严遵《道德真经指归》，谷神子注，载唐鸿学刊刻"怡兰堂丛书"，民国十一年成都唐氏刻本，第1页。

④ 严灵峰：《辨严遵〈道德指归论〉非伪书》，见《道德指归论》，载《无求备斋老子集成初编：第二册》，第1-8页。

⑤ 王利器：《道藏本〈道德真经指归〉提要》，载《中国哲学：第四辑》，北京：生活·读书·新知三联书店，1980，第337-360页。

⑥ 郑良树：《从帛书〈老子〉论严遵〈道德指归〉之真伪》，载四川大学历史系古文字研究室编《古文字研究：第七辑》，北京：中华书局，1982，第243-272页。

⑦ 李学勤：《严遵〈指归〉考辨》，载《古文献丛论》，第267-277页。

⑧ 《辨严遵〈道德指归论〉非伪书》，载《无求备斋老子集成初编：第二册》，第4页。

⑨ 严遵著：《老子指归》，王德有点校，北京：中华书局，1994。

⑩ 《严遵〈指归〉考辨》，载《古文献丛论》，第210页。

⑪ 王葆玹：《黄老与老庄》，北京：中国人民大学出版社，2012，第28页。

⑫ 陆心源：《群书校补》卷六十四至卷六十六，同治光绪年间归安陆氏刊本。

其后蒙文通、严灵峰、岛邦男、王德有、郑良树①等第有校定辑佚，王德有还在此基础上作了释读，②故以王德有本最为通行，但王德有对严遵本《老子》的校定并未措意，而岛邦男、郑良树则仅对严遵本《老子》作了校定。除了这些学者的成果，近来发表的马王堆帛书本和北大简本《老子》两种西汉时期的《老子》文本都可以为严遵本《老子》的校勘提供参考。③

笔者在辑佚过程中发现许多六朝道经都征引了《老子指归》，其中《妙真经》更是大段摘抄《老子指归》。《老子指归》流布不广，为何六朝道教对其特为倚重？此外，和《老子指归》关系密切的《妙真经》曾是与《黄庭经》《西升经》并称的重要道经，又牵涉佛道之争，其成书问题小林正美、④前田繁树⑤、孔力维（Livia Kohn）⑥等学者曾有专门探讨，但至今仍莫衷一是。《老子指归》与《妙真经》之关系以及相关的道教史问题也是本题亟需解决的一个重要论题。

从北宋晁说之开始⑦，就屡有学者指出王弼之《老子》学为严遵之流亚，近来德国学人瓦格纳对此也是详加论述⑧。作为最早系统详细诠释《老子》的严遵《指归》是否对历代老学有所影响呢？这又涉及《老子指归》的流传与影响。岛邦男还曾指出敦煌写卷 BD14649 + BD14738 采用了严遵本《老子》，⑨但对于该写卷的时代、作者和定名，罗振玉⑩、王卡⑪和朱大星⑫等持有不同意见。此写卷的研究除了它本身的敦煌学意义外，也能说明严遵《老子》著作的流传与影响。此外，保存至今的西汉著作非常之少，在宋代就难以索求的《老

---

① 郑良树：《论严遵及其〈道德指归〉》，载《老子新论》，上海：上海古籍出版社，2011，第 420 - 446 页。

② 严遵撰，王德有译注：《老子指归译注》，北京：商务印书馆，2004。

③ 关于严遵本与郭店楚简本、马王堆帛书本、北大汉简本《老子》的对比见北京大学出土文献研究所：《北京大学藏西汉竹书（二）》，上海：上海古籍出版社，2012，第 174 - 190 页。

④ 小林正美：《六朝道教史研究》，第 332 - 334 页。

⑤ 前田繁树：《〈老子妙真经〉小考——附〈老子妙真经〉辑佚稿》，《初期道教经典的形成》，东京：汲古书院，2004，第 243 - 263 页。

⑥ Livia Kohn, *Taoist Scripture as Mirror in Xiao Dao Lun*. Taoist Resource 4，No. 1，1993，pp. 47 - 69.

⑦ 王弼：《道德真经注》，载《中华道藏·第九册》，北京：华夏出版社，2004，第 320 页。

⑧ 瓦格纳：《王弼〈老子注〉研究》，第 26 - 46 页。

⑨ 岛邦男：《老子校正》，第 9 页。

⑩ 罗振玉：《吉石庵丛书续》，载《罗雪堂先生全集续编·第十八册》，台北：大通书局，1986，第 7743 - 7744 页。

⑪ 王卡：《中国国家图书馆藏敦煌道教遗书研究报告》，载季羡林、饶宗颐主编《敦煌吐鲁番研究·第七卷》，北京：中华书局，2004，第 345 - 380 页。

⑫ 朱大星：《敦煌本〈老子〉研究》，北京：中华书局，2007，第 102 - 105 页。

子指归》是以何种渠道流传至今？这同样是本案需要考察的内容。

要之，《老子指归》虽然是保存至今最早系统性阐释《老子》的西汉文献，但由于长期以来被认为是伪书，未得应有之重视；近来随着简帛文献的出世，已对"伪书说"有所辨正。北大简本《老子》发表后，将有更多比勘《老子》文本并触蕴显微的成果。不过，简帛《老子》虽能说明严遵本《老子》存有早期传本的特质，但并不能彻底反驳"伪书说"；要彻底厘清《老子指归》真伪问题，更需要从文献学和学术史上省思"《老子指归》为何会有伪书说"，明清以来学术史的"主流叙事"是否存在问题，相应的文献学观念作为真伪"审判程序"是否可靠。

一、严遵之生平与学术

《老子指归》作者为严遵，自陆德明《经典释文序录》以来，历代官私书目皆无异说。《三国志》卷三十八《蜀书八·秦宓传》亦载李权曰"仲尼、严平，会聚众书，以成《春秋》《指归》之文"①。严遵之生平，《汉书》卷七二《王贡两龚鲍传》云：

> 其后谷口有郑子真，蜀有严君平，皆修身自保，非其服弗服，非其食弗食。成帝时，元舅大将军王凤以礼聘子真，子真遂不诎而终。君平卜筮于成都市，以为"卜筮者贱业，而可以惠众人。有邪恶非正之问，则依蓍龟为言利害。与人子言依于孝，与人弟言依于顺，与人臣言依于忠。各因埶导之以善，从吾言者，已过半矣。"裁日阅数人，得百钱足自养，则闭肆下帘而授《老子》。博览亡不通，依老子、严周之指著书十余万言。扬雄少时从游学，以而仕京师显名，数为朝廷在位贤者称君平德。杜陵李彊素善雄，久之为益州牧，喜谓雄曰："吾真得严君平矣。"雄曰："君备礼以待之，彼人可见而不可得诎也。"彊心以为不然。及至蜀，致礼与相见，卒不敢言以为从事，乃叹曰："扬子云诚知人！"君平年九十余，遂以其业终，蜀人爱敬，至今称焉。及雄著书言当世士，称此二人。其论曰："或问：君子疾没世而名不称，盍势诸

---

① 陈寿著：《三国志》，裴松之注，北京：中华书局，1959，第973页。

名卿可几。① 曰：君子德名为几。梁、齐、楚、赵之君非不富且贵也，恶虖成其名！谷口郑子真不诎其志，耕于岩石之下，名震于京师，岂其卿？岂其卿？楚两龚之洁，其清矣乎！蜀严湛冥，不作苟见，不治苟得，久幽而不改其操，虽隋、和何以加诸？举兹以旓，不亦宝乎！"②

    严遵是蜀郡成都人，他无意出仕为官，以卜筮于市为业。③ 擅长《周易》与《老》《庄》，并在此基础上撰作了十万余言的著作《老子指归》。④ 《汉书》中扬雄赞美严遵"蜀严湛冥"，今《法言·问明》作"蜀庄沉冥"，道藏本《道德真经指归》谷神子注云："严君平者，蜀郡成都人也。姓庄氏，故称庄子。东汉章、和之间，班固作《汉书》，避明帝讳，更之为'严'。庄、严亦古今之通语。"⑤ 可知严遵本姓"庄"氏，《汉书》避明帝刘庄讳改为"严"，⑥ 后世载记皆承之。

    严遵之生卒年史籍语焉不详，《汉书》云扬雄少从严遵游学，扬雄生于汉宣帝甘露元年（前53），⑦ 则严遵生活之年代当在西汉昭宣元成之际，最迟可至新莽时期（8－23），故《道德真经指归》谷神子注云：

---

① 此句旧版中华书局1962年校点本《汉书》标点作"盍埶诸？名，卿可几"（第3057页），第15次印刷时改作"盍埶诸名卿可几"。除孟康、韦昭、颜师古、李轨、俞樾、汪荣宝外，裴锡圭先生对该句的句读或释读作过讨论（裴锡圭：《再谈古文献以"埶"表"设"》，载《裴锡圭学术文集：第四卷》，上海：复旦大学出版社，2012，第489页。

② 班固撰：《汉书》，颜师古注，北京：中华书局，1962，第3057页。

③ 严遵之传记亦见于西晋皇甫谧（215－282）《高士传》卷中《严遵》，常璩（291－361）《华阳国志》卷十《蜀郡士女》和前蜀杜光庭（850－933）《仙传拾遗》（《三洞群仙录》卷十七引），所涉史料基本不出《汉书》之范围，唯《高士传》增"王凤请交"事（疑与郑子真事相混）和"蜀有富人罗冲"事。《华阳国志》明确严遵所著为《指归》。《仙传拾遗》增"后举家升天"之事。张天雨《玄品篆》又增"宋绍兴封君平为妙通真人"。

④ 增补卷十《老子》经文下四字韵文注所缺之"也"字后，今《道藏》本"道德真经指归"之"德经"部分共计56 893字。若《道经》部分与之字数相当或略少，其字数至少10万有余。

⑤ 严遵撰：《道德真经指归》，谷神子注，《道藏：第一二册》，北京：文物出版社，1988，第342页下。

⑥ 如："庄安"，《汉书·主父偃传》作"严安"；"庄忌"，《汉书·地理志》作"严忌"；"庄助"，《汉书·严助传》作"严助"。

⑦ 《汉书·扬雄传》"年七十一，天凤五年卒"，李善注引《七略》曰："《子云家牒》言以甘露元年生也。"

君平生西汉中叶，王莽篡治，遂隐遁炀和，盖上世之真人也。①

严遵长隐不仕，品行高洁，清心寡欲，甘守贫贱，真得老庄之学。皇甫谧（215－282）《高士传》载：

> 蜀有富人罗冲者，问君平曰："君何以不仕？"君平曰："无以自发。"冲为君平具车马衣粮，君平曰："吾病耳，非不足也。我有余而子不足，奈何以不足奉有余？"冲曰："吾有万金，子无儋石，乃云有余，不亦谬乎！"君平曰："不然。吾前宿子家，人定而役未息，昼夜汲汲，未尝有足。今我以卜为业，不下床而钱自至，犹余数百，尘埃厚寸，不知所用。此非我有余而子不足邪？"冲大惭。君平叹曰："益我货者损我神，生我名者杀我身，故不仕也。"时人服之。②

扬雄赞曰：

> 蜀庄沉冥，蜀庄之才之珍也，不作苟见，不治苟得，久幽而不改其操，虽隋、和何以加诸？举兹以旃，不亦珍乎？吾珍庄也，居难为也。③

子云称赞严遵，更引之为修身之矜式。《汉书》谓扬雄"为人简易佚荡，口吃不能剧谈，默而好深湛之思，清静亡为，少嗜欲，不汲汲于富贵，不戚戚于贫贱，不修廉隅以徼名当世。家产不过十金，乏无儋石之储，晏如也"，④ 颇有严遵之风。

严遵不唯以品行高洁之隐士见称，其学术亦足称道，除了撰作《老子指归》外，《汉书》谓其"博览亡不通"，扬雄亦追述云：

---

① 严遵撰：《道德真经指归》，《道藏：第一二册》，第 342 页下。
② 皇甫谧：《高士传》，上海：商务印书馆，1937，第 78－79 页。
③ 汪荣宝撰：《法言义疏》，陈仲夫点校，北京：中华书局，1987，第 200 页。
④ 班固：《汉书》，第 3514 页。

常闻先代辐轩之使奏籍之书，皆藏于周秦之室；及其破也，遗弃无见之者。独蜀人有严君平、临邛林闾翁孺者，深好训诂，犹见辐轩之使所奉言。翁孺与雄外家牵连之亲。又君平过误，有以私遇；少而与雄也，君平财有千言耳。①

严遵长于训诂之学，并将他所见的"辐轩之使所奉言"传授于扬雄，成为编纂《辐轩使者绝代语释别国方言》之基础。

《通志·艺文略》有严遵《周易骨髓诀》一卷②，《宋史》卷二〇六《艺文志·筮龟类》又载《严遵卦法》一卷，盖为后世伪托，今皆不存。但足见严遵精于占筮，正与《说目》"阴道八，阳道九"等文的数术色彩相应。③此外，通过《汉书》传记，有学者发现严遵占筮之言行与同为"通《易经》，术黄帝、老子，博闻远见"的隐士司马季主非常类似。④严遵之易学也被认为是道家易学或黄老易学之代表。⑤然而除了《指归》中能见到的一些征引《周易》经传的文字外，并没有充分的材料来为严遵易学研究提供支撑。要对严遵学术有进一步的了解，需要更为深入和广泛地考察《老子指归》。

二、《老子指归》版本叙录

《经典释文序录》载严遵著作两种："《老子指归》十四卷"与"《老子注》二卷"。《隋书·经籍志》则载"严遵注《老子》二卷"与"《老子指归》十一卷严遵注"，可见唐初严遵《老子》学著作为两种，分别是《老子指归》和《老子注》。

---

① 周祖谟校笺：《方言校笺》，北京：中华书局，1993，第92-93页。
② 郑樵撰：《通志二十略》，王树民点校，北京：中华书局，1995，第1679页。
③ 过去学者认为严遵之易学以义理为主，不含数术。如金生杨认为严遵之易学首要特征以义理为主，卜筮为其形式而已，"严氏首先表现在鄙视卜筮之业……不屑于与其他专以卜筮为业者同流合污"。见金生杨：《汉唐巴蜀易学研究》，成都：巴蜀书社，2007，第68页。
④ 刘凤云："君平之书大有类司马季主者。"《严君平道德指归序》，见严遵：《道德指归论》，第1页。
⑤ 朱伯崑、廖名春指出严遵易学是结合黄老的第三类汉易，独立于"象数易学派"和"古易义理派"。朱伯崑：《易学哲学史：第一卷》，北京：华夏出版社，1995，第115页。廖名春、康学伟、梁韦弦：《周易研究史》，长沙：湖南出版社，1991，第123-124页。

《老子指归》之卷数，《隋志》之"十一卷"可能是"十四卷"之误。① 唐代《老子指归》似多为十四卷：除《经典释文序录》外，殷敬顺《列子释文·列子新书目录》、杜光庭《道德真经广圣义》《唐玄宗御制道德真经疏·外传》②《旧唐书·经籍志》《新唐书·艺文志》皆载严遵《老子指归》十四卷，晁公武《郡斋读书志》曰："《唐志》有严遵《指归》四十卷。"四库馆臣谓"四十卷"是"十四卷"的误倒。③《旧唐书·经籍志》《新唐书·艺文志》又曰"《老子指归》十三卷，冯廓撰"，《日本国见在书目》《崇文总目·道书类》④、宋《国史艺文志》《中兴馆阁书目》⑤《郡斋读书志》《宋史·艺文志》《天一阁书目·子部·道家类》亦载《老子指归》十三卷。按《日本国见在书目》在宽平初年（885－891）成书，⑥ 则中唐以降所见之《老子指归》多为十三卷本，与隋唐之际所见为十四卷本有异，明《正统道藏》所收严遵著、谷神子注的《老子指归》残本也是十三卷本。照此推测，《道藏》本《指归》的注释者"谷神子"应该就是冯廓（说见下节）。

关于十四卷本和十三卷本的差异，郑良树和李学勤认为：冯廓注本之所以少一卷，是不以序文之类独计成卷。⑦ 但如今十四卷本《老子指归》已不存，这一假说已经无法判断。保存至今的《老子指归》都是《德经》部分的残本。按照卷数，我们可以分为两类：

一、六卷本《道德指归论》。起卷一至卷六，原为明赵琦美（1563－1624）

---

① 李学勤指出："两《唐志》此书作十四卷，与《释文》一致，可知《隋志》十一卷有误。"（李学勤：《严遵〈指归〉考辨》，载《古文献丛论》，第209页）王利器则认为："六朝至唐《道德指归》有十一卷、十三卷、十四卷三种本，宋以后诸见于著录的，则仅有十三卷本。"（王利器：《道藏本〈道德真经指归〉提要》，载《中国哲学：第四辑》，第337－360页）。

② 此系四卷本《唐玄宗御制道德真经疏》（正统《道藏》"才一"至"才四"），非《道藏》"效一"至"效十"之《唐玄宗御制道德真经疏》（十卷本）。"才"字号四卷本有认为系杜光庭《道德真经广圣义》之节本，故《中华道藏》题为"《〈道德真经广圣义〉节略》"。董恩林则认为是五代后蜀乔讽《道德经疏义节解》（董恩林：《〈道藏〉四卷本〈唐玄宗御制道德真经疏〉辨误》，载《宗教学研究》，2005年第1期，第3－7页）。

③ 永瑢等：《四库全书总目》，第1242页。

④ 王尧臣等编：《崇文总目》，钱东垣等辑释，北京：中华书局，1985，第270页。

⑤ 王应麟《玉海》引。王应麟：《玉海（合璧本）》，影印宋元刊本，京都：中文出版社，1977，第1054页。

⑥ 池田温：《中国的史书和〈续日本纪〉》，载《唐研究论文选集》，孙晓林等译，北京：中国社会科学出版社，1999年，第410页。

⑦ 郑良树：《论严遵及其〈道德指归〉》，载《老子新论》，第420－446页。李学勤：《严遵〈指归〉考辨》，载《古文献丛论》，第208－216页。

钞本①，胡震亨（1569－1645）《秘册汇函》刻为《道德指归论》六卷②；其后版归毛晋（1599－1659），编入《津逮秘书》；张海鹏（1755－1816）搜得毛氏藏书，刊入《学津讨原》；《文渊阁四库全书》本和《丛书集成初编》本亦自《秘册汇函》本出。③ 是以六卷本刊行虽多，却同出一源，故皆题"《道德指归论》，汉严遵撰"，书首有"谷神子序""长洲刘凤子威序"和沈士龙、胡震亨题识，后接"说目"与《指归》正文。各章标有篇题，如"上德不德篇"等等。

　　二、七卷本《道德真经指归》。起卷七至卷十三，《正统道藏》即收此本，④清代藏书家所记之"钱叔宝钞本"各方面细节与此相同，盖抄自《道藏》本，⑤吴骞所见"《道德指归论》谷神子注十三卷"似乎也与之"卷帙相符"，⑥唐鸿学《怡兰堂丛书》所刻"明姚舜咨手钞蓝格本"亦为七卷。⑦《道藏》本题"道

① 《秘册汇函》本沈士龙题云："君平有《道德指归》，探检不得。壬寅冬，孝辕从赵玄度得之，为读一过。"钱谦益《牧斋有学集·题道德经指归》云："嘉兴刻《道德经指归》，是吾邑赵玄度本。"《脉望馆书目·子部·道家类》著录"《道德指归》一本"即此本也。（赵琦美：《脉望馆书目》，载孙毓修编：《涵芬楼秘笈》第六集，昃字号，上海：商务印书馆，1918，第10页）

② 万历三十二年（1604），胡震亨从赵琦美处得钞本，则此本刊刻当在1604年之后。该书署"明沈士龙、胡震亨同校"，每半页九行，每行十八字。

③ 《丛书集成初编》扉页："本馆《丛书集成初编》所选《秘册汇函》及《津逮秘书》《学津讨原》皆收有此书，《秘册》在先，故据以影印。"

④ 在《正统道藏·洞神部·玉诀类》"能五"至"能十一"。每页十行，每行十七字，《老子》经文顶格书写，《指归》低一行，《老子》四字韵文注与谷神子《指归》注用双行小字。

⑤ 钱谦益《牧斋有学集》卷四十六《题道德经指归》云："从钱功甫得乃叔宝钞本，自七卷迄十三卷，前有《总序》，后有《人之饥也》至《信言不美》四章，与《总序》相合。"钱穀（字叔宝，1508－1572）抄本后归其子钱允治（1541－1624），后钱谦益（1582－1664）得此钞本，顺治十八年（1661）钱谦益于绛云楼残帙中检得钱穀钞本并归之于族孙钱曾（1629－1701）。嗣后此书未知何往，唯陆心源《仪顾堂题跋》卷九《〈道德真经指归〉七卷本跋》云："《道德真经指归》存卷七至卷十三，题曰'蜀郡严遵字君平撰、谷神子注'。旧抄本，先列经文，每行十七字；后接《指归》，低一格，每行十六字；注文双行，前有君平自序。《敏求记》著录之钱叔宝手抄本即此本所祖也。"则陆心源所得之旧抄本即自钱穀钞本而来。案：陆氏藏钞本"先列经文""每行十七字""注文双行，前有君平自序"等特征与《道藏》本完全相同，可见陆氏藏本、钱穀钞本皆自《道藏》本而来。

⑥ 吴骞：《愚谷文存续编》卷二《谷神子注道德指归跋》云："右《道德指归论》谷神子注十三卷。平湖屈含漪茂才所藏旧钞本。……骞详玩此本，与也是园所载卷帙相符。"（吴骞：《愚谷文存续编·谷神子注道德指归跋》，载顾廷龙主编，续修四库全书委员会编《续修四库全书：第1454册》，上海：上海古籍出版社，2002，影印本，第345页）

⑦ 关于明姚舜咨手钞蓝格本，唐鸿学叙曰："每半叶十行，每行二十字，版心有'茶梦斋钞'四字，第七卷首有白文'姚舜咨图书'五字，长方印记。"范邦甸《天一阁书目·子部·道家类》载"《道德真经指归》十三卷，蓝丝阑钞本"，案：姚咨（1494－？）钞本多用蓝丝栏纸（蓝格纸）为江南藏书家所重，天一阁钞本亦多从姚咨等人借录。（见吴平：《〈天一阁书目〉初探》，载《广东图书馆学刊》，1989年第3期，第9页。）则天一阁所藏十三卷《道德真经指归》疑自姚咨钞本而来。《怡兰堂丛书》覆刻保留十行二十字版式。《老子》经文顶格书写，《指归》低一行，《老子》四字韵文注与谷神子《指归》注用双行小字，与《道藏》本同；而《序》《目》置于最后，别为一卷，则与《道藏》本不同。

德真经指归"，署"蜀郡严遵字君平撰，谷神子注"。《道藏》本书首为"昔者老子之作《道德经》也"一段文字，《怡兰堂丛书》名之为"道德真经指归序"，后接"君平说二经目"。"指归"正文各章无章题，较胡本系统多出一卷（包含《人之饥也》至《信言不美》四章），又有《老子》经文、《老子注》文及谷神子《指归》注。《怡兰堂丛书》本与《道藏》本稍异，将《序》和《君平说二经目》置于全书之末，唐鸿学谓"序目在后，别为一卷。汉人著书之例，如《法言》《史记》《汉书》《说文》等书，序目均在卷末；如《易》之《序卦》《说卦》"，[①] 是唐氏将《序》《目》移到卷末，尽管《怡兰堂丛书》本其他方面作了一些规整和辑佚，但和《道藏》本并无实质性差异。而钱曾补抄本除了没有《老子》经文和注文外，大致也与《道藏》本同，[②] 刘履芬（1827－1879）同治十年（1871）抄录即祖此本而来。[③] 今将《指归》六卷本、七卷本包含内容之异同以及各版本之源流列于如图1－1、表（1－1）：

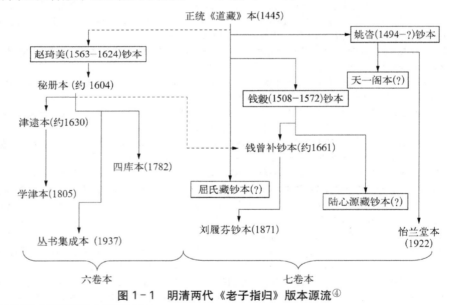

图1－1　明清两代《老子指归》版本源流[④]

① 唐鸿学：《指归跋》，《道德真经指归》，第2页。
② 案：此本在《秘册汇函》本基础上，据钱毂钞本改定卷次、补抄《总序》与第十三卷、挖改文字。
　案：黄丕烈《士礼居藏书题跋记》卷四此补钞本后归濂溪坊顾氏，并为他人所买去，而黄丕烈曾借得校勘（黄丕烈著：《士礼居藏书题跋记》，潘祖荫辑，北京：书目文献出版社，1989，第172－174页）；书后归管礼耕、韫辉斋张珩（参江澄波：《古刻名抄经眼录》，南京：江苏人民出版社，1997，第165页），今藏台湾"国家图书馆"。
③ 台湾"国家图书馆"藏钱曾补钞本《道德真经指归》有"江山刘履芬观"印，盖刘履芬钞本即自钱曾补钞本而来。今藏台北"中研院"历史语言研究所傅斯年图书馆。
④ 加方框者为已佚。

表 1-1　　《老子指归》六卷本、七卷本包含内容对照

	说目	谷神子序	总序	指归	《老子》经文	《老子》注	谷神子注	卷次
六卷本	●	●		●				1-6
七卷本	●		●	●	●	●	●	7-13

三、《老子指归》"伪书说"驳议

了解明清《老子指归》的版本源流，有助于厘清《老子指归》伪书说产生的原因及其存在的问题。

(一)《老子指归》"伪书说"及其问题

《老子指归》为严遵所著，唐宋目录及《老子》注疏皆明言之，自胡震亨刊《道德指归论》之后始有异说。曹学佺云："概见吴中近刻《道德指归》六卷，赝书耳！"① 继而全祖望更明确地质疑："予并疑是书乃赝本，非君平之作也。"② 随后四库馆臣也提出《老子指归》是"能文之士所赝托"③。由于全祖望与四库馆臣皆为清代学术重镇，其说似持之有故，颇为后来学者所引用。周中孚④、邵懿辰⑤、章太炎⑥、吴承仕⑦、王重民⑧等学者咸以此书为伪作。此外，金春峰则认为此

---

① 曹学佺：《张玄羽集序》，见《玄羽外编六种》，载《四库全书存目丛书：史部二八七》，第598页。
② 全祖望：《全祖望集汇校集注》，第1455-1456页。
③ 永瑢等：《四库全书总目》，第1242页。
④ 周中孚：《郑堂读书记》，上海：上海书店，2009，第1113页。
⑤ 邵懿辰撰、邵章续录：《增订四库简明目录标注》，第618页。
⑥ 章太炎曰："严君平《老子指归》：'身之所以为身者，以我存也；而我之所以为我者，以有神也；神之所留我者，道使然也。'中土言神我者，此为明文。然其书不见《汉志》，恐季汉学者闻婆罗门说而为此书，亦犹《列子》作于佛法初兴之世也。"见章太炎《菿汉三言》，第94页。
⑦ 吴承仕："见行《指归》六卷本为后人缀辑而成。"陆德明撰，吴承仕疏证《经典释文序录疏证》，北京：中华书局，2008，第137页。
⑧ 王重民：《老子考》，北京：中华图书馆协会，1927，第70-72页。

书部分为晚出①。

总结全祖望和四库馆臣等学者"伪书说"的理由为以下几点，但这些理由都存在着问题，引起了后来学者的诘难。经过学者的不断检讨，伪书说逐渐站不住脚。

理由1：《老子指归》不见于《汉书·艺文志》

《汉书·艺文志》未著录严遵《老子指归》，全祖望引以为说明《老子指归》非严遵所著之理由。针对该理由，王利器取陈直《汉书新证》以为《汉书·艺文志》所言的"臣君子"二卷即是《指归》。② 张国华指出姚振宗《〈汉书·艺文志〉拾补》中《汉志》未收录之西汉著作不仅《指归》一部③；李学勤不认同将《老子指归》视作《臣君子》，并指出《汉志》不载《指归》是中秘未藏之故④。案：汉成帝河平三年（前26），使刘向校经传诸子诗赋、谒者陈农求遗书属天下。（《汉书·成帝纪》《汉书·艺文志》）此时严遵尚在人世，其《老子指归》是否写定成书尚未可知，且严遵《老子》学不列学官，流传有限。是以严遵之著作不在向歆父子校理视野之内并不奇怪。⑤《汉书·艺文志》在向歆父子《别录》《七略》基础上删减而成，较刘氏目录仅增扬雄、杜林、刘向三家。余嘉锡曰："《七略》及《汉志》，皆有不著录之书也。以班固本书说推之，其故有三：一则民间所有，秘府未收也。……一则前汉末年人著作，未入中秘者，《七略》不收，《汉书》亦遂不补也。《七略》之作，由于奉诏校书，故当时人著作，成书较后者，皆不收入。"⑥

理由2：《汉书》言其"著书十余万言"，而非《指归》那样的"笺释"

此说亦为全祖望提出。案：两汉时撰作笺释类著作的同样称"著"，如《汉

---

① 金春峰：《汉代思想史》，北京：中国社会科学出版社，2006，第369－372页。
② 陈直谓："'君子'为'君平'之误字，谓严君平之《道德指归》也。……《道德指归论》共十二篇，此云两篇，或其中之一部分。名次在曹羽、婴齐之后，确与君平在元、成时代相当。"见陈直著：《汉书新证》，天津：天津人民出版社，1979，第231页。王利器：《道藏本〈道德真经指归〉提要》，载《中国哲学：第四辑》，第337－360页。
③ 张国华：《中国秦汉思想史》，北京：人民出版社，1994，第186页。
④ 针对陈直的《臣君子》即《臣君平》，李学勤指出："汉人习惯，称'臣某'必是名而不是字，例如当时两面印有'田蓉''臣蓉'。书题称'臣'，又与严遵隐遁身份不合。"见李学勤著：《严遵〈指归〉考辨》，载《古文献丛论》，第269页。
⑤ 沈钦韩曰："汉长陵三老毋丘望之、征士严遵注《老子》当缘未上中秘书，故不录。"沈钦韩：《汉书艺文志疏证》，载王承略、刘心明主编《二十五史艺文经籍志考补萃编：第二卷》，尹承整理，北京：清华大学出版社，2011，第84页。
⑥ 余嘉锡：《古书通例》，北京：中国人民大学出版社，2004，第176－188页。

书·儒林传》"雒阳周王孙、丁宽、齐服生皆著《易传》数篇",《后汉书·桥玄传》云其"著《礼记章句》四十九篇"等。

理由 3：从语言风格看，《指归》不像是西汉人的著作

全祖望曰："予尝观其文，亦颇不类西京人语。"这一理由十分牵强：音韵上，王利器指出《老子指归》的用韵规律和《淮南子》非常相似。用字和用词上，唐鸿学指出《老子指归》第七卷"夫易姓而王，封于太山，禅于梁父者，七十有二义"和扬雄《羽猎赋》云"泰山之封，乌得七十而有二仪"相同①，张岱年、王德有也指出"皇汉"等词语说明《老子指归》成书在汉代②，王利器更是详尽地罗列了书中诸如"僮子""律比"和汉礼尚右等条目，直斥全祖望之说为"信口开河"。③

理由 4：晁公武等宋人尚见足本，而《谷神子序》言"陈隋之间已逸其半"

钱曾尝质疑《谷神子序》"陈隋之间已逸其半"与晁公武以宋人反而得见全书相矛盾④，四库馆臣在此基础上指出《老子指归》为伪书。但是这个《谷神子序》仅存在六卷本中，多种七卷本《老子指归》都没有所谓《谷神子序》。故而吴寿旸即述乃父吴骞曰："前列谷神子序者，安知非明末人从十三卷中钞此《序》以冠卷首。"⑤唐鸿学也认为此《序》文并非是唐代谷神子所著，而是"明季妄人以原书序目之小注赝充，又伪续谷神子数语"，不足以动摇《老子指归》全书是汉代著作的事实。⑥严灵峰⑦、郑良树⑧也持同样观点。

理由 5：宋人所见《老子指归》都有《老子》经文，六卷本则没有

四库馆臣发现晁公武、陆游所见的《老子指归》有《老子》经文，王重民也指出陆德明《老子音义》、范应元《古本集注》等书都有提及严遵本《老子》，但他们见到的《老子指归》却"不载经文"，足见其伪。⑨然而，这种说法仅对

---

① 唐鸿学：《指归跋》，载《道德真经指归》，第 1 页。
② 王德有：《严君平〈老子指归〉真伪考辨》，载《齐鲁学刊》，1985 年第 4 期，第 60-64 页。
③ 张岱年《序》、王德有《自序》，皆见严遵撰，王德有译注：《老子指归译注》，北京：中华书局，2004，第 1-13 页。
④ 钱曾著，管庭芬、章钰校证：《读书敏求记校证》，余彦炎标点，上海：上海古籍出版社，2019，第 223 页。
⑤ 吴寿旸：《拜经楼藏书题跋记》，载《续修四库全书》：第 940 册，第 419-420 页。
⑥ 《指归跋》，载《道德真经指归》，第 1 页。
⑦ 严灵峰：《辨严遵〈道德指归论〉非伪书》，见《道德指归论》，载《无求备斋老子集成初编：第二册》，第 2 页。
⑧ 郑良树：《论严遵及其〈道德指归〉》，载《老子新论》，第 420-446 页。
⑨ 王重民：《老子考》，第 70-72 页。

六卷本有效，而多数七卷本《老子指归》都有《老子》经文，足见六卷本没有《老子》经文不足以说明《老子指归》为伪书。此严灵峰、王德有等皆有论及。

理由 6：所引之"庄子曰"，不见于今之《庄子》

四库馆臣认为《老子指归》引用的"庄子曰"无一见于今本《庄子》，可见《老子指归》的不可信。[①] 自焦竑（1540－1620）以来，很多学者都误将《老子指归》的"庄子曰"当作《庄子》的佚文。[②] 不过张燧（1705－1750）早已指出："《道德指归》前有谷神子《序》，其云严君平姓庄氏，故称庄子，《班史》避明帝讳，更之为严，然则篇中所称庄子者，皆君平自称也。"[③] 陆心源[④]、严灵峰[⑤]、王利器说同。

理由 7：上半部已经亡佚，而《说目》却得保存

《四库提要》还提出"既云佚其《上经》，何以《说目》一篇独存？"《说目》冠于全卷之前，如果是作为上经的《道经》部分亡佚，那么《说目》也应该一起亡佚才对。近来学者应对这一怀疑，有两种解释：一、唐鸿学、张国华、王利器、李学勤都认为汉人著书，多将序目置于卷末，因此《说目》得以保存。这是根据《怡兰堂丛书》本而来的解释。二、王德有则认为，《老子指归》应是《德经》为上，《道经》为下，《说目》在《德经》之前，故而即便《道经》遗失，也不影响《说目》。[⑥]

（二）"《老子指归》为伪书"说多由于所据版本有误

上述支持《老子指归》为伪造理由共七则，全祖望所指的三则都没有很坚实的论据，多属臆断；而四库馆臣所提四则虽似有依据，但都来源于六卷本

---

① 纪昀也认为："昔郭象注《庄子》，盖多删节，凡严君平《道德指归论》所引而今本不载者，皆象所芟弃者也。"（纪昀：《史通削繁序》，见《纪文达公遗集》，载《续修四库全书》：第 1435 册，第 356 页）

② 焦竑：《读庄子》，载《庄子翼》，1914 年（民国三年），蒋氏慎修书屋刊本，第 4 页。又：阎若璩笺注本《困学纪闻》，见王应麟：《困学纪闻全校本》，翁元圻等注，乐保群、田松青、吕宗力校点，上海：上海古籍出版社，2008，第 1258－1259 页。

③ 全祖望：《全祖望集汇校集注》，第 1455 页。

④ 陆心源：《仪顾堂题跋》，载《续修四库全书》：第 930 册，第 114 页。

⑤ 严灵峰：《辨严遵〈道德指归论〉非伪书》，见《道德指归论》，载《无求备斋老子集成初编》：第二册，第 2 页。

⑥ 王德有：《严君平〈老子指归〉真伪考辨》，载《齐鲁学刊》，第 63 页。

《指归》，这些理由如果放在七卷本上，基本上都不能成立。所以"《老子指归》为伪书"这一说法完全是由于所据版本有误。由上表我们可以得知，六卷本虽然流布较广，其实都出自赵琦美抄本，这一抄本和七卷本相比，删去了《老子》经文、《老子》注文、谷神子注文和《总序》，却无端在谷神子注的基础上生造了所谓《谷神子序》。历代的辨伪学者也正好盯住了所删之《老子》经文和所增之《谷神子序》上，使《老子指归》有了伪书之嫌。

除了揭橥"伪书说"的不可靠外，近来学者还举出许多例证说明《老子指归》就是汉代严遵所撰。

首先是《老子指归》的经文，唐鸿学首先指出"终日嗥而嗌不嚘"《指归》释曰"啼号不嚘，可谓志和"，扬雄《太玄·夷·次三》曰："柔婴儿于号，三日不嚘。"测曰："婴儿于号，中心和也。"《太玄》所言正与《指归》同，正可说明《指归》为扬雄老师严遵所撰。[①] 七十年代岛邦男也将《老子指归》的经文视作"现存《老子》最古的严遵本"，并发现罗振玉校录的"《老子义》"[②]就属于"《严遵》本系统"。[③] 马王堆帛书出土后，高明[④]和郑良树[⑤]发现《老子指归》所附的《老子》经文和西汉早期的《老子》文本非常相似，足见七卷本《老子指归》的古旧和珍贵，正与陆游所谓之"《道德经指归》古文"相印证。

其次，历代不少著作征引的严遵之说多数都见于今本《老子指归》。唐鸿学指出梁刘昭《续汉书·祭祀志》注引"庄子曰"即见于今《老子指归》第七卷中，其后，严灵峰、岛邦男、王利器、王德有等学者都指出唐宋老学著作如《唐玄宗御制道德真经疏》、强思齐《道德真经玄德纂疏》、陈景元《道德真经藏室纂微篇》等引用《老子指归》与今本同，足见《老子指归》不伪。

四、从上孙家寨汉简所见之汉代军制看《老子指归》的真伪

《老子指归》有着明显的汉代特征，在宇宙观上，《老子指归》"虚无生

---

① 唐鸿学：《指归跋》，载严遵：《道德真经指归》，第1页。
② 国图敦煌写卷唐写本 BD14649（原编号"新0849"），为罗振玉贞松堂旧藏，曾刊布于《敦煌石室遗书三种》。写本的定名和性质学者多有讨论。笔者认为此写卷是梁陈时期的《老子》解说，极有可能是梁元帝的《老子讲疏》。
③ 岛邦男：《老子校正》，第8页。
④ 高明：《老子道德经古注偶识》，载《高明论著选集》，北京：科学出版社，2001，第324－325页。
⑤ 郑良树：《从帛书〈老子〉论严遵〈道德指归〉之真伪》，载《古文字研究·第七辑》，第243－272页。

浑沌""神明"等观念与《淮南子》和《管子》中《内业》《白心》《心术》诸篇相近。《治大国章》云"是故鬼神治阴，圣人治阳"，由"是故"二字可知"鬼神治阴，圣人治阳"是汉代流行的言论，这也正好与《论衡·雷虚》"或论曰，鬼神治阴，王者治阳"相应；又如《治大国章》"太一之所主"，可与汉武帝元鼎五年（前 112）之后西汉王朝将太一奉祀为国家最高主神的史实相印证。[①] 再如《指归》解读《老子》"势成之"曰"德以无设之设，遂万物之形而无事"，即以"设"字来解释"势"，这也是西汉以前特有的语言现象。[②]

除以上所论外，新出简牍也为《指归》成书于西汉提供了证据。

《以正治国章》讲述用兵时说："从高击下，以众制寡；坚校部曲，官队相伍，上护其下，下救其上，三军相保，亲如父子。"其中"坚校部曲，官队相伍"一语，王德有认为"校"为古代军营名称，"坚校"即坚固的营垒，是"巩固队伍""官兵配合"之意[③]，未必可信。"坚校部曲，官队相伍"是汉代军制的各级，这样解释才能与下文"上护其下，下救其上"相合。

1978 年青海大通县上孙家寨 115 号西汉晚期汉墓中有一批关于军队建制和军法的内容，如"五人曰伍"（126），"千行，五百将斩"（044、056、027、232、218、354）"以曲千行，侯斩""以部千行，司马斩""以校千行，军尉斩"，"相□，各以其后队右"（156），"左部前曲左右官"（361），"曲前与右官前队"（252）等等，[④] 李零概括其军队编制为"军、校、部、曲、官、队、什、伍"。[⑤] 与《通典》一四八《立军》引《司马穰苴》之"五人为烈""二烈为火""五火为队""二队为官""二官为曲""二曲为部""二部为校""二校为裨，二

① 刘屹指出"汉武帝时太一处于独尊地位，西汉末年（汉平帝元始五年，即公元前 5 年——引者注）则通过将皇天上帝与太一合二为一的做法，事实上重新恢复了周秦政治传统皇天（昊天）上帝的地位，降低了太一的地位。东汉建国，国家祭典仍'采用元始中郊祭故事'，却是祭祀'皇天上帝、后土神祇'，太一连与皇天上帝连称并举的资格也丧失了。"刘屹：《象泰壹之威神——汉代太一信仰的文本与图像表现》，载《神格与地域：汉唐间道教信仰世界研究》，上海：上海人民出版社，2011，第 26 - 27 页。
② 裘锡圭指出在古文献和出土简帛中常有读作"设"的"势"或"埶"字（或误作"执"）出现；在马王堆帛书、银雀山汉简和武威汉简等出土的西汉简帛中，把"埶"字"改用'设'字的情况也很常见。而在东汉，这种"埶"读作"设"的现象几乎绝迹。裘锡圭：《古文献中读为"设"的"埶"及其与"执"互讹之例》，载《东方文化》1998 年第 1、2 号合刊，第 39 - 45 页。
③ 严遵著，王德有译注：《老子指归译注》，第 180 页。
④ 青海省文物考古研究所：《上孙家寨汉晋墓》，北京：文物出版社，1993，第 192 - 194 页。
⑤ 杜佑：《通典》，王文锦、王永兴、刘俊文等点校，北京：中华书局，1998，第 3792 页。

裨为军"的军制略有差异。《续汉书·百官志》以"军、营、部、曲、屯"为军队建制，按《汉书》颜师古注，"校"即"营"，可与竹简互参。

如果了解两汉军队建制为"军、校、部、曲、官、队、什、伍"，则《指归》"坚校部曲，官队相伍"一语则涣然冰释。此句之"坚"可能是"中坚"①，案："坚""军"西汉音皆在见纽真部（西汉文部归入真部），即中军之意。马融《广成颂》云"校队案部，前后有屯；甲乙相伍，戊己为坚"，"戊己"为中央，"戊己为坚"即中军之意。②《汉书·翟方进传》"中坚将军"即中军将军，《后汉书·光武帝纪》"冲其中坚"，中坚即中军。"中坚"下亦有"校"，王粲《汉末英雄记》（《三国志·袁绍传》裴松之注引）云："白马义从为中坚，亦分作两校。"汉简"军、校、部、曲、官、队、什、伍"的军队建制和《指归》"坚（军）校部曲，官队相伍"一语若合符契。根据陶器的组合、特点以及五铢钱和铜镜的分析，这批军制竹简所在的M115大约可以断代于昭宣之后、王莽之前的西汉晚期，到元、成、哀、平时期。③ 正与严遵之生活年代相符。

从军制的演变看，"军、校、部、曲、官、队、什、伍"是西汉特有之军制，上揭《续汉志》东汉军制为"军、营、部、曲、屯"，"营""校"，"官""屯"常常互作，故马融《广成颂》曰："校队案部，前后有屯，甲乙相伍，戊己为坚。"④ 魏晋以降，部曲不再是军队建制，而是军队之通名尤其是私人武装的代称。故而由"坚校部曲，官队相伍"断定，《指归》的成书确定在西汉，尤其可能是西汉中晚期的元、成、哀、平时期。

五、严遵本《老子》的成立

由上可知，《老子指归》绝非伪书，而是西汉时期严遵所作，既然如此，它所附的《老子》经文很有可能就是严遵本《老子》。

---

① 王先谦：《后汉书集解》，北京：中华书局，1984，第682页。
② "戊己为坚"与学界争议较大之"戊己校尉"无关。《百官公卿表》和悬泉汉简都说戊己校尉下为曲侯，是"戊己校尉"为"校"一级，而"戊己为坚"则为军一级。案：该句前云"校队案部"，则"校"一级已言之，不必赘陈。
③ 青海省文物考古研究所：《上孙家寨汉晋墓》，第206页。
④ 范晔撰：《后汉书》，李贤等注，北京：中华书局，1965，第1959页。

(一)《老子指归》之经文即为严遵本《老子》

　　严遵本《老子》在陆德明《经典释文》中凡两见，分别在"澹兮其若海"及"稽式"下，北宋陈景元《道德真经藏室纂微篇》和南宋范应元《老子道德真经古本集注》中都提及严遵本，由此可见到隋唐至两宋的学者都见到过严遵本《老子》。除李学勤认为《指归》最初可能没有经文外[①]，多数认为《老子指归》不伪的学者都将《老子指归》所附的经文视作"严遵本《老子》"。

　　尽管朱谦之在撰写《老子校释》时，就从文字上证明严遵本和河上本是同一系统[②]，但朱氏的论证和结论存在问题。真正发现严遵本《老子》及其价值还是在马王堆帛书《老子》发表后。由于《老子指归》的《老子》经文和帛书本非常相似，说明《老子指归》经文具有明显的西汉特征，当即严遵本《老子》。[③] 郭店楚简、北大简本《老子》发表后，这种相似得到进一步证实，例如：

　　1. "昔之得一者"章：帛书本、北大简本与《指归》经文作"神得一以灵，谷得一以盈，侯王得一以为天下正"，无"万物得一以生"句，与王弼本、河上公本及傅奕本等今传本异。

　　2. "昔之得一者"章：帛书本、北大简本与《指归》经文作"谷无以盈，将恐竭；侯王无以为正，而贵高将恐蹶"，无"万物无以生将恐灭"句，与今传本异。[④]

　　3. "勇于敢则杀"章：帛书本、北大简本与《指归》经文作"常知此两者，或利或害，天之所恶，孰知其故"，无"是以圣人犹难之"句，与今传本异。[⑤]

---

① 李学勤：《严遵〈指归〉考辨》，载《古文献丛论》，第 211 页。

② 朱谦之氏谓严遵本与河上本相接近，傅奕则为王弼本之发展，此为《老子》旧本之两大系统（朱谦之：《老子校释》，北京：中华书局，1984 年，第 1 页）。案：这样的系统分法不符合史实和异文，论证稍为牵强。

③ 见高明：《老子道德经古注偶识》，载《高明论著选集》，第 324－325 页。郑良树：《从帛书〈老子〉论严遵〈道德指归〉之真伪》，载《古文字研究：第七辑》，第 253 页。

④ 陈景元《道德真经藏室纂微篇》云："严君平本无'万物得之以生'并下文'万物无以生将恐灭'十四字。"则宋初《指归》之经文已如此，非传抄脱误。除简帛本外，仅国图藏敦煌写本 BD14649 梁元帝《老子讲疏》（拟）与之同。

⑤ 除简帛本外，仅唐景龙二年龙兴观碑本、《道德真经次解》载遂州碑与敦煌本成玄英《道德经序诀义疏》（编号 P. 2517）与之同。

4. "其安易持" 章：帛书本、北大简本与《指归》经文作"百仞之高，始于足下"，定州汉简《文子》1178 简亦曰"……之高，始于足下"①，"百仞之高"，今各本多作"千里之行"，与今各传本异。②

以上所指的还是一些比较明显的特征，简帛《老子》与七卷本《指归》中《老子》经文相似处还有不少，例如"百姓难治，以上有为，是以不治"，传本多作"民之难治，以上有为，是以难治"，唯帛书本、北大简本与敦煌五千言本（编号 S. 6453、P. 2255 等）与严遵本同；而"陆行不避兕虎"，传本皆作"遇"，唯帛书本、北大简本与之同；又如《指归》经文将"知者不博，博者不知"放在"善者不辩，辩者不善"之前，也仅有帛书本、北大简本与之同；再如《指归》之《老子》经文"水之胜强"，今传本《老子》《淮南子·道应训》多作"弱胜强"或"弱之胜强"③，唯帛书乙本、北大简本作"水之胜刚也"。④

除了和简帛《老子》的特征相近外，七卷本《老子指归》的经文还有不少特点和《庄子》《韩非子》《淮南子》等书相合，如"盛德若不足"，传本多作"广德"，唯《庄子·寓言》及《史记·老子列传》与《指归》之经文同。⑤ 由此可见，学者们关于七卷本《老子指归》的《老子》经文就是严遵本《老子》的判断无疑是正确的。

（二）今严遵本《老子》多遭改易

尽管七卷本《老子指归》中的经文就是西汉时期的严遵本《老子》，但也要认识到存于《道藏》的严遵本《老子》经历了千余年的传抄，和王弼本、河上公本等汉魏传本一样，很多地方遭到了主流传本的同化。蒙文通指出：

---

① 河北省文物研究所定州汉简整理小组：《定州西汉中山怀王墓竹简〈文子〉释文》，载《文物》，1995年第 12 期，第 27 页。
② 《指归》亦释云"百仞之高，昭昭冥冥，干于青霄者，以为卑小，不为高大也"，与经文相应。除简帛本外，仅《道德真经次解》载遂州碑本与敦煌本成玄英《道德经序诀义疏》（编号 P. 2517）与之相同。
③ 《怡兰堂丛书》本和岛邦男校定的严遵《老子》经文也改作"弱之胜强"。
④ 马王堆帛书甲乙本、北大简本与严遵本《老子》之比较可参北京大学出土文献研究所：《北京大学藏西汉竹书（二）》，上海：上海古籍出版社，2012，第 174 – 190 页。但《竹书》整理者所引的严遵本《老子》未经校定，尚不能完全反映三者之关系。
⑤ 郑良树：《论严遵及其〈道德指归〉》，载《老子新论》，第 420 – 446 页。

《老子》异本最多，五千文本最鄙不足取。凡唐之石刻及敦煌写本，皆从五千文本出，至不足据。开元御注即从五千文出，于是唐以来注《老子》者一依开元。政和御注又依开元，宋以来注《老子》又依之。即在开元前之《老子注》者，后人皆依开元本改之。即《河上章句》，见于《意林》及《群书治要》所引者，乃河上真本，近影印三宋本《河上章句》，经文皆依开元《经》改之，《注》文亦多删损；惟强、顾二家所引《章句》与《意林》《治要》合，始为全文。严君平《道德指归》亦然。《正统道藏》各《老子注》，后人皆以御注本改之，踵讹袭谬，且千载也。①

蒙文通强调五千言本和御注本对各本《老子》的影响，揭橥了《老子》各本互相影响的事实。严遵本也不例外，陈景元、范应元看到的《老子指归》与今天所见者就小有差异，如今道藏本等《指归》"坦然而善谋"，陈景元《道德真经藏室纂微篇》曰："开元御本、河上公本、并作'繟然'，严君平今作'默'，王弼本作'坦'。"②则陈景元所见之严遵本当作"默然而善谋"。案：《指归》释经文云："故不争而无所不胜，不言而无所不应，不召而无所不来，寂然荡荡，无所不图。"其中"不言而无所不应""寂然荡荡"皆可与"默"字相应，谷神子注"不言而自谋者也"也与严遵经文"默然而善谋"相应。且"默然而善谋"与北大简本、傅奕本同，《道德真经次解》载遂州碑本、敦煌本成玄英《道德经序诀义疏》（编号 P. 2517）作"不言"，亦与严遵本义同。

关于严遵本《老子》的本来面貌，更多地还是需要考察《指归》文本中的对应解说。例如今严遵本《老子》"大辩若讷"与河上公本、王弼本、傅奕本同。但《指归》云"是以赢而若绌，得之若丧"；严遵《老子注》亦云"满若空也"，"赢"（嬴）与"满"义正同。则此处经文本当作"大赢（嬴）若绌"。帛书本正作"大赢若绌"，与之同；高明释作"最大的赢余如若亏损"；③而郭店简、北大简本作"大成若诎""大盛若绌"，也接近"大赢若绌"之义。又：《含德之厚章》"终日嗥而嗌不嗄"，《指归》释曰"可谓志和"，《老子注》也释之以

① 蒙文通：《〈老子〉王弼本校记·叙录》，载《佛道散论》，北京：商务印书馆，2011，第 113 页。
② 陈景元：《道德真经藏室纂微篇》，载《道藏·第一三册》，第 721 页中。
③ 高明：《帛书老子校注》，北京：中华书局，1996，第 44 页。

"音声和"。"不嗄"并无"和"之义，但和"嗄"常常相混的"噫"却为"不和"义。扬雄《太玄·夷·次三》："柔，婴儿于号，三日不噫①。测曰：婴儿于号，中心和也。"② 扬雄此文以"不噫"为"和"。"噫"为"气逆"，《针灸甲乙经》等以五脏气不和为"逆"，故《元包经传·解卦》云："无俾噫呻以伤尔和气。夫政理则人顺，人顺则气和；政乱则人怨，人怨则气逆。"③ 严遵《老子注》与《指归》皆以"和"作解，则严遵本《老子》亦当作"噫"。④ 正与之相应，马王堆帛书本作"发"，北大简本作"幽"，郭店简本作"忧"，皆读作"噫"。⑤ 关于严遵本《老子》经文之详细校定可参已出版之《老子指归校笺》。⑥可以确定的是，参照《指归》和《老子注》校定的严遵本《老子》经文与帛书本、北大简本乃至郭店本，在文本特征上更加接近。足见《老子指归》的经文和本身都是西汉时期的著作，具有重大的意义和珍贵的价值。

六、《说目》《总序》真伪重探——严遵本《老子》的上下经次序

严遵本《老子》遭到改易不仅反映在前揭字词上，也反映在更大的方面，例如上下经次序的调整上。

道藏本《道德真经指归》全书之首依次有"昔老子之作《道德经》也"一段文字以及《君平说二经目》一篇。前者学者多称之为《总序》，后者则多简称为《说目》。《说目》和《总序》两篇文辞相近，内容也互为表里，故而李学勤指出《说目》和《总序》很可能出于一手。⑦ 两篇文字字数虽然不多，却有着事关西汉晚期严遵本《老子》篇次及其分章的重要信息，《说目》云：

---

① 案：司马光《集注》，范望本作"嗄"，宋衷、宋惟乾、陆绩、王涯本作"噫"。（扬雄撰，司马光集注：《太玄集注》，刘韶军点校，北京：中华书局，1998，第49页）俞樾《诸子平议》以为作"噫"为长，与"柔"字为韵，俞说为长，说详扬雄著，郑万耕校释：《太玄校释》，北京：北京师范大学出版社，1989，第73页。

② 扬雄撰，司马光集注：《太玄集注》，第49页。

③ 卫元嵩撰、苏源明传、李江注：《元包经传》卷四，上海：商务印书馆，1939，第24页。

④ 唐鸿学：《指归跋》，载《道德真经指归》，第1页。

⑤ 北京大学出土文献研究所：《北京大学藏西汉竹书（二）》，第131页。

⑥ 严遵撰，樊波成校笺：《老子指归校笺》，上海：上海古籍出版社，2013。案：拙作付梓时北大简本《老子》尚未发表，今将校定情况与北大简本对勘，发现基本与北大简本相合。

⑦ 李学勤：《严遵〈指归〉考辨》，载《古文献丛论》，第215页。

庄（严）子曰：昔者老子之作也，变化所由，道德为母，劾经列首，天地为象，上经配天，下经配地。阴道八，阳道九，以阴行阳，故七十有二首。以阳行阴，故分为上下。以五行八，故上经四十而更始；以四行八，故下经三十有二而终矣。……①

《总序》亦云：

自大陈小为之"上"，纪道论德谓之"经"。始焉《上德不德》，化由于道，而道不为之主，故授之以《昔之得一》。……②

由此不难看出严遵将《德经》视作"上经"，分为四十章，始于《上德不德章》；而将《道经》视作"下经"，分为三十二章，按照《序》《目》所言，严遵本《老子》，《道》《德》二经的次序虽与今各传本不同，却和帛书本、北大简本相同；而严遵将《老子》一书分作七十二章，更是典籍仅见。诚如李学勤所说："这一点如果成立，可谓关系重大。试想《德经》在前的《老子》本子，不仅见于汉初长沙，到元、成时仍存于蜀地，这自然是学术史上的重要现象。"③

（一）《说目》"伪作说"辨疑——兼论"目"体式的变化

然而许多学者如严灵峰、李学勤两位先生认为《说目》《总序》都是伪作，④ 王利器虽然认为《说目》是严遵所作，但认为《序》文出自谷神子。⑤ 正因为如此，学者们对严遵本《老子》上下经的次序往往持审慎态度。例如裘锡圭一开始认为严遵本《老子》篇次与帛书本同，但不久又从李说，认为严遵本次序应该与河上公等传本相同。⑥ 这些学者认为《序》《目》两篇是伪作、严遵

---

① 严遵撰，谷神子注：《道德真经指归》，载《道藏：第一二册》，第342页中。
② 同上书，第341页中。
③ 李学勤：《严遵〈指归〉考辨》，载《古文献丛论》，第213页。
④ 严灵峰：《辨严遵〈道德指归论〉非伪书》，载《道德指归论》，见《无求备斋老子集成初编：第二册》，第8页。李学勤：《严遵〈指归〉考辨》，载《古文献丛论》，第208-216页。
⑤ 王利器：《道藏本〈道德真经指归〉提要》，载《中国哲学：第四辑》，第337-360页。
⑥ 裘锡圭：《出土古文献与其他出土文字资料在古籍校读方面的重要作用》，载《中国出土古文献十讲》，上海：复旦大学出版社，2004，第145页。

本《老子》仍当以"道""德"为序的理由可以归纳为以下几点：

1. 《指归》若以"德道"为序，何等奇异，怎么会无人提到呢？

2. 今道藏本《指归》卷七至卷十三为《德经》，共计四十章。与"上经为德经""下经三十二章"不合。

3. 《指归》没有很强烈的阴阳、刑德色彩，而《说目》的数术色彩却非常浓厚。

问题 1 和 2 其实可以用一种假设来解释，那就是在各传本《老子》都以"道""德"为次的强势背景下，《老子指归》经谷神子或其他编纂者之手已改回《道经》在先、《德经》在后的顺序。然而，正如郑良树所指出的，目前残存道藏本《老子指归·德经》虽然处在"下经"的位置，但还是分作四十章，与《说目》同；分章之详情也与《总序》相同。[①]

《君平说二经目》谓"庄子曰……上经众而下经寡"，显然字数较多的《德篇》作为"上经"就是严遵的意思。但由于河上公本和五千言本的大行其道，"道""德"之次成为主流，故而整理者依据主流传本修改了次序，此"文本趋同"[②] 之典型，一如今王弼本《老子》的文字和分章也受到河上公本的影响，乃至与注文不合，已非原本之旧。

问题 3 认为《说目》的数术色彩与《指归》不符，这是不准确的。《说目》天地阴阳、阳奇阴偶强烈的阴阳刑德理论与《指归》正文并无二致，而且也和严遵易占者的身份相符。《指归》正文中带有阴阳数术色彩的文字有不少，如：

1. 《上德不德章》：清者为天，浊者为地，阳者为男，阴者为女。

2. 《治大国章》：故鬼神治阴，圣人治阳；治阴者杀偶，治阳者杀奇。

3. 《大成若缺章》：阴物穴居，阳物巢处。[③]

---

① 郑良树：《论严遵及其〈道德指归〉》，载《老子新论》，第 420－446 页。
② 刘笑敢：《老子古今》，北京：中国社会科学出版社，2005，第 10 页。
③ 穴阴巢阳之说，见范宁：《春秋穀梁传集解·昭公二十五年》引刘向曰："去穴而巢，此阴居阳位。"

4.《以正治国章》：天地之道，一阴一阳，阳气主德，阴气主刑。①

其中第一条"阳者为男，阴者为女"可以对应《说目》"夫妇之配"；第二条"治阴者杀偶，治阳者杀奇"可以对应《说目》"阳道奇，阴道偶"；第四条"天地之道，一阴一阳"可以对应《说目》"天地之数，阴阳之纪"。

《汉书·王贡两龚鲍传》谓严遵"筮于成都市"，《通志》亦谓严遵著有《周易骨髓决》一卷。作为一位专精于易占的学者，《说目》提出的"阴八阳九"之数正与严君平之易占者身份相符：汉易视六为阴爻、八为阴象、七为阴爻、九为阳象，《易纬·是类谋》"孔子演曰：天子亡征九，圣人起有八符"，郑玄注："九八，亦阳爻、阴象之数也。"②

《说目》云"昔者老子之作也……上经配天，下经配地……上经众而下经寡"，可知严遵时已经有"上经""下经"的题名了，而且分别对应《德经》（四十章故曰"众"）和《道经》（三十二章故曰"寡"），这正与北京大学新获竹简《老子》的篇题与篇次相符。北大简《老子》正有"上经""下经"字样的篇题，也分别对应"德经"和"道经"。③

除了北大简，用韵也能说明问题，《说目》字数虽然不多，但其用韵不乏汉代特色，例如"下""后""寡"和"主""绪""户""数""敷"两组用韵都是鱼侯通押，这正与西汉侯部归入鱼部的事实相符④，也能印证《说目》不伪。

林希逸（1193－1271）在《老子鬳斋口义·发题》中就已经引到了《说目》中严遵本《老子》分章的内容⑤，尽管林氏并不认可严遵的做法，但并不妨碍说明《说目》在宋代已经存在的事实。同时期的董思靖《道德真经集解·序说》（1246）也记录了："严遵以阳九阴八相乘为七十二，上四十章，下三十二章。"⑥ 这些都是宋代人亲见《说目》的明据，这也大大减少了《说目》伪作的可能性。而且由于两宋时期《指归》之《道经》部分尚未亡佚，林氏、董氏应该是能看到全书的，也不难推知在他们的时代《说目》"上经四十章，下经三十

---

① 严遵：《道德真经指归》，载《道藏·第一二册》，第368、373、353、368页。
② 安居香山、中村璋八辑：《纬书集成》，石家庄：河北人民出版社，1994，第287页。
③ 韩巍：《北大汉简〈老子〉简介》，载《文物》，2011年第6期，第68页。
④ 罗常培、周祖谟：《汉魏晋南北朝韵部演变研究》，北京：中华书局，2007，第13页、第21页。
⑤ 林希逸：《老子鬳斋口义》，黄曙辉点校，上海：华东师范大学出版社，2010，第1页。
⑥ 董思靖：《道德真经集解》，载《道藏·第一二册》，第821页下。

二章”的提法并没有和《指归》全书相矛盾。

最重要的是，以“目”的体式而论，也能证明《说目》的创作年代比较早。《说目》的全名为“君平说二经目”，也就是严遵对《道德经》“目”的解说。由于汉代与后世的“目”体式完全不同，更能证明《说目》是严遵所作。

“目”在与《指归》几乎同时的刘向（前77－前6）《别录》当中，是“条其篇目（非书名）”之意。① 保存至今的有刘向《孙卿新书目录》，自“劝学篇第一”至“赋篇第三十二”；又刘向《晏子目录》自“内篇谏上第一，凡二十五章”至“外篇不合经术者第八，凡十八章”；② 又刘向《列子新书目录》自“天瑞第一”至“说符第八”；③ 又刘歆（前50－23）《山海经目录》“南山经第一”至“海内东经第十三”。郑玄（127－200）的《仪礼目录》列篇目“《士冠礼》第一”至“《有司彻》第十七”。高诱（约205前后）《淮南鸿烈解·叙目》中的“目”列篇目“卷一《原道训》”至“卷二十一《要略》”。那时记录书目的体例或当为“簿”而非“目”或“录”，如魏晋时荀勖（？－289）之《晋中经簿》。

然而，两晋之后的“目”只记书目而不再记载篇目。例如西晋惠帝（259－307）末竺法护《众经目》、东晋孝武帝宁康年间（373－375）释道安《综理众经目录》、刘宋文帝元嘉八年（431）《秘阁四部目录》、刘宋明帝泰始七

---

① 余嘉锡：《目录学发微》，北京：中国人民大学出版社，2004，第20－21页。
② 姚振宗：《别录佚文》，复旦大学图书馆藏稿本，第13－14页。案：姚振宗谓此条源出“宋刻晏子”，考历代未见宋刊晏子，今所见清经训堂本以下如扬州汪氏、浙江书局诸本以至于思贤书局苏舆校本之刘向《叙录》中皆无《晏子目录》，惟江南图书馆藏明活字本有《晏子》八篇目，正与刘向所谓“右《晏子》凡内外八篇”相合。各本《战国策叙录》《管子叙录》亦有叙无录，或亦为刻书者所删去，如元吴师道（1283－1344）跋《战国策曾巩序》云：“予见姚注凡二本，其一冠以目录、刘序，而置曾序于卷末；其一冠以曾序，而刘序次之。盖先刘氏者，元本也，先曾《序》者重校本也。”是宋时《战国策叙录》旧亦有目录。
③ 《列子》宋明以来就被怀疑是伪书，考证确实（说参杨伯峻：《列子集释》，北京：中华书局，1979年，第287－348页。）；《列子叙录》（即《列子新书目录》与《列子叙》）非刘向所作的说法则始自姚际恒，此后才有马叙伦、顾实、吕思勉、陈旦、杨伯峻等附议，诸家持论之理由并不充分。案：作为《别录》《七略》节本的《汉志》载“《列子》八卷”，是《别录》中原有《列子》，至隋唐诸志尚载“《七略别录》二十卷《七略》七卷”，是唐开元间向歆父子之著作尚存。故魏晋隋唐时《列子叙录》尚存于世，向使魏晋人伪造《列子》，也必然据刘向之目录框架来勾稽弥缝；在真目录尚存之世，作伪者没有理由再虚构一伪《列子叙录》。胡家聪、马达也认为《列子叙录》不是伪作，但他们据此认为《列子》并非伪书，则又失之偏颇（胡家聪：《从刘向的叙录看〈列子〉并非伪书》，载陈鼓应主编《道家文化研究·第六辑》，上海：上海古籍出版社，1995，第80－85页；马达：《〈列子〉真伪考辨》，北京：北京出版社，2000，第8－19页）。真书中有伪造之文献，如《老子指归》中的“伪谷神子序”；伪书中亦有真文献，《列子叙录》即是其例。

年（471）陆修静《三洞经书目录》、梁孟法师《玉纬七部经书目》①、陶弘景（456－536）《经目》《太上众经目》《三十六部尊经目》、北周武帝天和五年（570）《玄都经目》等皆属于此类。故余嘉锡云："若两晋、南北朝书目只记书名，失目录命名之旨矣。自宋以后，如《崇文总目》《郡斋读书志》《直斋书录解题》《四库全书总目》之流……未有一书能具篇目者……阮孝绪已不知录中当有篇目。"②

在汉代，《老子》被认为是上下两经（篇），所以不难想象该经之"目"应该是"《上经》第一，《下经》第二"，而《说目》就是严遵对该"目"的次序进行说解，如"上经配天，下经配地""阳道奇，阴道偶，故上经先而下经后；阳道大，阴道小，故上经众而下经寡"之类。鉴于两晋以后的学者已经不知道"目"是列篇名之目，所以《说目》的内容不是两晋之后的学者所能杜撰的。

（二）《总序》真伪、性质及与严遵本《老子》的关系

李学勤认为《总序》是后人所作，因为《总序》只列了今存的《德经》四十章章目，而不是七十二章的章目，说明"伪作者只是看到今残存的四十章"。

李先生的这个说法看似合理，但这里的"总序"应该是《德经》的"序"。这就需要对所谓的"总序"作一些探讨。

《总序》这段文字并无题名，钱谦益首先名之为"总序"，后人承用此名。③但与一般意义上的"序"不同，这段"总序"其实是《德经》章次之序。汉魏时期的"序"字当作"叙"，也就是"叙录"，余嘉锡说："汉魏人作序，皆叙其书之源流及其人之仕履，与刘向《别录》之体同。"④在《目录学发微》中，余氏又总结为"论考作者之行事、时代、学术"。但显然，这类"序"或者"叙"与《指归》所谓的"总序"并不相同。《总序》非但没有说到《道德经》的源流，

---

① 孟法师为梁武帝时孟景翼或孟智周，说参潘雨廷：《孟法师考》，载上海社会科学院宗教研究所、上海市宗教学会编《宗教问题探索》，1983，第263－265页。
② 余嘉锡：《目录学发微》，第26页。
③ 钱谦益：《牧斋有学集》，钱曾笺注，钱仲联标校，上海：上海古籍出版社，1996，第1521页。
④ 余嘉锡：《四库提要辨证》，北京：中华书局，1980，第1212页。

连老子的生平行状也不著一字。它的主要内容是《德经》四十章的排列次序。

这种在篇内为各章排序的文体，除了《序卦传》外，还有《周礼》的《序官》。《周礼·序官》先是总论周代建官之原则，如"惟王建国，辨方正位，体国经野，设官分职，以为民极，乃立天官冢宰"，然后依次排列六官部下的各个职官，例如《天官》的"序官"就是起于"大宰，卿一人。小宰，中大夫二人"，终于"屦人：下士二人；府一人，史一人，工八人，徒四人"。《周礼·序官》《序卦传》都有"序列"之义，故以"序"名，结合《书序》《诗序》，可见"序"是概括篇章之义而序次之的文体；这和刘向以来"叙录生平行状"意义的"序"（叙）不是一回事。所以"总序"并非是总论《老子》一书的叙录，而是"序次"《德经》各章关系的"序"，这种体式也同样相当古老。

此外，和《说目》"阴八阳九"一样，《总序》的体式也符合严遵《易》家的身份，文云：

> 始焉上德不德，化由于道，而道不为之主，故授之以《昔之得一》；
> 昔之得一，动由反行，非有性，莫之能闻，故授之以《上士》；
> 上士性高聪明，深远独闻，傲世轻物，唯道是荷，故授之以《道生一》；
> 道生一，至虚无名，禀受混冥，造化清浊，陶冶太和，故授之以《天下至柔》；
> ……………①

这和《周易·序卦传》的体式相同：

> 有天地，然后万物生焉。盈天地之间者唯万物，故受之以《屯》；
> 屯者，盈也，屯者，物之始生也。物生必蒙，故受之以《蒙》；
> 蒙者，蒙也，物之稚也。物稚不可不养也，故受之以《需》；
> 需者，饮食之道也。饮食必有讼，故受之以《讼》；
> ……………②

---

① 严遵：《道德真经指归》，载《道藏·第一二册》，第341页。
② 孔颖达：《周易正义》，载阮元校刻《十三经注疏》，北京：中华书局，1980，影印本，第95页。

由此可见，《总序》是参照《序卦传》创作的，正与严遵融汇《周易》《老子》的旨趣相符。严遵之后，赵岐《孟子章句》亦有《孟子篇叙》，与之体式相似，疑"篇叙"或为"篇序"之误。

更重要的是，《总序》反映的《老子·德经》比现存于七卷本《老子指归》的《老子》经文更加符合严遵原本和西汉《老子》的特征。例如：

1. 今严遵本经文"圣人无常心"，与今王弼本、河上公本等同；而《总序》却引经文作"圣人无心"，与敦煌五千字本（S.6453）、昭宗景龙二年龙兴观碑本同，帛书本与北大简本作"圣人恒无心"，也与之近似。[①]案：《指归》曰"无心之心存也""无心之心，心之主也"，谷神子注亦作"圣人无心"，可知严遵本《老子》当作"无心"而非"无常心"，后世传本作"无常心"可能是"常无心"的误倒。

2. 又今严遵本经文"古之善为道者"，与今各传本同，谷神子注也引作"古之善为道者"；而《总序》却写作"古之为道者"，无"善"字，与帛书乙本、北大简本、《后汉纪·灵帝纪》引同。而《指归》中也没有看到解释"善"的地方，可见严遵本《老子》最初极有可能是作"古之为道者"的。

3. 今严遵本"信言不美"，与各传本相同；惟《总序》作"信者"，按《指归》云"故苦言中适，淡淡和德，谓之信者"正与之相符。而唐初的谷神子注"夫道淡淡无味，故信言不美"，已将经文改作"信言不美"，可知《总序》成书的时间早于唐初，绝非后世伪作。

由此可见，《说目》及其相为表里的《总序》应该就是严遵所著，和马王堆帛书本、北大汉简本《老子》一样，反映了西汉某些地区《老子》以《德经》为上、《道经》为下的事实。然而大概是因为给《老子指归》带来伪书之嫌的六卷本《指归》就是以《德经》为上的缘故，使得《说目》和《总序》有了伪作的嫌疑，从而使严遵本《老子》的经次和分章一直有所争议。但实际上却正反映了六卷本"伪刻者"试图照着他所信赖的《说目》恢复《老子指归》原貌的苦心孤诣。

---

① 郑良树：《论严遵及其〈道德指归〉》，载《老子新论》，第 420 - 446 页。

七卷本系统的《老子指归》，如《道藏》本、怡兰堂丛书本都有《老子》经文和四字的注文（或省去"也"字）。四字《老子》注文与谷神子注一样同为双行小字，学者对这些注并无多大关注，多以为是谷神子所为，如严灵峰明言"谷神子既注《道德经》本文，复注《指归》之文"①。故胡震亨所得之六卷本都不附经文及注，如不附谷神子注之例。王德有整理本录经文但不附注文。②由于王德有本流布甚广，使得如今学界对《指归》四字注文已近遗忘。实际上，今七卷七系《老子指归》源于唐谷神子所注之十三卷本《老子指归》，而《隋志》所载十四卷本《老子指归》显然不可能有谷神子注。强思齐等据十四卷本《老子指归》编集《玄德纂疏》时（见本书第八章），仍然多次引用四字韵文注，推知四字韵文注与谷神子无关，它们至少在隋代之前就已存在。

一、《老子指归》注者"谷神子"索隐

无论《老子》注文的作者是否为谷神子，了解谷神子的行状对于厘清《老子指归》及相关文献仍有裨益。然而谷神子是谁，学界并无定论。道藏本《老子指归》十三卷，题"蜀郡严遵字均平著，谷神子注"，《旧唐书·经籍志》和《新唐书·艺文志》中皆载"《老子指归》十三卷，冯廓撰"。晁公武指出：

> 按《唐志》有严遵《指归》四十卷，冯廓注《指归》十三卷，此

---

① 严灵峰：《辨严遵〈道德指归论〉非伪书》，见严遵：《道德指归论》，载《无求备斋老子集成初编：第二册》，第4页。
② 严遵著，王德有点校：《老子指归》，1984。

本卷数与廓注同，题谷神子而不显名姓，疑即廓也。①

晁公武以为注《老子指归》的"谷神子"是冯廓，明沈士龙②、清吴骞《谷神子注道德指归跋》③亦从其说。但王重民却认为"谷神子"是郑思远：

> 《新唐志》有谷神子《博异志》三卷，晁氏《读书志》亦有谷神子《博异记》一卷，当即一书，晁氏云："题曰谷神子纂，序称其书颇箴规时事，故隐姓名。或曰名还古而竟不知其姓，志怪之书也"……是晁氏又以谷神子即郑还古也，其疑为冯廓者，徒以书名同耳。又按《崇文总目》有《道德经疏》二卷，集"河上公、葛仙翁、郑思远、唐睿宗、明皇诸家注"，《宋志》有谷神子注诸家《道德经疏》二卷，亦云"河上公、葛仙翁、郑思远、睿宗、玄宗疏"，疑此郑思远亦即作《博异记》之郑还古；"还古"与"思远"似一名一号；然则谷神子即郑思远欤？④

蒙文通则认为是裴铏：

> 又知谷神子者亦唐时人也。谷神子为裴铏，有《道生旨》一篇，见《云笈七签》。⑤

目前王重民的说法似乎占据主流。然而王氏、蒙氏都是看到唐代某位"谷神子"便认为就是注释《老子指归》的"谷神子"，对此，王利器反驳道："唐人以谷神为道号及名号的，相当普遍，盖取'谷神不死'之义，后来，丘处机的弟子睢阳张志素的道号也叫谷神子。"⑥王利器此说可从。⑦所以晁公武据

---

① 晁公武撰，孙猛校证：《郡斋读书志校证》，上海：上海古籍出版社，1990，第 468 页。
② 严遵撰，沈士龙、胡震亨校：《道德指归论》，载胡震亨辑《秘册汇函》，跋，第 1 页。
③ 吴骞：《愚谷文存续编》，载《续修四库全书：第 1454 册》，第 345 页。
④ 王重民：《老子考》，第 70 - 72 页。
⑤ 蒙文通：《〈严君平《道德指归论》佚文〉·序言》，载《道书辑校十种》，第 125 页。
⑥ 王利器：《道藏本〈道德真经指归〉提要》，载《中国哲学：第四辑》，第 338 页。
⑦ 除郑还古、裴铏和张志素外，范应元、李是从（见《道德真经集义》）以及《了然论》的作者（见《周易参同契发挥》）、《龙虎还丹诀颂》的注者都号曰"谷神子"。

《旧唐书·经籍志》谓《老子指归》注者谷神子为冯廓应该是对的。《旧唐书·经籍志》删略毋煚《古今书录》而成，所收的都是玄宗天宝以前的著作①，由此不难推测十三卷本《老子指归》在《古今书录》撰写的开元时代已经面世，而郑还古②却是唐宪宗元和（806－820）至唐武宗会昌（841－846）时人，故其所著之《博异记》"记唐初及中世事"。③至于冯廓，《旧唐书·经籍志》《新唐书·艺文志》有冯廓《庄子古今正义》十卷，可见是一位对道家典籍颇有造诣的学者。其中书题"庄子"不题"南华真经"，似能说明书在开元二十五年（737）庄子受封"南华真人"之前所著。又：杜光庭《青城山记》曰：

> 其山逸士高人，多所憩息。葛稚川《神仙传》云："仙人李阿，朝游成都市，暮宿青城山。"宋大明中，道士杨超远、秀才费元规，亦居此山。唐有逸士冯廓、王仙柯，于此修道，皆有感降。玉真公主，肃宗之姑也，筑室丈人观西，尝诣天下道门使萧邈（字元裕）受三洞秘法箓，游谒五岳，寓止山中，就拜灵峰于宝室洞，前有仙云五色，元鹤翔舞焉。④

据此可知冯廓是唐代青城山隐士。此外杜光庭叙述"逸士高人，多所憩息"时以年代先后为序，那么冯廓之活动年代至少不晚于王仙柯。案：《唐诗纪事》云

---

① 案：《旧唐书·经籍志》序云："天宝已后，名公各著文章，儒者多有撰述，或记礼法之沿革，或裁国史之繁略，皆张部类，其徒实繁。臣以后出之书，在《开元四部》之外，不欲杂其本部，今据所闻，附撰人等传。其诸公文集，亦见本传，此并不录。"则《旧唐志》实为《古今书录》之节本，并未通录有唐一代之著述，尤未著录天宝之后唐代学者自为之书（姚名达：《中国目录学史》，台北：台湾商务印书馆，1965，第217页）。牛继清虽然认为《旧唐志》对《古今书录》有所增补，但增补的也都是开元以前的作品（牛继清：《〈旧唐书·经籍志〉增补〈古今书录〉考》，载《中国典籍与文化》，2006年第1期，第25－28页）。武秀成则认为牛氏的"增补说"并不是个可靠的结论，不足以撼动《旧唐志》是《古今书录》节本的定案（武秀成：《〈旧唐书·经籍志〉"增补〈古今书录〉"说辨误》，载《中国典籍与文化》，2006年第3期，第9－15页）。
② 计有功《唐诗纪事》卷第四十八谓郑还古："登元和进士第。"（王仲镛：《唐诗纪事校笺》，成都：巴蜀书社，1989，第1303页）。又《全唐文》亦云："还古，号谷神子，会昌时人。"（董诰等编：《全唐文》，北京：中华书局，1983，影印本，第7924页）
③ 马端临：《文献通考》，北京：中华书局，1986，影印本，第1756页。
④ 杜光庭：《青城山记》，载董诰等编《全唐文》，第9710页。

"仪凤中，青城翠围山下，有王仙柯得道"①，则王仙柯为唐高宗仪凤（676－
679）年间人，冯廓生活之年代既早于王仙柯，显然是唐太宗或高宗时人②，
只有这样，他注释的《老子指归》才有可能收入开元年间毋煚所编的《古今
书录》。

综上考虑，鬼谷子应该是唐初青城山隐士冯廓，而不是郑思远或者裴铏。

二、从用韵看《指归》经文注的成书年代与地域

《指归》中的经文注有一显著特点就是句末押韵。从其用韵特征来看，绝
非唐代韵文之特点，而与西汉楚蜀两地之古方音相合。今以韵部之独用、同用
诸例分别论之。③

（一）独用特点

两汉韵文中独用少而同用多，魏晋之后、尤其六朝时期则用韵较严。《指
归》所附之经文注也是独用少而同用多，更接近于两汉韵文，但仍能在独用例
中看到不少两汉甚至西汉韵文用韵的特点。

1. 歌部支韵字不入支部

两汉诗文用韵最突出的区别就是原先的歌部支韵字东汉时转入支部④。在
《指归》所附《老子》经文注中，歌部的支韵字与上古情况相同——仍和歌部
字相叶，如：

    （1）<u>为</u>和<u>过</u>（出生入死章）

---

① 王仲镛：《唐诗纪事校笺》，第 1904 页。
② 《老子指归》谷神子注避"民""治"两讳，于"基""显""湛""恒"等字则不避，如《善为道者
  章》"民之难治"，谷神子注作"人之难治"；"不以智治国"，谷神子注引作"不用智理国"，似也可
  以旁证。
③ 本文主要依据潘悟云先生上古音分部，且参考清代以来尤其是李方桂、王力等先生的古音学成果以
  及古文字谐声、通假成果。
④ 罗常培、周祖谟：《汉魏晋南北朝韵部演变研究》，第 57 页。

（2）奇诡化离（知者不言章）

（3）倚祸端①（以正治国章）

（4）施摩加危（含德之厚章）

（5）化为多和（含德之厚章）

"为""奇""诡""倚""施"都是歌部支韵字，和其他歌部字的用例没有区别。"倚"还与元部字"端"相叶，更能说明歌部支韵字的使用接近歌部而不是支部。

2. 鱼部麻韵字不入歌部

两汉用韵的另一显著差别是西汉鱼部麻韵字在东汉转入歌部。② 鱼部麻韵字在经文注中仅出现两例：

（1）无华（其安易持章）

（2）家乡阳（善建章）

"华""家"是鱼部麻韵字，《其安易持章》中与鱼部模韵字"无"合用；在《善建章》中与阳部（鱼部的阳声韵）的"乡"相叶。可见《指归》经文注中鱼部麻韵字仍应在鱼部而不是歌部。

3. 之部未三分

两汉之部字差异不大，但到了三国时期，之部的之韵、咍韵、尤韵有了分别。③ 其中咍韵独立，而之部的尤韵与幽部的尤韵和幽韵合并为新的侯部。

在《指归》所附经文注中，之部独用的例子有：

（1）之职职能得职（为学日益章）

（2）之来（大国章）

（3）起已有止久④（人之饥章）

---

① 案："端"为元部字，本不当置于同用例中，但能以阴阳对转说明支韵字仍与歌部相叶，且鼻音脱落是某些地区音系之常态，故暂附于此。

② 罗常培、周祖谟：《汉魏晋南北朝韵部演变研究》，第57页。

③ 同上书，第323－324页。

④ 此段隔句为韵。

（4）<u>来来</u>之治（其安易持章）

四组中的"来""能"为哈韵字，"有""久"为尤韵字，但与之部字相叶，可见之部并未分立。（1）组为之职通押还是之部隔句用韵未敢遽定，但如果考虑之、职本来就是阴入对转，则更能说明哈韵还未独立。

4. 职德不分

三国时期，东汉的职部分别独立为职、德两韵[1]，《指归》经文注职部字独用三例，分别为：

（1）之之<u>职</u>能之<u>得</u>（为学日益章）
（2）<u>职克则贼式服</u>（善建章）
（3）<u>式得</u>饰<u>德</u>（以正治国章）

三例中，（1）中可能是隔句用韵。"得""克""则""德""贼"都是德韵字，都与职韵字相叶。

从以上五类特点看，"经文注"不可能是两汉以后的人所作，更非六朝隋唐人所为。此外，这些四字韵文注的诸多元部字韵脚也都通押，上古元部字在两晋六朝时元、山、仙、先四韵和寒、桓、删三韵各自独用，也能说明"经文注"的年代应该是很早的。

（二）同用特点

1. 真元合韵

《指归》所附经文注的用韵中，同用最多的是文、真、元三韵部字合韵。如：

（1）门<u>文</u>然<u>元</u>闻<u>文</u>根<u>文</u>君<u>文</u>信<u>真</u>云<u>文</u>因<u>真</u>前<u>元</u>身<u>真</u>（上德不德章）

---

① 罗常培、周祖谟：《汉魏晋南北朝韵部演变研究》，第 342 页。

（2）天文①身真闻文君文民真地歌然元（不出户章）

（3）存文全元（道生章）

（4）身真根文然元无鱼间元先文（天下有始章）

（5）信真权元然元身真（以正治国章）

（6）君文绵元真真人真存文然元均真淳文全元民真（治大国章）

（7）然元信真心侵均真信真文文民真真真真真全元门文元元身真闻文见元存文神真淳文（善为道者章）

（8）人真专元然元（用兵章）

（9）人真尽真鲜元（小国寡民章）

（10）谩元根文端元醇文言元（信言不美章）

在多阳声韵通押用例中，也往往以文、真、元合韵为主，偶然使用与真元相近的侵部或谈部字。如：

（1）玄元还元闻文身真然元天文神真人真爱物贤真民真孙文原元人真心侵亲真（上德不德章）

（2）坚真绵元君文纤谈人真然元权元患元全元（为无为章）

由于两汉时期文部归入真部②，所以这些文真元合韵用例实质上是真元合韵。汉代真元两部音读接近，真元合韵在《淮南子》《急就篇》《易林》和扬雄、

---

① "天"，王力、潘悟云归入文部，郑张尚芳归入真部。从"天"得声的"吞"亦有他前和吐根两切，分属真部和文部。

② 上古音脂、微及其相对应的真文两部，在此从周祖谟说，将微文两部归入脂真。案：江永《古韵标准》尚将"真""文"归入第四部，段玉裁分江永第四部为第十二、十三部。王念孙分段氏第十五部为"至""脂""祭"三部，章太炎又从脂部分出队部，而王力将脂、微两部分立，最集大成。尽管上古音脂微分立，但王力本人也并不反对"不把脂、微两部分开"。（见龙宇纯：《古韵脂真为微文变音说》，载《丝竹轩小学论集》，北京：中华书局，2009，第309页）。至于两汉脂、微两部之关系，周祖谟《两汉韵部略说》（1940）和罗常培、周祖谟：《汉魏晋南北朝韵部演变研究》（1958）都认为"微物文"三部当归入"脂质真"三部。尽管王力《汉语语音史》（1978）以及刘冠才《两汉韵部与声调研究》（2007）都在这个问题上与周氏观点不同，但也不否认"微脂""文真"两组字在各地域通用的情况较多，刘氏认为："（罗、周）以两汉诗赋全部韵例来立论，认为这六部应并为三部，也是有一定道理的。"（刘冠才：《两汉韵部与声调研究》，成都：巴蜀书社，2007，第68页）。故而此处仍从周祖谟之说，将微物文三部归入脂质真三部。但在标识韵部时，仍注为微、物、文，不与脂、质、真相混。

班固的文章中非常常见，比如扬雄韵文中就有 17 处，王褒韵文亦有 4 处。虽然真元合韵在六朝韵文中也有见，但三国以降，真部与元部寒、删、桓三韵合韵的就比较少。① 而在注文中，既有寒、删、桓三韵的"还""患""端""谩"，又有先韵、元韵、山韵和仙韵的"玄""前""然""权""全"和真部字通押，只能说明这种合韵的情况出现在三国之前。

2. 阳耕合韵

《指归》所附经文注阳耕合韵有 8 例，是除真元合韵外最多的；此外，耕阳又往往与其他-ng 韵尾的阳声韵字相通用：

（1）耕阳蒸东：

明阳名耕生耕萌阳恒蒸动东（天下有始章）

（2）耕阳东：

① 名耕形耕盛耕病阳荣阳行阳用东从东伤阳己之行阳强阳长阳（天下谓我章）

② 阳阳生耕长阳生耕盈耕空东常阳亡阳行阳蒙东众东通东生耕名耕王阳望阳荣耕殃阳（天之道章）

（3）阳耕蒸冬真（脂）：

行阳令耕②胜蒸③唐阳王阳常阳终冬藏阳（方而不割章）

虽然耕阳合韵很难说明用韵的年代，但是第三、第四种-ng 韵尾字通押，甚至与真元等-n 韵尾字相叶，这种情况在晋代以后的韵文里面并不常见，但在汉代韵文中却不乏其例，尤其是扬雄的《元后诔》也是耕部字"经""盈""倾"

---

① 虞万里：《〈黄庭经〉用韵时代新考》，载《榆枋斋学术论集》，南京：江苏古籍出版社，2001，第563 页。
② 令，或说归入真部，或有入耕部，亦有作"力延反"为元部者，今暂择从耕部。
③ 胜，严可均入冬部。

"生"，阳部字"衡"与真部字"颠"通押，正与《方而不割章》相似。

3. 阳东合韵

单纯的阳东合韵，《指归》经文注中至少有 4 例：

(1) 方阳通东洋阳 （得一章）

(2) 王阳虚鱼方阳容东从东 （圣人无常心章）

(3) 行阳同东聪东长阳阳强阳殃阳丧阳 （含德之厚章）

(4) 明阳行阳通东从东 （言甚易知章）

此外，还有耕阳东合韵 2 例（《天下谓我章》《天之道章》）、耕阳蒸东合韵 1 例（《天下有始章》）、阳东真元合韵 1 例（《方而不割章》）。

罗常培、周祖谟认为阳东两部读音相近，是楚方音的一个特点，而以《淮南子》和《新语》最为多。由于地域关系，楚地和蜀地方音有很多相似之处。[①] 所以阳东合韵在蜀地韵文中也不乏其例，如司马相如《大人赋》"东"东"光" "阳""皇""方""行"、扬雄《羽猎赋》"裳""颂"东、《元后诔》"庄""光" "将""龙"东等。到了齐梁时代，韵文中阳东合韵的现象就比较少见了。

4. 祭质合韵、月质合韵

《指归》经文注有 4 例祭质、月质合韵，分别是：

(1) 发月设月绝月物物 （上士闻道章）

(2) 物物质质室质失质绝月闭质存文 （至柔章）

(3) 物物弊祭 （柔弱于水章）

(4) 醉脂实质外祭戾脂 （行于大道章）

月部作为韵脚在《指归》经文注中出现 4 次，其中 2 处与其祭部字相叶，另 2 处与质部相叶。月质合韵是蜀地音系的特点，此于王褒、扬雄以及楚地刘向的韵文中最为多见。[②]

---

① 李玉：《秦汉简牍帛书音韵研究》，北京：当代中国出版社，1994，第 100 - 101 页。

② 于安澜：《汉魏六朝韵谱》，暴拯群校改，郑州：河南人民出版社，1989，第 77 页。

与月质合韵类似的祭质合韵或祭物合韵在四字注文中也有 2 处，这种现象在司马相如和扬雄的韵文中也比较常见，如扬雄《冀州箴》"替""弊"祭、《将作大匠》"世"祭"溢""室""卒"，楚音系中刘向《九叹·惜贤》"血"亦与祭部之"废"合韵。[①]

第四组脂部（质部平声字）的"醉""戾"与质、祭合韵，这种特殊情况正见于司马相如《上林赋》，其中"汩""潎""析""冽""溉""鳖""濑""沛""坠""礚""漏""沸""沫""疾"一组正好是脂质祭同用。

5. 耕真合韵

《指归》经文注有 5 例耕真合韵：

(1) 神真身真存文宁耕（名身孰亲章）

(2) 神真地歌经耕（大成若缺章）

(3) 庭耕人真（不出户章）

(4) 身真胜蒸（江海章）

(5) 身真身真遯文形耕（生也柔弱章）

此外，还有耕蒸阳冬真（脂）元合韵 1 例：

行阳令耕微微胜蒸唐阳王阳常阳终冬藏阳（方而不割章）

罗常培、周祖谟和简宗梧[②]都认为真耕合韵是西汉蜀地韵文的特点。司马相如《封禅文》"民""秦"与耕部"声"相叶，"替""神""尊""民"与耕部"荣"相叶。此外，《淮南子》、贾谊《吊屈原文》、严忌《哀时命》、王褒《四子讲德论》、枚乘《七发》和刘向《九叹·远逝》等楚地韵文中也各有数例。

6. 幽宵合韵

《指归》经文注有 3 例幽宵合韵：

---

① 罗常培、周祖谟：《汉魏晋南北朝韵部演变研究》，第 235 页。
② 简宗梧：《司马相如赋篇用韵考》，载《中华学苑》，1972 年第 10 期，第 24 - 25 页。

（1）丑幽少宵巧幽（以正治国章）

（2）饱幽好幽少宵扰幽咎幽（人之饥章①）

（3）少宵宝幽（小国寡民章）

根据罗常培、周祖谟的统计，幽宵合韵在西汉时蜀地韵文至少有 12 例，在楚系韵文中也有 2 处，此外，张双棣也指出《淮南子》幽宵合韵 22 处，② 但这种语音现象在同时期其他地域却非常罕见，可见是西汉时蜀楚韵文的特有语音现象之一。

7. 歌支合韵

《指归》经文注有 3 例歌支合韵：

（1）赀支为歌为歌知支（道生章）

（2）为歌卑支（大国章）

（3）奇歌诡歌化歌离歌危歌卑支奇歌（知者不言章）

西汉的歌支合韵在楚、蜀两地的古方音中最为显著。除了《淮南子》，歌支合韵在扬雄的韵文里出现最多，有 13 例；其次为司马相如 5 例，枚乘、王褒、东方朔、刘向、刘胜韵文各 1 例，除了刘胜外，其余都能确定为楚地或蜀地的学者。

8. 之鱼合韵

《指归》经文注有 4 例之鱼合韵：

（1）已之起之取侯有之（天下有道章）

（2）来之来之之治之初鱼尤之思之财之（其安易持章）

（3）所鱼里之侯侯鄙之府侯起之古鱼（小国寡民章）

（4）晦之琢侯（以正治国章）

---

① 此段隔句用韵。

② 张双棣：《淮南子用韵考》，北京：商务印书馆，2010，第 26 页。

注文中之鱼合韵诸例中往往掺杂侯部字，罗常培、周祖谟和丁邦新①都认为汉代侯部并入西汉鱼部，故而在此侯部视同鱼部。

之鱼合韵的下限是刘宋时代。东汉时之部字和鱼部字通押的现象见于班固、马融等人的韵文中；而在西汉，则主要见于《淮南子》以及王褒、司马相如和枚乘的韵文中，故有学者认为秦汉时期楚蜀两地之鱼两部元音接近。②

9. 耕元合韵、阳元合韵

经文注中，阳元合韵 3 例：

（1）平元王阳（圣人无常心章）

（2）明阳伤阳丧阳象阳平元（出生入死章）

（3）纲阳唱阳行阳丧阳还元行阳伤阳（用兵章）

耕元合韵 1 例：

专元身真冥耕言元（知者不言章）

此外，还有阳耕元合韵 2 例：

（1）传元盈耕阳阳生耕荣耕名耕（信言不美章）

（2）生耕正耕方阳通东洋阳平耕停耕阳阳清耕（得一章）

以及耕真元合韵 1 例：

身真患元生耕宁耕然元原元连元山元根文云文分文成耕离歌（其安易持章）

① Ting，Pang-Hsin，*Chinese Phonology of the Wei-Chin Period: Reconstruction of the Finals as Reflected in Poetry*，Special Publications No. 65，Taipei：Institute of History and Philology，Academia Sinica，1975.

② 杨建忠：《秦汉楚方言声韵研究》，北京：中华书局，2011，第 166 页。

阳元和耕元合韵在韵文中比较少见。阳元合韵仅在《淮南子》中出现20余例，他书未见；耕元则仅有3例："诚""城""宁""元""清""冥"（刘歆《遂初赋》）、"乾""营"（扬雄《太玄·度》）、"精""便"（《淮南子·兵略训》），也主要集中在西汉时期蜀楚两地。

　　阳元和耕元有着不同的韵尾，就一般情况而言确实很难通押。但是阳元和耕元对应的阴声韵分别是鱼、歌和歌、支，歌部分别与鱼、支两部相近。就音值而言，一般认为歌鱼两部有着相同的主元音，[①] 所以阳元两部字可能因为主元音相近而合韵；而歌支在两汉楚辞音系中音读相近，故而对应的耕、元两部字亦在楚辞音系中相通押。又或者西汉真元音读非常接近，而耕真合韵又是"汝颍江淮之间的方音特色"[②]，导致了楚辞音系的耕元合韵，这一点在《其安易持章》中的耕真元三部字通押中亦稍有体现。

　　除了以上诸例，《指归》经文注尚有歌脂合韵2例、之幽合韵2例，缉月合韵、质缉合韵、侵真合韵、阳蒸合韵、职质合韵、歌鱼合韵、屋职合韵、质缉合韵等各1例，都与西汉时韵部间的通押情况相符。至于如《以正治国章》中"逆铎式职得职集缉作铎欲屋寂药得职足屋饰职德职悫屋"（职药屋铎缉合韵），《善建章》"立缉德职极叶息职畜觉职职克职则职贼职式职服职国职"（缉叶职觉合韵）这样的多入声韵部合韵，也是两汉韵文的特点，而不见于魏晋以后的诗歌、韵文当中。

10. 阴入与阳声通用

　　罗常培、周祖谟提到西汉韵文的一个特殊现象：阳声韵和阴声韵、入声韵通押。[③] 这在《指归》所附的经文注中也不乏其例：

　　（1）鱼阳合韵

　　① 王阳虚鱼方阳（圣人无常心章）

① 汪荣宝、林语堂、钱玄同以及王力（《汉语史稿》1955）都认为先秦歌部主元音为前［a］，鱼部为后［ɑ］；王力《汉语语音史》将歌部读［ai］，鱼部读［ɑ］，陈新雄晚年亦赞同此说。王力：《汉语语音史》，载《王力文集·第十卷》，济南：山东教育出版社，1987年，第101页。陈新雄：《古韵三十二部音读之拟测》，载《陈新雄语言学论学集》，北京：中华书局，2010，第298页。
② 罗常培、周祖谟：《汉魏晋南北朝韵部演变研究》，第144页。
③ 同上书，第53页。

② 家鱼乡阳（善建章）

（2）脂真合韵

神真地歌（大成若缺章）

（3）歌元合韵

① 我歌贱元（道生一章）

② 多歌患元（名身孰亲章）

③ 地歌然元（不出户章）

（4）锡耕合韵

益锡宁耕（道生章）

（5）歌真合韵

① 天歌真真（其安易持章）

② 信真臣真君文宜歌民真（民不畏死章）

在两汉韵文中，阴入合韵非常常见，东汉与西汉基本数量相当；但是阴阳合韵、阳入合韵则西汉韵文要较东汉为多。东汉仅崔瑗《河堤谒者箴》、王逸《九思·悼乱》脂真、歌元合韵共 2 例。西汉则有东方朔《七谏·谬谏》"同""调"东幽合韵，王褒《洞箫赋》"沌""颓"、扬雄《少府箴》"殷""迟"脂真合韵，刘向《九叹·惜贤》"郁""忿"质真合韵，此外，还有《老子指归·上德不德》"山""言""义"，扬雄《羽猎赋》"宜""贯""仪"歌元相谐。又：《淮南子》之蒸合韵 13 处、支耕合韵 2 处、鱼阳合韵 63 处、侯东合韵 4 处、幽冬合韵 1 处、微文通韵 9 处、脂真合韵 10 处、歌元通韵 52 处。职蒸合韵 18 处、锡耕合韵 5 处、铎阳合韵 16 处、屋东合韵 3 处、觉冬合韵 1 处、物文合韵 18 处、质真合韵 14 处、元月合韵 69 处。之职蒸合韵 4 处、鱼铎阳合韵 8 处、脂质真合韵 1 处、歌月元合韵 9 处。① 《易林》真脂合韵 2 处、歌元合韵 4 处、元脂合韵 2 处、元祭合韵 2 处、之蒸合韵 1 处、职蒸合韵 1 处。

从以上统计可以得出，韵文中鱼、铎与阳，歌、月与元，脂、质与真之间合韵最多，这和《指归》所附经文注之情况基本相合。

---

① 张双棣：《淮南子用韵考》，第 25 页。

从中我们又能看出，西汉时阳声韵和阴、入声韵通押，主要集中在楚地（《淮南子》、刘向）、蜀地（王褒、扬雄、严遵）以及齐燕（《易林》、东方朔）等东部地区；在东汉，王逸是南郡人，《九思》是模仿《楚辞》的作品；崔瑗则是《易林》作者崔篆的玄孙。①

11. 小结

由以上的独用和同用情况，我们可以总结为：《指归》经文注中歌部的支韵字 5 例都尚属于歌部而不入支部；鱼部麻韵字 2 例都属鱼部而不入歌部，这些是西汉音的特点。之部之韵、咍韵、尤韵不分（4 例），职部职、德两韵不分（3 例），也透露出经文注的撰作年代下限是东汉。真部元部各韵通押（13 例），也是汉魏晋尤其是蜀地韵文的特征。阳东合韵（7 例）、祭质、月质合韵（4 例）、真耕合韵（6 例）、幽宵合韵（3 例）、歌支合韵（3 例）、之鱼合韵（4 例）、阳元合韵（3 例）、耕元合韵（1 例）、之幽合韵（2 例）以及阴阳合韵鱼阳（2 例）、脂真（1 例）、歌元（3 例）、歌真（2 例）都体现出西汉蜀、楚方言的特征。所以《道藏》本《指归》所附经文注无疑是西汉严遵的原作，绝非唐初的谷神子冯廓所为。

既然如此，《老子指归》经文下的四字韵文注其实就是一直以来被认为已经亡佚的严遵《老子注》。

三、从出土文献看四字韵文注的成书年代

（一）从郭店简本《老子》"埶大象"看四字注文的年代

除了韵部的分合能说明注文的写作年代，更早的郭店楚简《老子》也能为之提供证据。

《上士闻道章》"大象无形"，注文释之曰："无所设也。"② 显然注文的意思

---

① 《易林》作者旧题焦延寿，清代丁晏、刘毓崧等仍持此说；唯明季清初自郑晓、顾炎武、朱彝尊以来对此屡有怀疑，牟庭、翟云升、余嘉锡、胡适认为《易林》的作者为崔篆。(旧题) 焦延寿撰，徐传武、胡真校点集注：《易林汇校集注》，上海：上海古籍出版社，2012 年，第 12－16 页。

② 严遵：《道德真经指归》，载《道藏·第一二册》，第 347 页下。

是说"大象"无形，故无所"设"。而"设大象"不能不让人联想到《道经》"执大象，天下往"这句话。

　　该句今各本包括帛书本作"执大象"，郭店楚简《老子》丙本"执"作"埶"①。由于"埶""设"二字上古音相近，裘锡圭指出："在古文献和出土简帛中常有读作'设'的'埶'字（或误作'执'）出现；在马王堆帛书、银雀山汉简和武威汉简等出土的西汉简帛中，把'埶'字改用'设'字的情况也很常见。而在东汉，这种'埶'读作'设'的现象几乎绝迹。"② 所以郭店简丙本《老子》之"'埶大象'也可以读为'设大象'"③。作为西汉人的严遵，也偏好将"埶"（势）字读作"设"，比如《老子指归》解释"势（埶）成之"说"德以无设之设，遂万物之形而无事"，也是用"设"来解释"势"字。

　　既然如此，可以推测《道藏》本《指归》中的经文注所见到的本子是"埶大象"，而且将"埶"字读作"设"。由此说明注文的作者不仅以相当古老的《老子》版本作依据，而且作者本人也生活在东汉以前。

（二）四字注文与西汉简帛《老子》相似，而与谷神子注往往不合

　　上揭郭店简的例子并非孤证，因为四字注文和严遵本《老子》经文一样反映了西汉时期《老子》的原貌。而且比起严遵本《老子》遭人改易，四字注文更多保存了早期《老子》的文本特征，成为校勘严遵本《老子》的重要参照。

　　四字注文和严遵本《老子》《老子指归》往往"三位一体"地反映了西汉晚期《老子》的面貌。如前章曾论及的"千里之行，始于足下"，帛书本、北大简本与《指归》经文作"百仞（仁）之高，始于足下"，四字注文释之云"干云霄也"，《指归》部分亦云"百仞之高，昭昭冥冥，干于青霄者，以为卑小，不为高大也"，④ 与经文相应。又今各传本"陆行不遇兕虎"，帛书本、北大简本与《指归》经文"遇"字皆作"避"，而四字注云"虎不伤也"，《指归》云"陆

---

① 荆门市博物馆：《郭店楚墓竹简》，北京：文物出版社，1998，第122页。
② 裘锡圭：《古文献中读为"设"的"埶"及其与"执"互讹之例》，载《东方文化》1998年第1、2号合刊，第39-45页。
③ 裘锡圭：《郭店〈老子〉简初探》，载陈鼓应主编《道家文化研究：第十七辑》，北京：读书·生活·新知三联书店，1999年，第53页。
④ 严遵：《道德真经指归》，载《道藏·第一二册》，第361页上。

行则兕虎不能伤"①，也是"不避"而非"不遇"之意。

　　有些严遵本《老子》遭到改易，而谷神子注也沿袭其误，但四字注文却能和《指归》所反映的经文相符，而且往往与简帛《老子》相应。例如今各传本皆作"大辩若讷"，今严遵本及谷神子注文也写作"大辩若讷"②；但韵文注释之曰"满若空也"，下《指归》释之曰"是以赢而若绌，得之若丧"③，显然注文和《指归》都不是"大辩若讷"而应该是"大赢若绌"的意思，这不仅与帛书本相同，也与郭店简、北大简本"大成（盛）若绌"相近。④　又：《道藏》所收严遵本《老子》作"惵惵乎"，与唐钞敦煌五千言本（如 S. 6453 等）、成玄英本、宋徽宗本、邵若愚本同，谷神子注亦作"惵惵"⑤。然而注文释作"心空虚也"，《指归》亦曰"心如橐钥，志如江海，施如溪谷"⑥，与"歙歙"之王弼注"心无所注"之义相近，"歙"为收敛之义；而"惵惵"则为"危惧"之义。范应元《老子道德经古本集注》"圣人之在天下歙歙焉"下云"严遵、王弼同古本"，则范氏所见之严遵本作"歙歙"，与帛书本、傅奕本、王弼本同。⑦　又前章讨论之"终日嗥而嗌不嘎"，今所见严遵本和谷神子注都和某些传世本一样作"嘎"，而四字注谓"音声和也"、《指归》谓"可谓志和"，正与扬雄《太玄·夷·次三》"柔，婴儿于号，三日不嘎。测曰：婴儿于号，中心和也"相应，反映出原严遵本当作"嘎"，正与帛书本和北大简本相同。

四、小　结

　　结合用韵和《老子》文本特征来看，七卷本《老子指归》所附的四字《老子注》成书于西汉；且往往与谷神子所引之《老子》矛盾，不是唐代谷神子所作。此外，注文与严遵本《老子》《指归》有着严格的对应关系，四字注文的作

① 严遵：《道德真经指归》，载《道藏·第一二册》，第 376 页上、377 页下。
② 同上书，第 359 页中、上。
③ 同上书，第 353 页上、下。
④ 北京大学出土文献研究所：《北京大学藏西汉竹书（二）》，第 126－127 页。
⑤《道德真经指归》，载《道藏·第一二册》，第 349 页上。
⑥ 同上注。
⑦ 帛书甲本作"愉"，乙本作"欲"，高明皆以为当读作"歙"。北大简本作"医"，整理者也认为应该如王弼本读作"歙"。

者是严遵无疑，应该就是隋唐书志所载的严遵《老子注》。

陆德明《经典释文序录》校核《老子》时"依王本，博采众家"中有"《老子严遵注》二卷"①，《隋书·经籍志》则曰："梁有……汉征士严遵注《老子》二卷……亡。"② 之后《旧唐书·经籍志》和《新唐书·艺文志》都未提及此书，可见单行两卷本严遵《老子注》在唐开元时已亡佚。所以严灵峰欲从强思齐、陈景元、李霖、刘惟永、范应元等五代两宋各家注疏中辑佚严遵《老子注》，多数是不可行的，③ 严灵峰所辑《老子注》多数还是《老子指归》。④ 尽管单行本的《老子注》已经亡佚，但其内容却保存在了《老子指归》当中。其中的前因后果涉及到《老子指归》的性质及其演变。

---

① 陆德明撰，吴承仕疏证：《经典释文序录疏证》，第137页。
② 兴膳宏、川合康三：《隋书经籍志详考》，东京：汲古书院，1995年，第497页。
③ 严灵峰辑《老子注》见于《辑严遵〈老子注〉》，载《无求备斋老子集成初编：第一册》，第1－53页。又，《周秦汉魏诸子知见书目：第一卷》，台北：正中书局，1975，第7页。
④ 李学勤：《严遵〈指归〉考辨》，载《古文献丛论》，第211页。

如上节所言，《老子指归》的性质是探索《老子注》为何单行等一系列问题的关键，而汉代也很少看到"指归"这样的文体，[①] 即便后世少量以"指归"命名的著作，也似乎是模仿严遵而来。[②] 故就体式而言，《老子指归》似乎是独立于汉魏注释学传统的存在。正是由于没能在经解体式上给予"指归"准确定位，学者尚无法定义《老子指归》的性质，往往以类似于"传"或"说"这样的体裁来比附。如李学勤认为《指归》"似经籍的传"，和《左传》一样都是不附经文的独立著作[③]；王葆玹则认为"体裁颇似早期的章句"，但又认为"原貌也应是传或说……逐章逐句地解说，绝不是完全独立著作"。[④]

由于过去学者没有将《老子注》甚至《老子》经文列入严遵《老子》学中考察。如今我们发现在"《老子》严氏学"体系中，严遵本《老子》、严遵《老子注》和严遵《老子指归》（即六卷本《道德指归论》的正文或七卷本《道德真经指归》的"指归"部分）是"三位一体"的——三者在《老子》诠释的指向性上都是一致的（排除少数被后世传本"同化"的经文外）。笔者有理由猜测，严遵本《老子》经文、《老子注》和《老子指归》都是严遵《老子章句》的一部分。

"章句"是以剖析经文章句的形式来阐释经义的经解体式，在西汉中期到东汉中期成为学官经师讲经的主流形式。然而，两汉之际列于学官的章句著

---

① 李学勤："汉人作注，也绝没有《指归》这种体裁。"见氏著：《严遵〈指归考辨〉》，载《古文献丛论》，第 210 页。
② 直到三国蜀汉才有李撰作《太玄指归》，鉴于地域和注释《太玄》的考虑，应该是模仿严遵《老子指归》的体式。
③ 李学勤：《严遵〈指归〉考辨》，载《古文献丛论》，第 210 页。
④ 王葆玹：《黄老与老庄》，第 28 页。

作都没能保存下来，现存王逸《楚辞章句》、"河上公"《老子章句》①和赵岐《孟子章句》都成书于东汉中期以后。虽然这三部章句的面貌和数十百万言的西汉章句并不完全相同，但是结合史籍的记载仍可以恢复章句的大致面貌。

一、两汉章句"具载本文"——马融"始就经为注"的检讨

"章句"顾名思义是分析经文之章句的经解体式②，既然如此，章句应当附有经文。③赵岐《孟子题辞》云"为之章句，具载本文，章别其恉，分为上下，凡十四卷"，今传之河上公《老子章句》、赵岐《孟子章句》和王逸《楚辞章句》都有经文。《汉书·夏侯建传》谓小夏侯氏"次章句"时"具文饰说"，钱穆指出："故章句必具文，具文者，备具原文一一说之。"④章句附经为说，与记载、实物皆有征，但学者仍存疑义，例如鲁瑞菁一方面认为具载文本是章句之定例，一方面仍然认为《楚辞章句》单行。这大概是受唐代孔颖达"马融始就经为注"之说的影响。⑤

孔颖达认为"汉初为传训者，皆与经别行，三传之文不与经连，故石经书《公羊传》皆无经文，《艺文志》云'《毛诗经》二十九卷，《毛诗故训传》三十卷'，是毛为诂训亦与经别也。及马融为《周礼》之注，乃云'欲省学者两读'，故具载本文。然则后汉以来，始就经为注"⑥。周秦之际经传分离确实是定例，但那时候的传"举大义而已"，与经籍关系疏离；到了西汉，随着经传关系联系紧密，这种情况有了转变，此不待后汉马融而然。就出土文献而言，马王堆《五行传》即分附于《五行》经文某章之后，武威汉简《丧服传》甲乙本（西汉

---

① 《老子河上公章句》的成书年代说法不一，比如楠山春树、岛邦男和小林正美认为是六朝时期著成，金春峰等认为是西汉文帝时期的作品。但王明、吉冈义丰、饶宗颐、王卡等多数学者还是认为该书成书于东汉时期尤其是东汉末年。即便是楠山春树和小林正美等持"晚出说"的学者，仍然推论《河上公章句》的原本是东汉时期的作品（楠山春树：《老子传说の研究》，东京：创文社，1979，第163页。小林正美：《六朝道教史研究》，第247页）。

② 刘师培：《国学发微》，载《刘申叔遗书》，南京：江苏古籍出版社，1997，影印本，第482页。

③ 焦循撰：《孟子正义》，沈文倬校点，北京：中华书局，1987，第26页。

④ 钱穆：《两汉经学今古文平议》，北京：商务印书馆，2001，第225页。

⑤ 鲁瑞菁：《"〈离骚〉称经"与汉代章句学》，《静宜人文社会学报》，2007年第2期，第14页。

⑥ 孔颖达：《毛诗正义》，载《十三经注疏》，第269页。

成帝时期）也将传附于各句经文之后①，与今郑玄注《仪礼》所据之刘向《别录》本《丧服传》体式大致相同。东汉章帝元和二年（85）草隶砖所载《公羊传·隐公元年》也是就经附传的。② 传世文献中亦有其例，西汉元帝时戴德纂集《大戴礼》，所收《夏小正传》附于经文每句之后。即便是《毛诗》经传，孔颖达也有"未审此《诗》引经附传是谁为之，其郑之'笺'当元在经传之下矣"③ 的疑问——郑玄笺《诗》之前，《毛诗》经传早已合一，由此可见孔氏去汉久远，所言两汉经传体式未必可据。故而"传"这一体式，从先秦时代的单行或经传分离，到西汉初年的附在各章之后，再到西汉晚年的就经为传，应该是可以成立的历史演变。从这一背景也可以推知，西汉中期才出现的章句也极有可能不是单行，而是像今天看到的那样，都是"具载本文"的。

排除历史发展因素，单就体式而言，"传"的情况和"章句"也并不相同。西汉前期大部分的"传"往往是"举大义"的经解体式，并不按章句文本次序解释经典，而是止于"存其大体""略举大义"，如今《毛诗传》"《关雎》，后妃之德也；《葛覃》，后妃之本也"④；而"章句"则是在对经文离章析句的基础上成立的。吕思勉指出"章句"之初实类似后世画段点句⑤，今出土简帛就有明确的章句记号⑥，可以想见章句初始之目的乃是为了分章逐句朗读或讲疏经文，这样就不得不附带经文。所以"传"未必要附带经文，而"章句"却必须要"具载本文"。

孔颖达"马融之后始就经为注"或只是就"传"体而言，盖马融之后，"传"受章句影响，多循文注解。故马融《周易传》十卷，新旧《唐志》皆谓之"马融《周易章句》十卷"。此外，六朝隋唐学者于周秦两汉之经解体式不甚措意，所言往往不足为据。陆德明、孔颖达所载"旧说"谓"汉以前称传"⑦"前

---

① 甘肃省博物馆、中国科学院考古研究所编：《武威汉简》，北京：文物出版社，1964，第29页。但沈文倬根据甲、乙本《丧服传》经文较丙本《丧服》少，认为甲、乙本《丧服传》仍然是单行的传文（见氏著：《汉简〈服传〉考》，载《菿闇文存——宗周礼乐文明与中国文化考论》，北京：商务印书馆，2007，第276页）。不过针对这一现象，陈梦家的解释是"作传与删经断记两件事是同时进行的……对于他认为不必要的经文，不加以传注。"（甘肃省博物馆、中国科学院考古研究所编《武威汉简》，第33-34页）
② 陈直：《考古丛录》，《文史考古论丛》，天津：天津古籍出版社，1988，第553页。又氏著：《关中秦汉陶录》，北京：中华书局，2006，第808-812页。
③ 孔颖达：《毛诗正义》，载《十三经注疏》，第269页。
④ 同上书，第276页。
⑤ 吕思勉：《章句论》，载《文字学四种》，上海：华东师范大学出版社，2009，第7页。
⑥ 李均明、刘军：《简牍文书学》，南宁：广西教育出版社，1999，第61-64、74页。战国竹简和汉初帛书中已有分章或分句符号，见程鹏万：《简牍帛书格式研究》，吉林大学，2006，第118-122、167页。
⑦ 陆德明著，黄焯汇校：《经典释文汇校》，黄延祖重辑，北京：中华书局，2006，第71页。

汉称传，于后皆称注"① 已颇不可信，陆氏、孔氏更以"传亦可称注"便谓传、注之区别在于传述先师和独下己意而已，故将马融所作之《周礼传》称为"马融为《周礼》之注"②，其混淆体式如此，而后人反以之为定谳，谓马融之前经解皆与经文分行，③ 未必可从。

要之，两汉章句著作既缘附经文为说，则必有经文，今天见到的"严遵本《老子》"就是章句的经文部分。

二、严遵《老子注》为"章句"之"句"

"严遵《老子注》"之提法亦未必为西汉之旧。严遵《老子注》与"注"之体式扞格者有四：西汉时期并无"注"体，《老子注》不训释字词，每句皆有解说，全为四字韵文。

（一）西汉时期并无注体

上引《尚书正义》所载皇侃等"旧说"谓"前汉称传，于后皆称注"，推知部分六朝隋唐学者已认识到西汉时期并无"注"体。查《汉书·艺文志》中西汉经解之体式品目繁多，唯独无"注"。④ 郑玄以前之古文家训解经文，除仍

---

① 孔颖达：《尚书正义》，载《十三经注疏》，第 116 页。《礼记正义》曰："皇氏以为自汉以前为传，自汉以后为注。"（孔颖达：《礼记正义》，载《十三经注疏》，第 1129 页）则此说盖出自皇侃。
② 孔颖达：《毛诗正义》，载《十三经注疏》，第 269 页。
③ 如《四库全书总目》谓《河上公章句》云："孔颖达《礼记正义》称马融为《周礼注》，欲省学者两读，故具载本文，后汉以来，始经为注。何以是书作于西汉，注已散入各句下？"（永瑢等：《四库全书总目》，第 1242 页。）又：沈文倬否认《武威汉简》本《丧服传》为经传合编，坚持为单行，认为《丧服》经传合编出于马融，（氏著：《汉简〈服传〉考》，载《菿闇文存——宗周礼乐文明与中国文化考论》，第 334－344 页）或亦受此影响。
④ 后人所称之键为文学《尔雅注》，刘歆《尔雅注》《易救氏注》等皆不见《汉志》，或为后世学者约引《别录》而名之，如《易救氏注》本自唐司马贞《史记索隐》引《别录》云"易家有救民（民，或作'氏'）之法（法，或作'注'）"；或采辑旧说而一律冠以"注"名。如《尔雅》刘歆注，陆德明以为"疑非歆注"，吴承仕则指出此书"疑后人缀集刘义以释《尔雅》"，见陆德明撰，吴承仕疏证：《经典释文序录疏证》，第 147 页。案：东汉许多被后世乃至于魏晋人称为"注"的著作起初也并非以"注"名，如高诱《淮南子注》，其实或为"训"，今《淮南子》各篇名之以"本经训""俶真训"等即是；韦昭之《国语注》本亦当为"解"。

晚周前汉"传""训"之旧名外，往往谓之"解诂"，① 自东汉桓帝之后，爰有"注"体。经注见诸《后汉书》者，郑玄之外仅有张楷《尚书注》等数家而已②，非若后世凡经解著作概谓"注"之繁盛。

尽管两汉时期的经解著作在当时自名为"注"的极少，但在后世却往往被冠以"注"名，且不说上揭陆德明、孔颖达不别"传""注"，即为两汉时"章句"。隋唐也往往称"注"，如刘表《周易章句》十卷，《释文叙录》引荀勖《中经簿录》云"注《易》十卷"③；《旧唐书·经籍志》亦称之为"《周易》刘表注"④。王逸《楚辞章句》、赵岐《孟子章句》也往往被称为"注"，顾炎武所谓"先儒释经之书……今通谓之注"⑤ 是也。故而"严遵《老子注》"这一提法，绝非西汉时期严遵著作的原名，而应该是六朝隋唐时期强加的名称。

（二）严遵《老子注》每句出注

如前所述，"注"大约是东汉桓帝之后出现的经解体式，"注"之得名，各有异说，贾公彦《仪礼疏·士冠礼》以为"注义于经下，若水之注物"⑥，似较为得之。东汉以后之经解以简洁为尚，"注"体更以简明之特点为后世所取，尤其是对于那些没有疑义的文句，可以略而不谈，例如《礼记·曲礼》"敖不可长，欲不可从，志不可满，乐不可极"，郑玄仅在最后注释道："四者慢游之道，桀、纣所以自祸。"⑦ 这种简洁自由的风格同样见于王弼《老子注》中，在解释"上德不德"至"故去彼取此"相当于河上公本一章的经文，王弼才开始注释：

---

① 如许慎《周礼解诂》，郑兴《周礼解诂》，郑众《周礼解诂》，贾逵《左传解诂》《国语解诂》《周礼解诂》，卫宏《礼记解诂》，卢植《礼记解诂》，何休《春秋公羊解诂》，翟酺《援神钩命解诂》，胡广《汉官解诂》。

② 《后汉书》卷三十六《张霸传》："桓帝即位，优遂行雾作贼，事觉被考，引楷言从学术，楷坐系廷尉诏狱，积二年，恒讽诵经籍，作《尚书注》。"

③ 吴承仕：《经典释文序录疏证》，第 39 页。

④ 刘昫等：《旧唐书》，北京：中华书局，1975，第 1967 页。

⑤ 顾炎武著：《日知录集释》，黄汝成集释，秦克诚点校，长沙：岳麓书社，1994，第 641 页。

⑥ 贾公彦：《仪礼注疏》，载阮元校刻《十三经注疏》，第 945 页。案：关于"注"之涵义，《毛诗正义》以为"注者，著也，言为之解说，使其著名也"，《礼记正义》则以为"注者，谦也，不敢传授，直注己意而已"，刘知几《史通·补注》谓"流通而靡绝"，段玉裁则谓"注之云者，引之有所适也"，故释经亦明其义曰注，张舜徽认为是"犹水道阻塞，必灌注而后通"（皆见张舜徽：《中国古代史籍校读法》，武汉：华中师范大学出版社，2004，第 248 页）。

⑦ 孔颖达：《礼记正义》，载阮元校刻《十三经注疏》，第 1230 页。

"德者，得也。……"① 这种有话则长，无话则短乃至于可以略过不解的"注"体和严遵《老子注》整齐划一地在每句后面注的四字韵文完全不同。即便是《老子》经文各处"是以圣人"这样在理解上并无难处的句子，严遵也好几次不厌其烦地说"谓明君也"（见《不出户章》与《为无为章》《其安易持章》），而这也正符合章句的体式。

"章句"之"句"本义为句读，其最初形式或仅为断句之符号，进而发展为句读以外还附带上经师对句义解说的讲义，于是就成为今天在每句下出注的体式，正起"析句"和"释义"的双重作用。王逸《楚辞章句》所谓之"章决句断"之"句断"者即是。今河上公《老子章句》、赵岐《孟子章句》和王逸《楚辞章句》都在各句经文下出注，严遵《老子注》也和这些《章句》一样都是整齐划一、逐章逐句地解释经文，与结构自由松散的"注"风格迥异。随意抽取《老子》一章，对比各家的阐释体例就能发现其中的差别：

表 3-1 汉魏《老子》之"章句"与"注"体式差异对照表

经　文	严遵"注"	河上公《章句》	王 弼 注
天下有道，	主无欲也。	谓人主有道也。	天下有道，知足知止，无求于外，各修其内而已，故却走马以治田粪也。
却走马以粪；	为谷食也。	粪者，粪田也。治国者兵甲不用，却走马以治农田，治身者却阳精以粪其身。	
天下无道，	主起事也。	谓人主无道也。	贪欲无厌，不修其内，各求于外，故戎马生于郊也。
戎马生于郊。	法主戎也。	战伐不止，戎马生于郊境之上，久不还也。	
罪莫大于可欲。	常取求也。	好淫色也。	
祸莫大于不知足，	求无已也。	富贵不能自禁止也。	
咎莫大于欲得。	利心起也。	欲得人物，利且贪也。	
故知足之足，	无所取也。	守真根也。	
常足矣。	无所不有。	无欲心也。	

上表中严遵《老子注》和河上公《老子章句》的解说都与经文一一对应，与王弼《老子注》自由随意的解释不同。林庆彰指出："虽然《楚辞章句》和

① 王弼：《道德真经注》，载《中华道藏·第九册》，第205页。

《孟子章句》这两书是削减章句以后才出现的，恐不足以反映章句极盛时代的面貌，这两书的内容和一般所说的传注并没有什么不同，但对经文的每一句都有简明的释义。"① 足以说明严遵《老子注》具有"章句"的重要特征。

（三）不释字词，阐释句意

一般学者们将"注"视作与"解诂"一类的经解体式②，将"注"等同于"诂"虽然片面，但确实可见"注"包含字词训诂之特点。今存汉魏时期的"注"常见"某，某也"这样的字词训诂；在严遵《老子注》中却没有出现任何单字解诂的文句，其内容无一不是对句意的通释，与"注"这一体式的特征不尽相符。

严遵《老子注》这种以解释句意为主、不专主训诂字词的特点与西汉时期章句学风气相符。两汉章句虽然不排除训诂③，但其终极目的还是义理和治术。今存的三种东汉时期的章句虽间或存在解释字词的部分，但并非每句都有；句意的解释才是这些章句的必要组成部分。故而戴君仁指出："章句不是——或者不仅是——零星的词和字的解释，而是整段逐句的文义解释。"④ 以表 3 - 1 所引《老子河上公章句》为例，终其一章训解字词的部分仅有"粪者，粪田也"一处，其他都是说解句义的。

（四）"四字韵文注"属训体，为章句之重要组成

在经解的具体形式上，严遵《老子注》与先以"某，某也"阐释单字，再

① 林庆彰：《两汉章句学之重探》，载《中国经学史论文选集》，台北：文史哲出版社，1993，第 281 页。
② 黄以周曰："东汉经师崇尚古文，其所著书，或曰注，或曰解诂，悉遵毛氏《故训传》例。"（氏著：《儆季杂著》之五《文钞三·再答陈善余书》，光绪二十年黄氏试馆刊本，第 20 页。）冯浩菲：《中国古籍整理体式研究》，北京：高等教育出版社，2003，第 159 页。
③ 过去学者如马瑞辰（陈金生点校：《毛诗传笺通释》，北京：中华书局，1989，第 4 页）、康有为（章锡琛校点：《新学伪经考》，上海：古籍出版社，1956，第 170、175 页）、钱穆将训诂为古学故与章句之今学对立，影响很大，实际并非如此说，参见钱玄同：《重论经今古文学问题》，载顾颉刚编著《古史辨：第五册》，上海：上海古籍出版社，1982，第 97 页。
④ 戴君仁：《经疏的衍成》，载王静芝编：《经学论文集》，台北：黎明文化事业股份有限公司，1981，第 108 页。

以散文形式说解的"注"不同，严遵《老子注》几乎从头至尾都是四字韵文注。

以四字韵文来解释经文，看似奇特，其实在晚周秦汉经解著作中并不鲜见：

其一，成书年代早于秦汉时期的《小象传》[①]，如《乾·象传》："'终日乾乾'，反复道也。'或跃在渊'，进无咎也。'飞龙在天'，大人咎也。"[②] "道""咎"都是幽部或其入声觉部字。又如《坤·象传》"'黄裳元吉'，文在中也。'龙战于野'，其道穷也。'用六永贞'，以大终也"[③]，韵脚"中""穷""终"古音皆在冬部。他们都是典型四字韵文"注"，可知四字韵文注这类体式出现年代之早。

其二，与之同时或稍晚的《尔雅·释训》是《尔雅》书中少见的韵文[④]，如"'子子孙孙'，引无极也。'颙颙卬卬'，君之德也。'丁丁''嘤嘤'，相切直也。'蔼蔼''萋萋'，臣尽力也。'噰噰''喈喈'，民协服也"，[⑤] "极""德""直""力""服"都在古音职部。

其三，西汉文帝初年帛书写本《易之义》也同样有类似体式的韵文注。例如引孔子曰："'或跃在渊'，隐而能静也。'飞龙在天'，□而□也。'亢龙有悔'，高而争也。'群龙无首'，文而圣也。""静""争""圣"古音都属耕部。又如"'含章可贞'，言美情也。'括囊无咎'，语无声也。"[⑥] 也押古音耕部韵。

其四，四字韵文注以及衍伸的八字韵文注最为人所知的还是在东汉中期成

---

① 二十世纪三十年代，李镜池和郭沫若认为《象传》的成书年代不可能在秦之前。（李镜池：《易传探源》，《古史辨·第三册》，第117页；郭沫若：《〈周易〉之制作时代》，载《青铜时代》，北京：中国人民大学出版社，2005，第64页。）案：《礼记·深衣》："故《易》曰：'六二之动，直以方也。'"则《小象传》之成书年代，在《深衣》撰作之前，高亨认为《小象传》的撰作在战国时代（氏著：《周易大传今注》，济南：齐鲁书社，1979，第7页），朱伯崑等也将其看做战国后期的作品（氏著：《易学哲学史》第一卷，第47页）。

② 孔颖达：《周易正义》，载《十三经注疏》，第15页。

③ 同上书，第20页。

④ 《尔雅》之成书年代及作者，至少有十二说。（管锡华：《尔雅研究》，合肥：安徽大学出版社，1996，第8-11页。）案：西汉文帝时已置《尔雅》为传记博士，而"《尔雅》五家注"中有犍为舍人与刘歆，则《尔雅》之成书年代当在西汉之前。故而洪诚与何九盈皆认为《尔雅》成书于战国末年，说详何九盈：《〈尔雅〉的年代和性质》，载《语文研究》，1984年第2期，第15-23页。

⑤ 邢昺：《尔雅注疏》，载《十三经注疏》，第2590页。

⑥ 释文见张政烺著，李零等整理：《马王堆帛书〈周易〉经传校读》，载《张政烺论易丛稿》，北京：中华书局，2011，第215-216页。案：这段"孔子曰"下都是以韵文形式对《周易》经文进行解说，但除了四字注外，也有两字的，如"'潜龙勿用'者，匿也。'见龙在田'也者，德也。'君子终日乾乾'，用也。'夕惕若厉无咎'，息也"，也有五字的，如"'黄裳元吉'，有而弗发也。'龙战于野'，文而能达也。'或从王事，无成有终'，学而能发也"。

书的《楚辞章句》中。《四库全书总目》云："《抽思》以下诸篇注中，往往隔句用韵，如'哀愤结缙，虑烦冤也''哀悲太息，损肺肝也''心中结屈，如连环也'之类，不一而足，盖仿《周易·象传》之体，亦足以考证汉人之韵。"① 四字的韵文注如《渔夫章句》："'屈原既放'，身斥逐也。'游于江潭'，戏水侧也。'行吟泽畔'，履荆棘也。'颜色憔悴'，皯霉，黑也。'形容枯槁'，癯瘦瘠也。"② 八字韵文注的如《涉江章句》："'思美人兮'，言己忧思，念怀王也。'擥涕而竚眙'，竚立悲哀，涕交横也。'媒绝路阻兮'，良友隔绝，道坏崩也。'言不可结而诒'，秘密之语，难传诵也。'蹇蹇之烦冤兮'，忠谋盘纡，气盈胸也。……'陷滞而不发'，含辞郁结，不得扬也。"③

《河上公章句》中四字注或八字注并不如《楚辞章句》那样整齐划一，但显然也是有意为之。例如《养生章》："'天下皆知美之为美'，自扬己美，使显彰也。'斯恶已'，有危亡也。'皆知善之为善'，有功名也。'斯不善已'，人所争也。"④

不惟经典解说，汉代道教中也有类似"四字韵文注"的体例，如《太平经·庚部·虚无无为、自然图道、必诚第一六八》曰："'虚无者乃内实外虚'，有若无也。'反其胞胎'，与道居也。'独存其心'，悬龙虑也。'遂为神室'，聚道虚也。'但与气游'，故虚无也。"⑤ 都是押古音鱼部的"韵文注"。

由上揭可见，韵文注这一形式殊为古旧。从文体上看，它属于"训故"中"训"的一种，相对于强调"古今异言"的"故"来说，训更偏重于"师授训读""随文取义"。"训"同时也是"章句"的重要组成部分，为两汉经师沿用之以为"章句"之句解。魏晋之后，训故之学合为"解诂"，章句亦衰微不振。故而这类体式在后世解经体式中愈加罕见。自蒋天枢以来，学者对《楚辞》韵文

① 永瑢等：《四库全书总目》，第 1267 页。
② 洪兴祖撰：《楚辞补注》，白化文点校，北京：中华书局，1983，第 179 页。
③ 同上书，第 146 页。
④ 案："彰""亡"皆为阳部阳韵字，"名""争"为耕部清韵字，两汉魏晋时常见耕阳两部通押。
⑤ 王明：《太平经合校》，北京：中华书局，1960，第 469-470 页。《太平经》之成书年代相当复杂，现存的《太平经》本身并不是一个一次成书就一成不变的文本（葛兆光：《屈服史及其他：六朝隋唐道教的思想史研究》，北京：生活·读书·新知三联书店，2003，第 198 页），但除了晚出的《太平经钞·甲部》外（王明认为是伪作，见《论〈太平经〉的成书时代和作者》，载《王明集》，中国社会科学院科研局组织编选，北京：中国社会科学出版社，2007，第 160-179 页），自 1935 年汤用彤发表《读〈太平经〉书所见》（载《魏晋玄学论稿及其他》，北京：北京大学出版社，2010，第 150-173 页）以来，绝大多数学者还是认为今本《太平经》基本上是东汉的作品（诸家意见可参姜守诚：《〈太平经〉研究：以生命为中心的综合考察》，北京：社会科学文献出版社，2007，第 11-12 页）。

注颇多怀疑，认为这种体式于"汉人传注中所罕见……倘非依傍全部正文，直不知所谓"①。可惜他们对比的是东汉以后的"注"体，所见难免偏颇；② 而通过上文的检讨，我们可知在东汉以前这种体式不仅并非罕见，而且正是晚周秦汉解释句意的常见体式。

明确了以四字、八字为主的韵文是晚周秦汉以来训释经文句义的体式，就不难理解为何严遵《老子注》和王逸《楚辞章句》会有如此数量众多的韵文注，因为他们理应是"章句"中"句"，也就是阐解句义的部分。章句的句解之所以用韵文的形式，大概为了便于记诵。小南一郎也指出："分章辨句其方式不仅仅只是教学生句读而已，大概也附带着教授句子的正确注释，这样的情形就章句之学墨守师授的解释特征来说，以韵文来帮助记诵老师的解释，毋宁是合理的。"③

此外，就数量统计而言。"严遵《老子章句》"全是这种"某某某也"的押韵句式，而东汉中期王逸《楚辞章句》所见也较多，东汉后期成书的《老子河上公章句》次之，东汉末年的《孟子章句》很少见到。大概是章句学逐步衰落，传统章句学的特征也逐渐式微。

三、《老子指归》即"章旨"

（一）"传"体的内容与形式——论"指归"并非"传"

《老子指归》的主体部分无疑是经文和注文之后"指归"二字下的大段韵

---

① 蒋天枢：《论〈楚辞章句〉〉，载《楚辞论文集》，西安：陕西人民出版社，1982，第217页。从蒋说者不在少数，如曹建国也认为"韵体注不仅不符合章句体例，也破坏了《楚辞章句》本身的注释体例"（曹建国：《〈楚辞章句〉韵体注考论》，载《文学评论》，2010年第5期，第118-125页），否认《楚辞章句》韵文注为王逸所作，但是曹氏一方面认为"韵体注的用韵兼具西汉和东汉时期的特征"，一方面却又将其定位为"在西汉后期到东汉前期这个时间段"，实在有刻意避开王逸生活的东汉中期之嫌。

② 案：这种体式在魏晋旧注中并非完全未见。郭璞对《尔雅·释训》中的韵文部分的训注也有类似《楚辞章句》的八字韵文注，《日知录》卷二十一《易韵》顾炎武自注云"郭璞注《尔雅·释训篇》本经有韵，注亦用韵"。如："'晏晏、旦旦，悔爽忒也，'伤见绝弃，恨士失也。'欢欢慆慆，忧无告也。'贤者忧惧，无所诉也。"其中'弃''失'皆为质韵，'惧''诉'则是虞、模合韵。只是郭璞《尔雅注》是句内押韵，与《楚辞章句》等句尾押韵不同。

③ 小南一郎：《王逸〈楚辞章句〉をめぐって——汉代章句の学の一侧面》，《东方学报》第63号，1991年，第109页。

文。《指归》因循《老子》的经文，用韵文形式来演绎宇宙规律和修身治国主张，由于"指归"不以训诂经字为主而以阐释发挥为宗致，故李学勤和王葆玹将其视作"传"。

"传"可以说是最为常见的经解体式之一。凡先圣传授经旨，门人弟子所记皆谓之传。刘知几《史通·六家》云："传者，转也，转受经旨，以授后人。或曰：传者，传也，所以传示来世。"按《汉书·艺文志》"鲁申公为《诗训故》，而齐辕固、燕韩生皆为之《传》。或取春秋，采杂说，咸非其本义"，则传之主要内容为"取春秋"与"采杂说"，即以前代故事、先贤之语阐释经典义理。晚周秦汉以来，形式多变，体例不一，学者鲜有区分，张杓以"训诂之传"与"载记之传"别之，① 未免率尔；章太炎则在《国故论衡》中提及五类，② 今因章说添足为六：

一为通论，总论诸经之义者，凡先儒传述仁义之言，无涉具体篇目章句者皆属此类。章氏曰："通论之书，《礼记》则备。"《疏证》："《礼记》《檀弓》《礼运》《玉藻》《大传》《学记》《经解》《哀公问》《仲尼燕居》《孔子闲居》《坊记》《中庸》《表记》《缁衣》《儒行》《大学》，共十五篇，《正义》引郑《目录》并云此于《别录》属通论。"③

二为驸经，解疑释滞，诠释经文句义。章氏曰："驸经之书，则当句为释者。"《十翼》中《文言》《小象》二传，《仪礼·丧服传》《春秋》经之《公羊》《穀梁》二传，《大戴礼记·夏小正传》等皆属此类。又：以当时语言串讲经文亦属此类，《墨子·兼爱中》引《传》"泰山有道，曾孙周王"云云，《尚贤中》引《传》"求圣君哲人，以裨辅而身"，《论语·尧曰》"天之历数在尔躬"云云皆是。

三为解故，解经中之故事、补经文所未备。章氏曰："《书》《春秋》，记事之籍，是以有故事。《太誓》有故，犹《春秋》有传。诸故事亦通言传。"于《尚书故言》又曰："上世史官诚草略……循尧上推，则文指愈微。三皇，《书》亦不载；而五帝，独纪尧、舜……孔子论五帝德，黄帝、颛顼、帝喾之事略备，文献所征，所谓《书传》也。"④ 是补《书》之所未备者如《帝系》《五帝德》

---

① 皮锡瑞：《经学通论》，北京：中华书局，1954，第43页。
② 章太炎撰，庞俊、郭诚永疏证：《国故论衡疏证》，北京：中华书局，2008，第322页。
③ 同上书，第334页。
④ 章太炎：《检论·尚书故言》，载上海人民出版社编《章太炎全集》第三册，上海：上海人民出版社，1984，第387页。

等亦属解故之类；推本言之，以故实补经文之所未备者如《曲礼》《少仪》《丧服小记》《大传》《杂记》《丧大记》《丧服大记》《祭义》《冠义》《昏义》《乡饮酒义》《射义》《聘义》《丧服四制》诸篇亦属此类。

四为略例，举经典之部略条贯，发凡起例。章氏曰："略例之书，左氏则备。"《春秋左传》多有凡例①，《十翼》中《系辞传》上篇亦发凡起例，亦属例略之类。

五为序录，叙经文篇章撰作之背景及其大义，古之目录也。章氏曰："《淮南王离骚传》，其实序也。刘向为《别录》，世或称以《别传》。"今《十翼》之《序卦》即以"序"名之，此外《杂卦》《书序》《毛诗小序》亦属此类。清华简《芮良夫毖》曰："周邦骤有祸，寇戎方晋。厥辟御事，各营其身。恒争于富，莫治庶难，莫恤邦之不宁。芮良夫乃作《毖》再终。"② 其例与《书序》相似，可见其体例之古旧。

六为说类，经解之说二，泛称之"说"，与"传""章句"皆为汉世经解之体；③ 专名之"说"，则比于物类、喻于故事。《淮南子·要略》云："《说山》《说林》者，……假譬取象，异类殊形，以领理人之意，解除结细，说捍抟困，而以明事埒事者也。"④ 桓谭《新论》："小说家，合丛残小语，近取譬喻，以作短书，治身理家，有可观之辞。"⑤ 是"说"为取譬取象之类也，故《十翼》之中，以《说卦传》专论易象；《韩诗外传》多采小说解《诗》，其文往往与《说苑》错出。此外，帛书《易传·缪和》"汤出巡守"以下亦以故事附会《易》义。⑥

上述六类，即便不能囊括周秦两汉所有"传"体，也涵盖了其中之多数。

---

① 《四库全书总目》云："《左传》称'凡'者五十，其别四十有九，皆周公之垂法，史书之旧章，仲尼因而修之，以成一经之通体。"永瑢等：《四库全书总目》，第 212 页。

② 李学勤主编：《清华大学藏战国竹简（三）》，清华大学出土文献研究与保护中心编，上海：中西书局，2012，第 145 页。

③ 如王葆玹认为："从'传记'与'口说'相对待以及'末师'与'往古'的区别看，'说'在汉代主要是较晚的经师口说的记录。"王葆玹：《今古文经学新论》，北京：中国社会科学出版社，1997，第 46 页。

④ 何宁撰：《淮南子集释》，北京：中华书局，1998，第 1450 页。

⑤ 桓谭撰：《新辑本桓谭新论》，朱谦之校辑，北京：中华书局，2009，第 1 页。

⑥ 李零认为帛书《缪和》包括三部分，第一部分是缪和、吕昌、吴孟、庄但、张射、李平与孔子讨论《周易》的问对；第二部分是孔子自陈《易》义；第三部分是以历史传说或历史故事印证《周易》（氏著：《简帛古书与学术源流》，北京：生活·读书·新知三联书店，2007，第 244 页。）又：张政烺著，李零整理：《张政烺论易丛稿》，北京：中华书局，2011，第 267-280 页。

从"传"体发展的历史演变来看，周秦汉初的"传"体式以孔门总论经义和补经文未备的"通论""解故"为主，内容庞杂，疏离经文，发明甚多；西汉以降，这类"传"逐渐减少，而那些阐释文句的"驸经"类则有增长之趋势，传的规模也趋于简洁，如汉景时写定成文的《公羊传》及稍晚的《穀梁传》。又案：《汉书》卷三六《楚元王传》："初《左氏传》多古字古言，学者传训故而已，及歆治《左氏》，引传文以解经，转相发明"，则刘歆之前学者所传惟"训故"而已，已无经义之发明。至东汉马融作《易》《诗》《书》《礼》诸《传》，则以训诂为主，已与"注"不别。①

由以上对"传"的梳理可知，西汉中晚期严遵的《老子指归》并非《老子》之传。和"取春秋、采杂说"的传相比，《老子指归》全篇既没有引述先贤的嘉言善语来阐扬经义要旨，也没有引述春秋杂说，更是没有了汉代流行的"传"体常见的"……何？……也"或"……者，……也"这样"当句而释"的内容。

《老子指归》看似是通论，但对照谷神子注，我们可以清楚地看到《老子指归》不厌其烦地依次逐句地解说《老子》，而非《易传》《诗传》那样或粗述一经、一章之旨，也非《韩诗外传》《礼记》诸篇那样无系统地略择一二经句道说之。这种依傍经文、"破碎大道"的体式在西汉显然不是以"疏略"见称的传而应该是以繁琐著称的章句，章太炎氏即认为："古之为传，异于章句。章句不离经而空发。……夫章句始西京，以传比厕经下，萌芽于郑、王二师，自是为法，便于习读，非古之成则。"② 所以《老子指归》并非《老子传》，而是《老子章句》的"章指"。

（二）《指归》当为从章句之"章指"

"章句"的"章"自然指的是分章，《毛诗正义》云："章者，明也，总义包体，所以明情者也。"③ 既然"章句"要"总义包体"，那么各章之后就要做

---

① 杨树达：《离骚传与离骚赋》，载《积微居小学述林》，北京：中国科学院，1954，第 261 页。
② 章太炎撰，庞俊、郭诚永疏证：《国故论衡疏证》，第 335 页。
③ 孔颖达：《毛诗正义》，载《十三经注疏》，第 269 页。

"总结"和申发。

赵岐《孟子章句》的各章之后原有"章指"，赵岐《孟子题辞》所谓"章别其指"①。钱大昕说："汉赵岐注《孟子》，每章之末，括其大旨，间作韵语，谓之《章指》。"② 钱氏点明了"章指"的特点：总义包体、句末押韵。这和王逸《楚辞章句》"间作韵语"一样，使章旨明白易记以故。而且"章指"并非仅仅是简单的旨意概括，还需要对义理进行申发，即对义理的演绎，沈钦韩所谓"指括其文，敷畅其义"是也。③ 故"章指"的"指"，周广业云："古本'章旨'当作'章指'。旨，意也。指，归趣也。"④ 周氏以"归""趣"释"指"，其实"指归""指趣"都有见于书名：严遵有《老子指归》、安丘望之有《老子指趣》，皆为《老子章句》之章指。

就体式细节而言，《老子指归》是在每章经文和四字注文之后换行，以"指归"二字起头，下接敷衍经义的韵文。而《孟子章句》同样是"注末别行载章旨"，⑤ 以"章旨言"或"章旨曰"三字起头（疑"言"或"曰"字为后加）⑥，下接敷衍经义的韵文。《老子指归·大成若缺章》曰：

> 指归：……天道自卑，无律历而阴阳和，无正朔而四时节；无法度而天下宾，无赏罚而名实得。隐武藏威，无所不胜；弃捐战伐，无所不克。无号令而民自正，无文章而海内自明；无符玺而天下自信，无度数而万物自均。是以赢而若绌，得之若丧。无钟鼓而民娱乐，无五味而民

---

① 《孟子章句》原有"章指"，唐陆善经始删章指，宋修《孟子正义》删尽章指散入《正义》之中。今所见"章指"皆为据旧本辑补整理所得。总其成者大约两系，一为阮元校刻《十三经》，马国翰袭之；一为周广业《疏证孟子章指》，焦循《正义》据以补入。说参张量：《〈孟子章指〉研究》，北京大学中国古文献研究中心编：《北京大学中国古文献研究中心集刊：第三辑》，北京：北京大学出版社，2002，第402－417页。

② 钱大昕：《十驾斋养新录》，载《嘉定钱大昕先生全集：七》，孙显军、陈文和校点，南京：江苏古籍出版社，1997，第66页。

③ 王先谦：《汉书补注》，北京：中华书局，1983，影印本，第868页引。

④ 周广业：《孟子四考》，载王先谦编《清经解续编》，光绪十四年南菁书院刻本卷二二八，第5页。

⑤ 焦循：《孟子正义》，第44页。又：山井鼎《七经孟子考文补遗》云："今更据古本载全文于每章《考异》下，以圈别之，元文注末亦有圈，录之云尔。"张量认为，"可知古本旧式，是将《章指》单独提行载于每章注文后的。"张量：《〈孟子章指〉研究》，载《北京大学中国古文献研究中心集刊：第三辑》，第403页。

⑥ 焦循云："宋本《章指》下皆有'言'字，《考文》亦然，盖谓此章大旨，所言如此也，孔本作'章指曰'，无'言'字，恐非赵氏之旧。"（焦循：《孟子正义》，第44页。）

食甘；无服色而民美好，无畜积而民多盈。夫何故哉？因道任天，不事知故，使民自然也。……①

《孟子章句·梁惠王篇·齐桓晋文之事》"章指"曰：

> 章指言：典籍攸载，帝王道纯，桓文之事，谲正相纷，拨乱反正，圣意弗珍，故曰后世无传未闻。仁不施人，犹不成德；衅钟易牲，民不被泽；王请尝试，欲践其迹；答以反本，惟是为要，此盖孟子不屈道之言也②。

由上可见，尽管较东汉晚期的《孟子章指》为简略，但《老子指归》仍与《孟子章指》"行文句式整齐、间用韵语"③ 的特点相符。

（三）章句的衰亡与《指归》的单行

那么既然《老子指归》其实是严遵《老子章句》的一部分，为什么会被单行成《老子指归》一书呢？这与今天所存各种"章句"类著作的命运相仿。

章句学是汉代大一统时期传授经典的主要方式，但由于其繁琐之病，从汉代开始就遭负面评价。④ 王莽、东汉光武帝始删减五经章句，东汉中期古学复兴，传、注、解、诂开始取代章句成为儒生流行的经解体式。汉末军阀割据，官学崩坏，章句遂亡。《释文叙录》中，昔日盛极一时的今文易学章句仅剩残缺不全的《孟喜章句》，而郑玄、荀爽、虞翻、宋衷、王弼、王肃等各家"注"、"解"则盛极一时；三家《书经》章句无一幸存，而郑玄、马融、王肃等"注"却广为流传，他经亦皆如此。

由于"注"和"解"在后世成为了绝对的主流，而"章句"却衰亡多时，所以但凡"章句"，往往被认作甚至删削成为"注"。今本《楚辞章句》和《河

---

① 严遵：《道德真经指归》，《道藏：第一二册》，第 352 页下。
② 焦循：《孟子正义》，第 96 页。
③ 张量：《〈孟子章指〉研究》，载《北京大学中国古文献研究中心集刊：第三辑》，第 407 页。
④ 张宝三：《汉代章句之学论考》，载《台大中文学报：第 14 期》，2001 年，第 63 页。

上公章句》都是有"句"无"章",部分学者辑出的那些"章指"① 其实是洪兴祖《补注》的内容,《楚辞章句》"章"的部分可能被削删了。② 今《十三经注疏》中的"孙奭"《孟子正义》所据之赵岐《孟子章句》也没有"章指",山井鼎、钱大昕都认为"孙奭"删去"章指"融入《正义》之中,周广业据《崇文总目》、山井鼎据《文献通考》谓陆善经删去赵岐"章指"与其注之繁重者。③ 陆善经为武后至开元时人,较陆氏稍早的李善《文选注》引"《孟子章指》"近十次,可以推知陆善经有所本——唐人多以《章指》为单行,而非"孟子注"(《孟子章句》)之一部分。故李贤注《后汉书》亦称赵氏《章句》为"《孟子注》""《孟子》赵岐注",在唐宋人眼里,注固然无"章指"。唐人视"章指"为单行,自然"孙奭"不为之"疏"。虽博雅如王应麟,其《困学纪闻》(卷八)、《小学绀珠》(卷三)亦皆云"《孟子章指》"如何如何。至于刘庄孙著《论语章指》、陈傅良著《左氏章指》,更可谓邯郸学步。可见在"注"的体式流行的时代,"章句"中的"章"由于不符合"注"的体式,也不符合"注"简约、客观的精神,所以不免遭删削或拆分的命运。

从《孟子章句》"章指"单行,《楚辞章句》《河上公章句》有"句"无"章"的发展脉络来看,由于"注"体的大行其道,"章句"的"章指"是有可能被裁出单行或被删削的。

西汉晚期的另一《老子章句》也能说明问题。《后汉书》卷十九《耿弇列传》:"父况,字侠游,以明经为郎,与王莽从弟伋共学《老子》于安丘先生。"④ 皇甫谧《高士传》卷中:"安丘望之者,京兆长陵人也。少治《老子经》,恬静不求进宦,号曰'安丘丈人'……著《老子章句》。"⑤ 汉成帝时,京

---

① 鲁瑞菁:《"〈离骚〉称经"与汉代章句学》,载《静宜人文社会学报》,2007年第2期,第10页。

② 姚振宗:《隋书经籍志考证》云:"王逸自序称臣,则当时尝进于朝,其本十六卷,自序言之甚明。是为经进本其十七卷者,盖私家别行本也。又本志作十二卷,与唐宋志及今传本皆不合,然考下文皇甫遵解本七卷,何偃删注本十一卷,而郭景纯注本本志三卷,唐志乃十卷,是知卷数分合多不齐一,无从核实,置之不论可矣。"《隋书·经籍志》:"《楚辞》十二卷并目录,后汉校书郎王逸注。梁有《楚辞》十一卷,宋何偃删王逸注。"案:原本王逸《楚辞章句》十六卷56篇,系以刘向本为底本。与现存之17卷65篇注释本不同。(邓声国:《王逸〈楚辞章句〉考论》,北京:北京图书馆出版社,2011,第13页)

③ 焦循:《孟子正义》,第44-45页。

④ 范晔:《后汉书》,第703页。

⑤ 又见赵岐等:《三辅决录·三辅故事·三辅旧事》,张澍辑,陈晓捷注,西安:三秦出版社,2006,第10-11页。

兆长陵安①丘望之撰《老子章句》，隋末陆德明《经典释文序录》亦云："毋丘望之《章句》二卷，字仲都，京兆人，汉长陵三老。"②但《隋书·经籍志》引梁代书志云，"毋丘望之注《老子》二卷……《老子指趣》三卷，毋丘望之撰"③。《旧唐书·经籍志》载"安丘望之《老子章句》二卷，《老子道德经指趣》四卷"④，《新唐书·艺文志》记"安丘望之《老子章句》二卷，又《道德经指趣》三卷"⑤。至于南宋郑樵则著录为"《老子》二卷，汉长陵毋丘望之注……《老子章句》二卷，毋丘望之撰。《老子指趣》三卷，毋丘望之撰"三书。⑥晋代尚能见安丘望之《老子章句》，在六朝唐宋被支离为《老子注》和《老子指趣》两种。

安丘望之和严君平几乎同时，他们常常被并称为高士隐者和老学名家，梁鸿即有《安丘严平颂》（《文选·雪赋、补亡诗》李善注引）。隋唐书目所著录二人之著作，一为《指归》，一为《指趣》，其实应该都是"章句"的"章"。而六朝隋唐书志所称的"安丘望之《老子注》二卷"和"严君平《老子注》二卷"，应该都是删削"章指"之后《老子章句》"句"的部分。安丘望之所著，在隋代仍有"章句"之名，在唐代则一律称之为"注"或"指趣"。

四、《老子指归》与《老子注》为《老子章句》

按上文所述，章句的体式特点有（一）"具载经文"，（二）著者以己见注入章章之间和句句之间，以此"分章析句"，（三）章末有"章指"，总结和引申章意，（四）"句"的形式多为四字、八字，（五）"章"和"句"多押韵。这正是西

---

① 姚范曰："疑'安丘'即'毋丘'之讹。"（姚范：《援鹑堂笔记》，《续修四库全书》第 1149 册，第 169 页）而严灵峰认为"毋"一作"安"，疑古文形近而讹（氏著：《周秦汉魏诸子知见书目·第一册》，第 6 页）。案：东汉梁鸿《安丘严平颂》、西晋嵇康《圣贤高士传》（李贤《后汉书注》引）、皇甫谧《高士传》、刘宋范晔《后汉书》卷十九《耿弇列传》皆作"安丘"，《经典释文序录》《隋志》始作"毋丘"，盖以"毋丘"氏最为常见故也。窃谓"毋丘""母丘"皆为"安丘"之误，"安"章草字形与"毋"相近，如三国吴皇象《急就章》"安"字作"😀"，东晋王羲之《安西帖》写作"😀"。
② 陆德明撰，吴承仕疏证：《经典释文序录疏证》，第 137 页。
③ 魏征等撰：《隋书》，第 1000 页。
④ 欧阳修等：《新唐书》，北京：中华书局，1975，第 1515 页。
⑤ 刘昫等：《旧唐书》，第 2026 页。
⑥ 郑樵撰：《通志二十略》，王树民点校，北京：中华书局，1995，第 1605 页。

汉中后期严遵所著书的特点。① 所以笔者认为《老子指归》与《老子注》其实就是《老子章句》一书。

在规模上，也完全有理由认为《老子指归》是《老子章句》。"章句"以繁琐著称，《汉书·儒林传·赞》"一经说至百余万言"②，《艺文志》"说五字之文至于二、三万言"③ 皆是。秦恭增《尚书小夏侯章句》至百万言，说"曰若稽古"二万余言固为其极致者。就西汉末年而言，朱普《尚书欧阳章句》四十万言，西汉末牟长《尚书欧阳章句》亦为四十五万言。而与之同时的严遵，按《汉书》所记"著书十万余言"，④ 今《道藏》本《道德真经指归》之"德经"部分共计 56 893 字。若《道经》部分与之字数相当或略少，其字数也当在十万有余。与今文《尚书》二十八篇相比，《老子》经文五千言的篇幅要小得多，但今《老子指归》洋洋十万言，显然和其他章句一样有繁琐之病；文句、大义相重复处不可胜计，如每章"指归"启首必陈述浑沌汪洋之宇宙观念之类。故杜光庭曰："文止五千，指归之多将及数万，演之于世，谓为富赡广博，议之于理，伤于蔓衍繁丰，故云'虽蜀严而犹病'也。"⑤

《老子指归》定为《老子章句》也符合《汉书》所记"则闭肆下帘而授《老子》"的史实。无论是学官还是民间，⑥ "章句"都是汉代经师讲授经典的教材。故《汉书》谓增"秦恭增师法至百万言"（卷八十八《儒林·张山拊传》），以"师法"为章句；刘歆谓"信口说而背传记，是末师而非往古"（卷三十六《楚元王传》引《移书太常博士》），以"末师口说"为章句；故秦恭所治之《尚书小夏侯章句》，何休曰"是以讲诵师言至于百万犹有不解"（《春秋公羊传解诂序》），是以"讲诵师言"为章句。严遵既在成都讲授《老子》，而

---

① 自沈钦韩以来，在讨论章句体式与内容时往往举服虔载郑众、贾逵、"或人"解叔盱"子之马然也"之说，以为两汉章句之旧体（见王先谦：《汉书补注》，第 868 页引），戴君仁、林庆彰等皆从之。但野村茂夫认为沈氏所举更接近于普通的解诂之作，将其视作贾逵《春秋左氏长经章句》和郑众《左氏条例章句》之一部分，似属不当，而且服虔也并没有章句类著作。要之，沈钦韩氏将服虔说所举三说视作章句，显然是不可靠的。（野村茂夫：《前汉章句の学试探》，载《爱知教育大学研究报告人文科学·社会科学》第 27 辑，1978 年，第 6-7 页）

② 班固：《汉书》，第 3620 页。

③ 同上书，第 1723 页。

④ 同上书，第 3057 页。

⑤ 杜光庭：《道德真经广圣义》，载《道藏：第一四册》，第 311 页。

⑥ 案：列于学官，必撰章句；撰章句者未必列于学官。民间成一家之学者亦治章句，如桥玄《礼记章句》、张禹《论语章句》、安丘望之《老子章句》、费直后学所著的《易费直章句》等。

《老子指归》又为其亲撰之讲义，于理亦当为"章句"。

《老子指归》文辞之盛亦可以在章句学之框架内理解。为便于经师讲授、学生记忆数十万言计的著作，章句往往修辞以立其巧，以骈俪、押韵的形式助于记忆。[①] 故而《汉志》谓章句之学"务碎义逃难，便辞巧说"[②]，应劭《风俗通序》亦曰："家有五六，皆析文便辞，弥以驰远。"[③] 两汉全盛时期的章句"便辞巧说""析文便辞"的特点也能与《老子指归》的文采相应。

汉代章句之学，始乎经解，终于政治。章句学以其说经之密，左右采获，发挥经义，以通经致用为归旨。[④] 严遵《老子指归》虽以始以之宇宙论、辨正论、天人观，以至于给人以哲学著作之错觉，[⑤] 唯其结尾往往落实于人主政治，乃至于具体之施政、用兵之观念皆详细论述，杜光庭认为该书之主旨为"明理国之道"，亦其为两汉章句学著作之明证。

经过以上论证，我们认为《老子指归》无论是正文还是《总序》《说目》都是汉代文献。而《道藏》本《老子指归》的经文注就是严遵《老子注》，也就是严遵《老子章句》之"句"；至于《老子章句》之"章"即今《老子指归》。流传至今的七卷本《老子指归》就是严遵《老子章句》的上经部分。

严遵《老子章句》不仅是我们今天所能见到除了韩非《解老》外最早阐释《老子》的著作，也应该是现存最早的章句，有着我们所熟知的西汉正统章句冗长繁复、通经致用的典型特征。严遵《老子章句》反映的《老子》文本及其理解基本与文景时期的帛书本和武帝时期的汉简本相同；更为可贵的是，和只有经文的简帛《老子》相比，"经""句""章"三者在阐释《老子》时候是三位一体的，他们之间相互校勘、照应和补充，更为全面系统地反映了西汉《老子》学的面貌。

---

① 关于章句的修辞形式，陈碧君认为《孟子章指》多数为连珠体（陈碧君：《〈孟子章指〉研究》，载《汉学研究集刊》第1期，2001年，第223页）。

② 班固：《汉书》，第1732页。

③ 应劭撰，王利器校注：《风俗通义校注》，北京：中华书局，1981，第4页。

④ 钱穆认为："汉人通经本以致用，所谓'以儒术缘饰吏治'。"氏著：《两汉经学今古文平议》，第222页。

⑤ 贺碧来（Isabelle Robinet）认为《老子指归》属于道家对《老子》的哲学解释。Isabelle Robinet, *Les Commentaires du "Tao tö King" Jusqu'au VIIe Siècle*, pp. 317.

五、小结：解经体式的演变与《老子指归》的真伪

《老子指归》伪书说的产生，固然在于后世学者未能详审《老子指归》的流传序列，但其背后与《老子指归》之体式未能进入汉魏文献学史"主流叙事"息息相关。换言之，清代以来对汉魏六朝解经体式的理解仍有许多片面之处。

沈钦韩曰："《左》宣二年传疏服虔载贾逵、郑众，或人三说，解叔帝曰：'子之马然也。'此章句之体。"[①] 此后学者咸从其说，将贾逵、郑众对"子之马然也"的解释视作章句之典型。[②] 实际上这源于隋唐书志对贾逵、服虔著作的误载，贾逵与服虔所作分别是"长义"与"条例"，后代书志误入"章句"二字，[③] 从而以讹传讹，影响了学者对章句的判断。

什么是章句？学者或着力于两汉时期那些关于百万言巨著的记述，或从简帛入手，爰有大章句、小章句、减省章句、变体章句、广义章句、狭义章句诸说，[④] 这从侧面反映章句二字含义之广。要言之，汉魏六朝所谓章句有四层不同的含义。第一种专门指汉代具备句解章旨的繁琐解经体式外，第二种是注、说、笺、解诂、传（部分）等循文敷释的解经体式的通称（说参下文），第三种指经书"文本"及其章段句读，[⑤] 第四种则为经文及注释——即第二种与第三种的合称。魏晋六朝释家在对译"章句"时，也能与后三种含义对应，支谦《七知经》upadeśa 对译为"章句"，是将十二部经 dvādaśâṅga-vacana 中的"论

---

① 王先谦：《汉书补注》，第 868 页引。

② 黄侃：《文心雕龙札记》，周勋初导读，上海：上海古籍出版社，2000 年，第 128 页；戴君仁：《经疏的衍成》，载王静芝编：《经学论文集》，第 109 页；林庆彰：《两汉章句学之重探》，载《中国经学史论文选集》，第 282 页；蒋天枢：《论〈楚辞章句〉》，《楚辞论文集》，第 217 页。

③ 荀悦《后汉纪》仅说郑众、贾逵"各为《春秋左氏传》作解注"，似无章句之名。所谓"郑众《左氏条例章句》"和"贾逵《春秋左氏长经章句》"是否真的是"章句"需要检核。范晔《后汉书·郑众传》谓郑众所作为"《春秋难记条例》"，南朝梁亦称作"《春秋左氏条例》"，至隋代《释文叙录》和《旧唐书·经籍志》始称为"《左氏条例章句》"；《春秋左氏长经章句》之名，也同样相当可疑（说参姚振宗：《后汉艺文志》，马小方整理，载王承略、刘心明主编《二十五史艺文经籍志考补萃编·第七卷》，北京：清华大学出版社，2011，第 59—60 页）。

④ 中国科学院考古所、甘肃省博物院：《武威汉简》，第 36 页。张厚齐：《两汉章句之学历史考源与发展例释》，载《东吴中文研究集刊》第十四辑，2007，第 19—30 页。

⑤ 王充《论衡·正说》："夫经之有篇也，犹有章句也。有章句，犹有文字也。文字有意以立句，句有数以连章，章有体以成篇，篇则章句之大者也。"

议"作为章句；昙无谶将《佛所行赞》padyaṃ 对译"章句"，是为文句之意。罗什本《金刚经》将 sūtrāntapadeśu 对译"章句"，则是"佛说"与"论议"的综合，即玄奘本所谓"经典句"。章句虽有四层含义，但他们的共同点就是遵循经典经籍的文本组织次序来解释经典，而不是像"义""论""略"一样有着自组织的逻辑。

了解了"章句"体式的多层涵义也有助于理解为何汉人所谓"发明章句始于子夏"。子夏以"文学"见长，章句恰是具"文"之作；而《丧服传》如果真是子夏所作，显然是目前所见最早的成篇的循文解经。纵然简本《丧服传》在经文上有所残缺，并非俱载本文，但对于要解释的经文，都附有经本原文；更重要的是，《丧服传》是遵循《丧服经》自身的文本组织次序进行解释的。有意思的是，相传为子夏弟子的公羊高所传、胡母生写定的《春秋公羊传》（且不论此说是否可信），在后来也被称为章句。[1] 又汉建元二年（前 139），汉武帝使淮南王作《离骚传》（《汉书·淮南王传》），东汉王逸则称之为"离骚经章句"。[2] 又《汉志》谓"《易传》丁氏八篇"，即丁宽《易说》，《汉志》称之为"今之小章句也"。

和传一样，说也被称为章句。章句与作为经解体式的"说"往往互称，故凡某经章句亦可称为某经之"说"。见诸《汉书》者，如《儒林传》载孝景时丁宽"作《易说》三万言，训故举大谊而已，今小章句是也。"[3] 又：《夏侯胜传》谓夏侯胜"受诏撰《尚书说》"，即《汉志》"《大夏侯章句》二十九卷"。[4]《汉志》云"《论语》，《鲁安昌侯说》二十一卷"；《张禹传》则云："禹为师，以上难数对己问经，为《论语章句》献之。"[5] 是以《鲁安昌侯说》为张禹《论语章句》。《夏侯建传》载夏侯建"牵引以次章句，具文饰说"，《汉志》亦载《小夏侯章句》二十九卷，惟《汉书·儒林传》则曰："（张）无故善修章句，为广陵太傅，守小夏侯《说》文。"[6] 是"小夏侯《说》"即《尚书小夏侯章句》。此

① 李固《祀胡母先生教》云："胡母子都……始为《春秋》制造章句。是故严、颜有所祖述……太守以不才，尝学《春秋胡母章句》。"（许敬宗编，罗国威整理：《日藏弘仁本文馆词林校证》，北京：中华书局，2001 年，第 466 页）
② 洪兴祖：《楚辞补注》，第 48 页。
③ 班固：《汉书》，第 3597－3598 页。
④ 陈梦家：《尚书通论》，北京：中华书局，2005 年，第 69 页。
⑤《汉书》，第 1716、3352 页。
⑥ 同上书，第 3159、3605 页。

外《儒林传》载刘向校书，"考诸《易》家说"除京房外皆祖田何、杨叔元、丁将军，是以《周易》之《梁丘氏章句》《施氏章句》《孟氏章句》统称为"《易》说"。[1]《汉书·诸侯王表》张晏注有"《律郑氏说》"，[2] 案：《晋书·刑法志》："叔孙宣、郭令卿、马融、郑玄，诸儒章句，十有余家，家数十万言。……天子（魏明帝）于是下诏，但用郑氏《章句》，不得杂用余家。"[3] 是"《律郑氏说》"即郑玄之《律章句》。

六朝时期，无论是郑玄《三礼注》《周易注》，王弼《周易注》等只剩句解、敷述的"注"，还是马融《周易传》、伪孔氏《尚书传》、杜预《春秋经传集解》、服虔《左传解谊》等更加简易的解、解诂、"传"等循文训解都被认为是"章句"。[4]

历史上解经体式的命名并非完全是一个扁平单一且非此即彼的规则体系。一时代有一时代的命名习惯，即便是同一时代，也可以从不同角度为解经体式命名。战国时期"传"为传授之意，是因"经"而产生的广泛体式概念。"说"在汉代是循文教授之意，战国已见端倪而多流行于秦汉，尤其是西汉中晚期学官章句无不循文敷讲，成为当时解经体式的主流，古文家为与之立异，将其视以"往古传记"的对立面。章句亦以循文为特征，则与不循文的"义"对立。"注"是将解释文字灌注于经文之间，魏晋以降，具有这一特征的解诂、传、笺等也可以称为注。

尽管章句与大义对立，但所谓章句又有所谓"破碎大道""碎义逃难"。章句鼎盛时代并非没有"义"或"训故"，而是将两者与经文统合为一。即《汉书·儒林传》曰："训故举大义而已，今之小章句也。"从《尔雅》来看，训与故（诂）就有着明显的不同，古今异言为故，顺通文句为训。至于"义"，则为经典的义理以及经典片段的摘句论议。训、诂、义三者在汉代章句学鼎盛时期，"解散"统合于章句之中；在章句衰弱时代，与经典文本关系密切的循文训诂和与经典文本疏离的循理之义再次分离。是故魏晋南北朝学者章句学与义学分离。后者包括：要记、要略、释义、指略、统略、义、论、"义疏"（早期义疏为疏

---

① 班固：《汉书》，第3601页。
② 同上书，第396页。
③ 房玄龄等：《晋书》，北京：中华书局，1974年，第923页。
④ 《隋书·儒林传》所谓："南北所治章句好尚不同。"

列义条之义）、义略等。如王肃、贺循既有《丧服注》，又有《丧服要记》；谢沈有《毛诗注》二十卷，又有《毛诗释义》；王弼有《老子注》《周易注》，又有《老子》与《周易》的指略；顾欢既有《老子义纲》，又有《老子义疏》；梁武帝既有《周易讲疏》，又为《乾》《坤》《二系》等重点章节作"义"。但梁陈以后，之前分离的循文章句与循理义论，重新在南北朝末期那些"疏"（述、赞）、"论"（义）的新一代章句"义疏"（此义疏与晋宋齐梁义疏体式不同，是讲疏与义论的结合）中再次统合起来。

《指归》是《老子章句》的"章旨"，不过由于其体式长篇大论、文采飞扬、间或论议之故，与《老子》经文之间的"同构性"在后人看来，不甚显著。（这也是唐代谷神子对《指归》施以注释的目的。）在《隋志》中，严遵《老子指归》、安丘望之《老子指取》和顾欢《老子义纲》、何晏《道德论》等同被归在"《老子》论"一类，明清书录视《指归》为"论"体，称为"道德指归论"，也算是由来有自。《文心雕龙·论说》云："述经叙理曰论……注释为词，解散论体，杂文虽异，总会是同。"[1] "论"可以是经典之异议、问难，如阮浑《周易论》[2]、王愆期《春秋公羊论》[3] 等；又可以是经典之指略理统或条例伦次，如王弼《道略论》[4]、郑玄《六艺论》[5]、樊文深《七经论》[6] 等。"论"以论议疏条义理之故，亦与"义"或"义疏"（早期疏条义理的义疏）相通，如阮浑《周易论》又名"易义"、宋文明《灵宝经义疏》又名"通门论"[7]、《白虎通义》又作《白虎通论》等。《指归》是《老子章句》的"章旨"，同时也是"义"体；七十二章"章旨"之所以文意复冗，也是当时章句"碎义逃难"的体式所限。换言之，汉代章句体式决定了严遵《老子章句》中循经文展开的严遵《老子注》

---

① 刘勰撰，范文澜注：《文心雕龙注》，北京：人民文学出版社，1959，第 329 - 330 页。
② 阮浑（字长成）《周易论》，《旧唐志·经籍志》作"《周易论》二卷，阮长成难，阮仲容答"。《释文叙录》引张璠《集二十二家解释》作"《易义》"。
③ 阮孝绪《七录》云："《春秋公羊论》二卷，晋车骑将军庾翼问，王愆期答。"
④ 何劭《王弼传》云"弼注《老子》，为之指略，致有理统，著《道略论》"，即今《老子指略》。
⑤ 徐彦《公羊传疏》释"往者略依胡毋生《条例》"云："犹郑君先作《六艺论》讫，然后注书。"
⑥ 《隋志》"樊文深《七经论》三卷"，《太平御览》三三九引作"樊文渊《七经义纲格论》"。
⑦ 今 P. 2861 + P. 2256 就是《灵宝经义疏》下卷，说见大渊忍尔：*On Ku Ling-pao-ching*, Acta Asiatica 27, 1974；pp33 - 56. 此说旧无异议。二十一世纪初，王卡、王宗昱、马承玉等学者对这一观点提出质疑，如王卡认为："P. 2861 + P. 2256 只是一种概论式的开题序次，而不是直接就某一灵宝经经文疏释义理，这与'灵宝经义疏'的名称不甚相符。"王卡：《敦煌本〈灵宝生神章经疏〉考释》，载：《道教经史论丛》，成都：巴蜀书社，2007，第 289 - 290 页。

和循义理展开的《指归》叠床架屋；魏晋六朝疏论分离的大环境，又令《老子注》和《指归》分离。此后经籍之学与文学、策论分科，经典注释多与经典文本"同构"，以"要约明畅"为楷式，"指归"遂渐脱离经典解释之"主流"，爰生真伪之议。

一、魏晋时期《老子指归》的流传

《汉书·王贡两龚鲍传》载严遵"依老子、严周之指，著书十万余言"，但有汉一代之文献虽屡称颂其德行，却鲜有提及所著之《指归》。究其原因，盖由于西汉王朝"独尊儒术"的关系，使得西汉末到东汉晚期《老子》的政治学思想不受重视，原先占据主流的黄老之学渐由官方流向民间的隐士和学者。[①] 东汉时期《老子》附丽于长生之术而流行，已非经世著作。[②] 直到东汉末年《老子》重新受到重视，严遵《老子指归》才有受到关注的可能，三国时代李权、秦宓就称颂《指归》为《春秋》一般的巨著。

皇甫谧《高士传》、左思的《蜀都赋》及刘逵注[③]都曾提及严遵或《老子指归》，《三国志·魏志·管辂传》注引《辂别传》谓裴徽"才理清明，能释玄虚，每论《易》及老、庄之道，未尝不注精于严、瞿之徒也"[④]，这里的"严"应该就是严遵。与之相应，魏晋学者的著作也有征引《指归》者，例如晋灼《汉书集注·司马迁传》引严君平曰"折关破楗，使奸者自止""黜聪弃明，倚依太素，反本归真，则理得而海内钧也"[⑤]，都是《老子指归》的佚文。其中裴徽是

[①] 王葆玹：《黄老与老庄》，第 252 页。

[②] 东汉桓帝祭祀老子是出于长生养神的考虑，与西汉初期作为政治指导不同。

[③] 刘逵《蜀都赋注》云："君平，严遵也。君平作《老子指归》，子云作《太玄》《法言》，故曰'幽思绚道德'。"刘逵之生平，《晋书·文苑·左思传》："中书著作郎安平张载，中书郎济南刘逵并以经学洽博，才章美茂，咸皆悦玩为之训诂。"严可均《全晋文编》曰："刘逵，字渊林，济南人。元康中为尚书郎，历黄门侍郎，累迁侍中。"

[④] 陈寿：《三国志》，第 819 页。

[⑤] 班固：《汉书》，第 2711 页。

冀州人，晋灼是河南人。① 可见魏晋时期《老子指归》不仅在蜀地，在中原北方地区也颇有影响。

既然《老子指归》在魏晋时期已经有一定规模的传播，那么是否对当时的学术风气有所影响呢？严遵融汇《周易》《庄子》以释《老子》，这种融汇"三玄"的学术背景和以玄虚为宗致的主旨似乎与魏晋时期新兴的玄学相当契合。学者们也普遍认为王弼《老子注》和郭象《庄子注》都受《老子指归》影响。

二、注释之立意与体式

王弼《老子》学著作有两种，即《老子注》和《老子指略》，有学者认为这是参考了严遵《老子注》和《老子指归》的结果，如瓦格纳（Rudolf G. Wanger）在探讨注释"策略"时指出：

> 通过撰写《注》和《指归》，严遵找到了解决逐句注释与一般性论文的问题的方式：前者的危险在于迷失于细节，后者的大视野的危险在于有可能脱离文本。王弼很欣赏这样的模式，因此既写了《老子》和《周易》的注释，又写了《老子微旨略例》和《周易略例》。②

瓦格纳氏认为王弼《老子注》承袭自严遵《老子注》，但当时"严遵《老子注》"本身是《老子章句》的句解部分，"老子注"的名称是南朝人所加，魏晋之际并无严遵《老子注》，王弼想要从中取法"注"的体式根本不可能。而要说《老子指略》立意承袭自《老子指归》也同样比较勉强。据《三国志》卷二八《钟会传》裴松之注引何劭"弼注《老子》，为之指略，致有理统。著《道略论》"③ 可

---

① 颜师古《汉书叙例》云："至典午中朝，爰有晋灼，集为一部，凡十四卷，又颇以意增益，时辩前人当否，号曰《汉书集注》。"又曰："晋灼，河南人，晋尚书郎。"

② 瓦格纳：《王弼〈老子注〉研究》，杨立华译，第35页。

③ 张君房《云笈七签》所引之《老君指归略例》与正统道藏本《老子微旨例略》都是《经典释文》所载"王弼《老子指略》"的佚文。说见王维诚：《魏王弼撰〈老子指略〉佚文之发见》，北京大学《国学季刊》第7卷第3期。王氏进一步指出，上揭何劭《王弼传》中的"《道略论》"即《宋史·艺文志》之《道德略归》，与《老子指略》是同书异名，但是刘建国认为《道德略归》与《老子指略》是两部书（说见氏著：《中国哲学史史料学概要》，长春：吉林人民出版社，1983年，第318页）。王葆玹则指出《老子指略》似于古文经的《条例》（见氏著：《黄老与老庄》，第288页）。

知王弼《老子指略》是总结《老子》全书的宗旨的专论；而《老子指归》却是缘《老子》各章文本阐发大义的解说。两者无论在立意上还是文体上都有一定差距。

《老子指略》与《老子指归》的关系也引起了中外学者的注意，除了瓦格纳之外，王德有指出：

> 《怡兰堂丛书》及王利器先生将其（《老君指归略例》）判为严遵《老子指归》的佚文，王维诚①先生则将其判为王弼《老子指略》的佚文。可见这些学者已经暗暗感到严遵与王弼之学的相近之处。②

如王氏所说，承袭《怡兰堂丛书》及王利器说③错将《老子指略》归为严遵所作者不在少数。④ 尤其是《老子指归》篇首的《德经总序》不仅语言风格和王弼《老子指略》有些相似；内容上也都以总括《老子》章、句大义为主，皆属"理统"全书的作品，以至于李学勤都误将王弼《老子指略》当成了严遵《道经总序》的佚文。⑤《老子指略》曰：

> **故执大象则天下往**，用大音则风俗移也。无形畅，天下虽往，往而不能释也；希声至，风俗虽移，移而不能辩也。是故天生五物，无物为用；圣行五教，不言为化。是以**道可道非常道，名可名非常名**也。五物之母，不炎不寒，不柔不刚；五教之母，不皦不昧，不恩不伤。虽古今不同，时移俗易，此不变也，所谓**自古及今，其名不去**者也。天不以此则物不生；治不以此则功不成，故古今通，终始同，执古可以御今，御今可以知古始，此所谓常者也。无皦昧之状、温凉之象，故**知常曰明**也。⑥

---

① "诚"，原作"成"。
② 王德有：《严遵与王充、王弼、郭象之学源流》，载陈鼓应主编《道家文化研究：第四辑》，上海：上海古籍出版社，1984，第226页。
③ 王利器：《道藏本〈道德真经指归〉提要》，载《中国哲学：第四辑》，第354－356页。
④ 郑良树：《论严遵及其〈道德指归〉》，载《老子新论》，第446页。
⑤ 李学勤：《严遵〈指归〉考辨》，载《古文献丛论》，第276页。
⑥ 王弼撰：《老子微旨例略》，载《中华道藏》第九册，第188页。

《老子指归·德经总序》曰：

> 始焉《上德不德》，化由于道，而道不为之主，故授之以《昔之得一》。昔之得一，动由反行，非有性，莫之能闻，故授之以《上士》。上士性高聪明，深远独闻，傲世轻物，唯道是荷，故授之以《道生一》。道生一，至虚无名，禀受混冥，造化清浊，陶冶太和，故授之以《天下至柔》。[①]

除了陈述《老子》各章句的大义之外，两篇都对章句间的关联作了梳理，所以才有学者将其误合为一。不过，尽管两者都是总括性著作，但分属不同文体：严遵《德经总序》是对《老子》各章大义和序次的理解，属于目录性质的概括；而王弼《指略》却是"《老子》之书，其几乎可一言而蔽之，崇本息末而已"的专论。王弼在注释体式上是否受严遵的启发，仍有待考察。

三、思想内容

比起解说体式，严遵对魏晋玄学的影响和启示更受学者关注。尽管自严遵以来，如马融、虞翻、郑玄等兼注《易》《老》者不少，[②] 但论汉世《老》《庄》《易》三书之贯通，则以严遵最为著名。[③] 魏晋玄学亦崇尚《老》《庄》《易》三部经典，难免有学者将两者相关联，如王葆玹在指出："由严遵到扬雄，再到三国曹魏正始时期的何晏、王弼的《老子》学，以及正始之后的竹林七贤，这就是汉魏之际老庄之学的发展脉络。"[④]

魏晋谈玄诸家中，王弼被认为与严遵学术关系最近，他们不仅皆为易学名家，也都曾为《老子》作注。北宋政和五年（1115）晁说之说："王弼《老子道

---

① 严遵：《道德真经指归》，载《道藏·第一二册》，第342页中。
② 汤用彤谓"以《老》《庄》入《易》，不论其是否可为诟病，然在汉魏之时，此风已长，王弼用之，并非全为创举。"见氏著：《王弼周易论语新义》，载《魏晋玄学论稿及其他》，第64页。
③ 王葆玹："严遵的学问几乎完全是由《老》《庄》《易》三部书发挥而成。"见《黄老与老庄》，第247页。
④ 同上书，第250页。

德经》二卷，真得老子之学欤？盖严君平指归之流也。"① 明人沈士龙也指出："《名身孰亲篇》'无名之名'数句，王辅嗣准之以注《暌》之《上九》，便称妙解。"② 近来更有不少学者对此源流进行了探讨，主要可以归纳为以下几个方面。

（一）本体论

二十世纪八十年代以来，张岱年③、王德有④和孔令宏⑤等都曾提及王弼发挥严君平《老子指归》的本体论思想。那薇更是详细论证道：

> 严君平在《指归》中已经提出了一些接近于魏晋玄学的本体论命题。……严君平把无形、无有、无穷看作为母、本，并且认为本是万有逻辑上的开始，又是万有逻辑上的归宿。严君平提到无形无名的道德为万物之本的地方不止一处，他说："不欲也，故无所不有；不为也，故无所不宰；万物纷纭，身无所与，故能为之本非独王道，万物然矣。"（卷七第十二）这里强调无欲无为之道经纬天地、囊括万有。这个本不仅是治国理民之本，也是宇宙万物之本，这个思想接近了"以无为本"的思想。⑥

这些学者的观点可以概括为：《指归》说"道体虚无而万物有形"，王弼也

---

① 晁说之跋见道藏本王弼《道德真经注》，载《道藏·第一二册》，第 290 页中。
② 严遵：《道德指归论》，载《秘册汇函》，第 1 页。
③ 严遵：《老子指归》，第 1-2 页。
④ 王德有：《道旨论》，济南：齐鲁书社，1987，第 89 页。王德有进一步指出：王弼继承和发展了严遵的本因论，这种本因论是王弼自然观的主体兼及演化。（见王德有：《严君平评传》，南宁：广西教育出版社，1997，第 59 页）
⑤ 孔令宏谓："《老子指归》对后世的影响还表现在它所倡导的万物自生自化说为以后的王充、郭象所继承，本体论思想为王弼所继承，对魏晋玄学的产生有催生的作用。"见氏著：《道教新探》，北京：中华书局，2011，第 44 页。
⑥ 那薇：《严君平〈道德指归〉浅析》，载《社会科学研究》，1985 年第 3 期，第 96-100 页。那薇又指出"其实严君平已经在探讨本体论问题。严君平的道德与万物融为一体，道德与万物不可分割，道德是宇宙全体与万物运动规律的直觉体验的结果。正始玄学的'以无为本'、有无、本末一体的论断在严君平那里已见端倪。"参见氏著：《汉代道家的政治思想和直觉体悟》，济南：齐鲁书社，1992，第 241-243 页。

认为"有之所始，以无为本"，① 都强调道的本体是"无"，"无"是"有"（万物）的本母，以此来诠释《老子》的"有生于无"。

然而，尽管同样重视"有生于无"的阐发，严遵和王弼二人也各自带有时代性所造成的重大差异。汤用彤指出："简言之，玄学盖为本体论而汉学则为宇宙论或宇宙构成论，玄学主体用一如，用者依真体而起，故体外无用。……汉学主万物依元气而始生。……万有之外、之后别有实体……玄理所谓之生，乃体用关系，而非谓此物生彼（如母生子等）。"② 汤氏借用了本体论和宇宙论的对立来区分王弼和严遵是非常契合的。王葆玹也认为：

> 从表面上看，此处所说的"道"与魏晋玄学中的"道"非常相似，这两种"道"都是贯穿于宇宙全过程的东西，它是绝对的存在，而且在任何的时间和处所都起决定性的作用。不过若是深入地分析一下，便可看出其中的差别，玄学中的"道"是指万物的性理，如同质料的形式，"道"与万物的关系是体用或本末的关系，体用如一，本末不二，故而可以解释为本体论。而《指归》所谓的"道"与《庄子》所说的"道"大致相同，乃是指一种无处不在、无时不在的法则，它对于世界万物来说是根本性的，不过在它与万物之间似不存在"体用如一"的关系。确切地说，《指归》的道论还不是玄学或理学那样的本体论，它与本体论只是有相似之处。③

王弼的"无"是物质本身的抽象属性；而严遵的"无"（虚）则是独立于物质的超然存在。在诠释《道生一章》时，严遵的"无生有"是实在的生育关系，也就是"一者，道之子，神明之母，太和之宗，天地之祖。于神为无，于道为有"④ 的树形谱系（道→一→神明→太和→天地），《老子》"天下万物生于有，有生于无"在严遵看来就是"天地生于太和，太和生于虚冥"的演化，所以严遵崇尚"无"也认可"有"；而王弼则将"有生于无"释为"有之所始，以

---

① 王弼：《道德真经注》，载《中华道藏·第九册》，第 206 页。
② 汤用彤：《王弼大衍义略释》，载《魏晋玄学论稿及其他》，第 48－49 页。
③ 王葆玹：《黄老与老庄》，第 250－251 页。
④ 严遵：《道德真经指归》，载《道藏·第一二册》，第 345 页。

无为本，将欲全有，必反于无"，直接将"有""无"视作两个抽象概念的二元对立，故而王弼的主张就是"崇本息末"。

讨论严遵、王弼的学术传承时，不能过分着眼于"以无为本""无为而治"这类命题，因为这些观念并非他们两人所特有，而是《老子》和历代道家本就强调的内容。既然同为阐释《老子》的著作，这种不具有差异性区分的相似就不能作为论证之依据；通过考察比较反而能发现他们之间的差异。所以单就"以无为本"的相似来寻绎严遵、王弼的学术传承可能还有待于进一步思考。

与王弼相同，学者们也常谈到严遵和郭象的"自化论"的传承。① 其实，"万物自化"本是《庄子》书的观点，严遵和郭象同为《庄子》学者故共受该书启发的可能性更大。就"自化"的方式而言，严、郭二人也各不相同，庄耀郎指出："郭象认为物之生是物自生，不因他生，并没有另外的主宰者，也没来由，亦无背后的根源。"② 而严遵的"自生"却有"道"作为潜在法则，所以郭象和严遵的"自化"思想同样貌合神离，这种猜测性过大的学术谱系同样以存疑为宜。

(二)《老子》文本及其理解

与国内学者不同，瓦格纳从微观的角度来思考严遵和王弼的学术渊源。他提出：

> 注释者在思想传统中运作。他们中的绝大多数都在其传统内部研究彼此的构造，吸取那些训诂上有说服力的、哲学上和政治上可接受的构造。王弼从严遵那里汲取了很多线索。③

于是瓦格纳通过比对严遵、王弼二人《老子》的注释文本，提出"王弼从

---

① 王德有：《严遵与王充、王弼、郭象之学源流》，载《道家文化研究·第四辑》，第 230 页。孔令宏：《道教新探》，第 44 页。
② 庄耀郎：《郭象玄学》，台北：里仁书局，1998，第 283 页。
③ 瓦格纳：《王弼〈老子注〉研究》，第 230 页。

严遵那里汲取了很多线索"。

如第十七章"太上，下知有之。其次亲之誉之，其次畏之，其次侮之"，严遵的解说基本已经散佚，仅在强思齐《道德真经玄德纂疏》中存有"人乐为主，曰帝也""嗟之叹之，故谓之王"两句①。王弼则云"大人在上，居无为之事，行不言之教，万物作焉而不为始，故下知有之而已，言从上也""不能以无为居事，不言为教，立善行施，使下得亲而誉之也"②，瓦格纳氏指出：

> 严遵对这一章的解读预示了王弼的注释。……对于"其次亲之誉之"他注释道："人乐为主曰帝。"这意味着严遵将"下"等同为"人"，更具体地说是百姓；同时他将第一句中的"太上"等同为比帝还高的人。……第二句话就被严遵读作："对于仅次于［最高级的治理者］的人，［在下位的人］亲近并赞誉他。"两种注释的基本一致，在严遵对接下来一句话的注释中得到了确证；这句话在他的文本系统中读作"其次畏之侮之"，一种将论及的治理者类型由四种减少为三种的读法。严遵写道："嗟之叹之，故谓之王。""嗟"和"叹"这两个词分别是对"畏"和"侮"的注释。它们这些词不应被读作这些词被"译"为同义词，而是必须被视为被用在《老子》中的结果。……从严遵那里可以推知，这句话要这样来解读："对于再下一层次［的统治者］，［在下位者］畏惧和厌憎他们。"严遵对这一章的注释只保存了这些，因此，我们就只能忽略他对剩余部分的构造了。王弼的解读追随严遵对前两句的构造或与之耦合。然而，他所用的方法却相当不同。通过以平行的文本丰富文本的语境，他试图在《老子》和其他权威文本的框架内确立他的构造的合理性，使在严遵那里是一个固定信仰的东西，变为有着透彻的内在逻辑的论辩性构造。③

① 严遵撰，樊波成校笺：《老子指归校笺》，第 264–265 页。
② 王弼撰：《道德真经注》，载《中华道藏：第一二册》，第 197 页。
③ 瓦格纳：《王弼〈老子注〉研究》，第 182–183 页。

瓦格纳要说明王弼在"文本同一性"原则下尽量采取了严遵对《老子》的文本翻译和理解，仅对严遵"随意引入文本中没有根基的概念"的"学派注释"作风进行了扬弃。他认为严遵和王弼都读作"太上，下知有之"，推导出首句的意思都是"对于至高者，在下位者只是知道有他存在而已"；为了区别，他又认为《韩非子·难三》和《文子·自然》中的《老子》应该读作"太上下，知有之"，翻译作"最高统治者之下的百姓，知道赏罚是他们自己行为的结果"。①

将"太上，下知有之"译作"对于至高者，在下位者只是知道有他存在而已"并非是一个具有特色的解说，与其说是王弼参考了严遵，不如说是历代注家的普遍理解，《韩非子·难三》《文子·自然》也不例外；至于瓦格纳认为《韩非子》和《文子》断作"太上下，知有之"则是强加了自己对解释文本的理解，即便真的可以这样断句，译作"最高统治者之下的百姓，知道赏罚是他们自己行为的结果"也并不妥帖。

瓦格纳氏在解说《老子》"玄牝之门，是谓天地根。绵绵若存，用之不勤"时同样存在类似的问题，他说：

> 文本中玄牝之"门"在此被解释为一个简短的表达："太和之所以生而不死、始而不终，开导（神明）。"只有"开"可以与"门"的观念关联起来。在这一注释中，天地的根基和本源是运作"门"中所表达的东西的代理者。由此，严遵对《老子》这一句话的构造就成了：玄牝之门［的运作］，［是由］天地之根［来完成的］。王弼既没有依照这一文本，也没有追随这种解释。他将"谓天地之根"读作由"门"表达的东西的另一个名称。……句子的主语就不是"根"或玄牝之"门"，而是玄牝/神/太和本身。根据严遵，最后一句就只能译为：［玄牝/神］绵绵若存用之不勤。同样，尽管在主语上有这样的差异，但王弼还是接受了大多数严遵对这些句子的意义的构造。②

这里也同样一面将对《老子》训释的普遍共识看做严遵对王弼的影响，又一面

---

① 瓦格纳：《王弼〈老子注〉研究》，第 205－206 页。
② 同上注。

以牵强的态度来联系这两种注释。

从注释的相同或相近来看王弼对严遵《老子》解说的吸收并非始于瓦格纳，二十世纪三四十年代，汤用彤就指出王弼注《老子·德经》首章"前识"云"前识者，前人而识也，即下德之伦也。竭其聪明以为前识，役其智力以营庶事"可能来自严遵的"预设然也"和"先识来事以明得失"。① 不过由于"前人而识"也并非一个生僻的解释，《韩非·解老》即释之曰："先物行先理动之谓前识。前识者，无缘而妄意度也。"② 所以这也是一个不易获得肯定答案的假设。

尽管王弼在注《易》的时候可能参考了汉代易家的一些解说，张惠言曰："王弼祖述王肃，特去其比附爻象者。"③ 汤用彤也认为："弼注援引旧说：《观卦》用马融，《泰·九三》用虞氏，《革卦》'巳日乃孚'用宋衷，《颐》之六二用王肃。"④ 王弼《老子注》同样可能会采取旧说，汉代老学著作保留下来可靠的文献仅有严遵《老子指归》，所以学者才作此类推断。然而从王弼的主观意识来揣度，他注解《老子》力图跳过两汉学术回到《老子》本身。所以王弼采取了不分章的《老子》古本，⑤ 这就和严遵循章逐句来解说《老子》的形式大相径庭。此外，对字词句的训释相似，除了史有明文的师承关系外，更多反映的是这些注释者生活的时代和地域相近，例如马王堆本、北大简本和严遵本《老子》无论是用字还是用字反映出来的经义都非常接近，但并不代表它们三者有任何的学术渊源，而只是三者都是西汉《老子》文本的缘故，并不能证明马王堆汉墓墓主、北大简的主人和严遵之间有学术传承。所以在逆推学术史源流时，需要抓住学术本身的特征而不是作"预设""前识"来寻找文献依据。就严遵和王弼的《老子》学著作而言，很难发现两者有特别的解释相似，反倒是那些容易产生歧见的地方，严遵和王弼对《老子》文本的理解有着不小的差异。

---

① 汤用彤：《王弼之〈周易〉、〈论语〉新义》，载《魏晋玄学论稿及其他》，第70页。
② 王先慎：《韩非子集解》，钟哲点校，北京：中华书局，1998年，第134页。
③ 张惠言：《易义别录序》，载阮元编《清经解》卷一二四四，咸丰十年学海堂刊本，第3页。
④ 《王弼〈周易〉、〈论语〉新义》，载《魏晋玄学论稿及其他》，第70页。
⑤ 董思靖云："王弼合上下为一篇，亦不分章。"《道德真经集解》，载《道藏·第一二册》，第821页。古《老子》不分章，如郭店简本、马王堆帛书本以及薛季宣、江袤所见之古本皆不分章。

四、历史背景之可能性

除了文本的考察，在探索严遵、王弼"老子学"发生关系的可能性上，学者们构拟了"严遵→扬雄→荆州学派→王弼"这样一条学术脉络。如瓦格纳说：

> 扬雄与严遵的关系为王弼带来了另一个明确的与传统的关联，因为王弼继承了后汉时期刘表治下的荆州学风，扬雄在那里的影响极大。[1]

瓦格纳的说法也是综合了各家之说而成的。

首先是严遵和扬雄的关系，尽管扬雄是严遵的弟子，但是扬雄只说自己写作《方言》受严遵影响，扬雄撰作《太玄》也或许受益于严遵之易学；但扬雄并没有老庄方面的著作接踵严遵。于是王葆玹认为：

> 由《指归》到玄学，经历了许多过渡性的环节。严遵有一位弟子，即是成都人扬雄。……扬雄并未真正地坚持儒家的立场，而是要忠实于师说。他的老师既为庄学的后继者，那么他的作经的狂妄举动一定也是模仿《庄子》的狂放风格。现存《太玄》不见有明显的道家思想内容，可能是佚失了。……由严遵到扬雄，再到三国曹魏正始时期的何晏、王弼的《老子》学，以及正始之后的竹林七贤，这就是汉魏之际老庄之学的发展脉络。[2]

为了弥缝严遵到扬雄老庄之学的空缺，王葆玹构拟了《太玄》原有道家思想的内容但后来"可能佚失"来为之创造可能。然而，目前未见《太玄》曾经大量佚失或改写的记载，故而扬雄承袭严遵道家学说的谱系尚难坐实。[3] 同样，

---

① 瓦格纳：《王弼〈老子注〉研究》，第149页。
② 王葆玹：《黄老与老庄》，第251页。
③ 郑万耕讨论严遵对《太玄》的影响也仅限于"继承和发挥了《大易》的思想，同时也吸收并改造了《老子》的学说"，但又指出"将《周易》与《老子》结合并不始于扬雄，也不始于严君平……汉初黄老之学就已开创了道家学说解《易》的风气"，并未论述《老子指归》对太玄的影响。说参氏著：《扬雄及其太玄》，北京：北京师范大学出版社，2009，第40-41页、第45页。

这份"谱系"从扬雄到荆州学派的环节也值得斟酌：扬雄对荆州学派的影响也以宋衷等研习《太玄》的学者为中心。宋衷作《太玄解诂》为江南学者所重，王肃从宋衷读《太玄》，《太玄旨归》作者李譔之学亦源自宋衷。但宋衷重视《太玄》并不与《老子》学相关，而是站在其古文经学之立场。

至于荆州学派与王弼的传承，立论之基础主要是王弼家世与荆州学派的关系，尤其是和宋衷的渊源，一直也是学界的主要观点。[①] 然而也有学者提出质疑，如牟润孙指出王肃和宋衷"均无与魏晋后之谈玄。近人纷纷牵引，皆汤氏盛称荆州学派有一启之，诚不可不辩"[②]，田永胜也指出"两家世交并不必然导致后代人一定受前代人思想影响。即便是王弼的祖父，我们都不能肯定是否受了荆州学派的影响"[③]，这条依靠多种多层可能性牵合的学术谱系是否可靠是需要存疑的。

五、小 结

从解说体式、解说思想特点、文本理解以及两人的学术渊源上看，"王弼注《老子》受严遵影响"确实是一个不容易证实的命题。就目前所见，似乎并没有很明显的证据说明王弼《老子注》和《老子指略》受严遵的影响。相反，由于王弼和严遵的学术旨趣乖异，即便是王弼真有取于严遵，也不会占到很大的比例。

第一，从解说文本的总体倾向看，严遵重抽象概念"具象化"，而王弼则致力于进一步"概念化"和"抽象化"。《老子》很多文字概念诸如"有""无""道""德""一""大"在严遵《老子指归》中被一一具象化落实，并将这些自然发展演变的规律进一步落实在修身、养身、用兵、治国等方面的策略，从而

---

① 汤用彤：《王弼之〈周易〉、〈论语〉新义》，氏著：《魏晋玄学论稿及其他》，第70页。汤用彤也是在蒙文通"王弼立说本王肃，王肃之学本于宋衷"的基础上申发的。（蒙文通：《经学抉原》，上海：人民出版社，2006年，第78-79页。）又钱穆："王弼之学，原于荆州。……弼父业乃刘表外孙，则弼之易学，远有端绪。"（钱穆：《记魏晋玄学三宗》，《庄老通辨》，北京：读书·生活·新知三联书店，2002，第309-310页）
② 牟润孙：《论魏晋以来之崇尚谈辩及其影响》，载《注史斋丛稿》，北京：中华书局，1987，第319页。
③ 田永胜：《王弼思想与诠释文本》，北京：光明日报出版社，2003，第11页。

形成一套丰富庞大的宇宙、社会、政治伦理体系。而王弼却正好站在他的反面，他致力于阐释体系的"抽象化"，他否定批判了先秦两汉以来赋予《老子》文本额外的知识内容，从文本内在出发，将事物和现象简化为"本－末""有－无"的二元对立。这种差异的背后是两种学术风气的区别。魏晋学者分作两派：一为抱守郑学之"旧派"，该派取阴阳、训诂、谶纬以释经，此沿袭汉代经学传统；二为讲倡玄理之"新派"。① 严遵释《老》杂以阴阳象数，为汉代学术之主流，其《老子指归》更为西汉"章句"之一②；而王弼则无疑是魏晋学术"新派"之代表，是汉代学术范式的反动③，王弼之成名正在于他扬弃旧有模式并创立了新的解说范式。④

第二，王弼《老子注》之贡献不在于郑玄式的"集大成"，而在于开风气之先。学术上王弼不以博综见长，而以辩机见称，故不免有"贫乏浅陋"之议。⑤ 当时博识通人如管辂批评王弼"爱微辩而兴浮藻"⑥。可见从主观意愿上，王弼不愿意有"博览亡不通"的汉代学术渊源。

其三，严遵为汉代道家学者，为汉代黄老学之殿军；而王弼则为名士之谈玄者，其立场仍未离儒家，这可能也是严遵、王弼两人难有学术渊源的原因之一。牟宗三认为："王、郭之玄学，虽于老庄之本体能极相应而尽其蕴，然只是在名士气氛下一点智光之凝结，故不可说大说切。故只是解悟之玄，而不是人

---

① 学者们普遍认为玄学是荆州学派以来的"经学简化运动"的进一步发展，说参余英时：《汉晋之际士之新自觉与新思潮》，载《士与中国文化》，上海：上海人民出版社，1987，第378页。汪惠敏：《荆州学风与三国时代经学之关系》，载《三国时代之经学研究》，台北：京文化事业有限公司，1981，第223－224页。

② 说参拙文：《〈老子指归〉当为严遵〈老子章句〉——严遵〈老子注〉的发现以及〈老子指归〉的性质》，载《中国典籍与文化》，2013年第1期。

③ 青木正儿在武内义雄的基础上认为：儒家拘泥末节之弊至魏明帝太和、青龙之际为最甚，而清谈适起于此时，此二现象之因果关系可以推测。青木正儿：《中国文学思想史》，孟庆文译，沈阳：春风文艺出版社，1985，第224页。

④ 王葆玹指出王弼："新解的途径便是说明当时需要抛弃的旧知识很多，需要创立的新知识体系却是十分地简单。……王弼之学的简易已到了登峰造极的地步，排斥的不是特殊的学说或个别的学派，而是玄学之外的全部学问。他几乎是名正言顺地拒绝诵读浩瀚的书籍。这就无怪乎王弼不必皓首穷经，而是少年成名了。"氏著：《黄老与老庄》，第287－289页。

⑤ 劳思光认为王弼《老子注》"即宗老子观念之形上学理论而已。由此，王弼之解老，大体与老子本义相近……王弼之思想，只以老子之形上学观念为主要内容，注《老》时已不能正面接触老子所言之自我境界，注《易》时更不了解《易传》思想之立场。严格论之，实属贫乏浅陋。"氏著：《新编中国哲学史·第二卷》，桂林：广西师范大学出版社，2005，第136、142页。

⑥ 陈寿：《三国志》，第820页。

生修养上之实修实证。……故王、郭之玄学，是清谈玄解之玄学，而彼并非道家也。"①

要之，严遵和王弼的《老子》学或许有一些微妙的传承，但是由于两者旨趣大相径庭，要认为王弼受到严遵《指归》的影响，似难以找到坚实的证据作为支持。

追寻《指归》和河上公《章句》的传承同样面临类似的困境：岛邦男认为河上公的注文第二八、三九、四七、五〇、五一、五二、五三、五四、五五、五八、五九、六〇、七〇、七四、七六、七七、七八、八一章的注文来自于严遵，② 但河上公《章句》的成书时代和作者尚无定论，这也成了无法证实的问题——河上公和严遵都强调养身治国，思想主旨和部分常见字句的解释相似是否意味着河上公《章句》的部分注文来源于严遵《指归》？如果他们不是有特殊指征的相似或者史实的明文，单凭共通性很强的字句解释或主旨相近就断定他们有学术渊源，这种考虑恐怕难以令人信服。

---

① 牟宗三：《才性与玄理》，桂林：广西师范大学出版社，2006，第 69 页。
② 岛邦男：《老子校正》，第 32 页。刘韶军：《日本现代老子研究》，福州：福建人民出版社，2006，第533 页。

由于《老子指归》流布有限，学者注解《老子》鲜以严遵本为基础，仅过去被定名为梁武帝《老子义》的 BD14649 其《老子》形态与严遵本《老子》相近，被认为是"严遵本系统"。[①] 然而该写卷性质为何、作者为谁却颇有争议。

国图敦煌写卷 BD14649（原编号"新 0849"），为罗振玉贞松堂旧藏，曾刊布于《敦煌石室遗书三种》。卷轴装，首尾残损，为《道藏》未收之《老子》解说文本。存经文与注文五十四行，每行约十七字，略有残损，起第三十八章注文"以会通也"，迄第四十一章注文"故十三者，道之小成也，能"，保存《昔之得一章》至《上士闻道章》经文与注文较为完整。[②] 此写卷与国图敦煌写卷 BD14738 笔迹行款相同，内容相关，显然两写卷为同一写本撕裂而成。[③] BD14738（原编号"新 0938"）存经注文五十六行，每行亦十七字左右，起第四十一章注文"具循之则身安而国家可保矣"，迄第四十五章注文"以欲心若"。

关于 BD14649＋BD14738 的定名，罗氏在 BD14649 卷背题为"《老子义疏残卷》"，龚钊则在 BD14738 上题为"隋唐人写《道德经》并注解"。罗振玉《敦煌石室碎金》又将写卷定名为"《老子义》残卷"，继而在《吉石庵丛书续》中又猜测"疑即梁武《讲义》"。[④]《敦煌古籍叙录》[⑤]《敦煌道经·目录编》[⑥] 和《敦煌道藏》[⑦] 等书皆从罗氏此说。但王卡认为"写卷之注经旨要，合于儒家经学而未见佛家教义，与杜氏所述梁武《讲义》不符"，进而认为写卷是"何

---

① 岛邦男：《老子校正》，第 9 页。
② 中国国家图书馆编：《国家图书馆藏敦煌遗书：第 131 册》，北京：北京图书馆出版社，2010，第 12 页。
③ 王卡：《中国国家图书馆藏敦煌道教遗书研究报告》，载《敦煌吐鲁番研究：第七卷》，第 362－363 页。
④ 罗振玉：《吉石庵丛书续》，载《罗雪堂先生全集续编：第一八册》，第 7743－7744 页。
⑤ 王重民：《敦煌古籍叙录》，北京：中华书局，2010，第 235－236 页。
⑥ 大渊忍尔：《敦煌道经·目录编》，东京：福武书店，1978，第 236 页。
⑦ 李德范辑：《敦煌道藏》，北京：中华全国图书馆文献缩微复制中心，1999，第 1380 页。

晏《老子道德论》”，[①] 此定名为《国家图书馆藏敦煌遗书》所采用；[②] 朱大星则定名为“《佚名老子道德经注疏》”，对作者问题则未作研究。[③]

一、BD14649＋BD14738的书写款式与注经体式

BD14649＋BD14738抄写款式特殊：先出《老子》经文一章，之后别起一行接以注释，注释与经文并列，并不低于经文（如图5－1）。

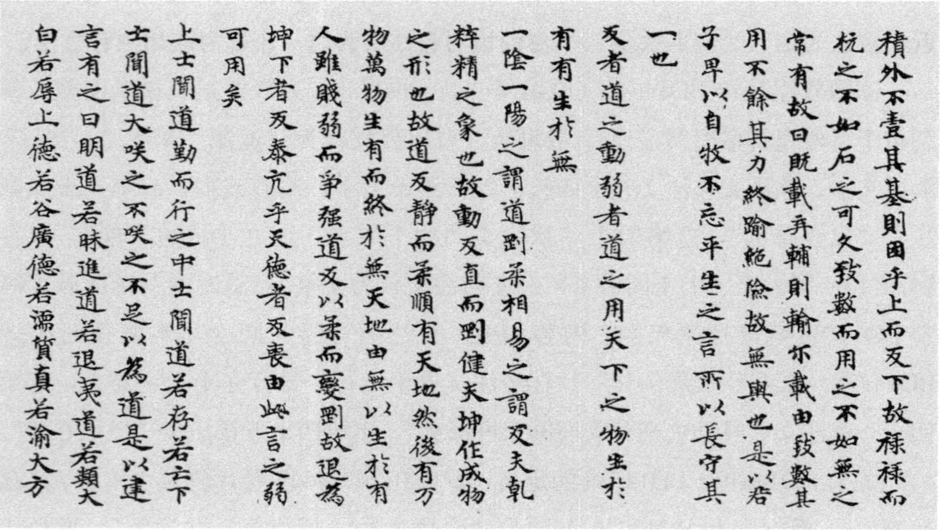
積外不壹其基則困乎上而反下故祿祿而
杌之不如石之可久致數而用之不如無之
常有故曰既載弃輔則輸尓載由致數其
用不餘其力終踰絶險故無輿也是以君
子早以自牧不忘平生之言所以長守其
一也
反者道之動弱者道之用天下之物生於
有有生於無
一陰一陽之謂道剛柔相易之謂反夫乾
粹精之象也故動反直而剛健夫坤作成物
之形也故道反靜而柔順有天地然後有万
物萬物生有而終於無天地由無以生於有
人雖賤弱而爭强道反以柔而變剛故退為
坤下者反泰亢乎天德者反衰由此言之弱
可用矣
上士聞道勤而行之中士聞道若存若亡下
士聞道大咲之不咲之不足以為道是以建
言有之曰明道若昧進道若退夷道若類大
白若辱上德若谷廣德若濡質真若渝大方

图5－1　BD14649

经典注释类写本中，为表示尊崇经典，注文往往在层次上低于经文：它们或在行内退格书于经文之后，或以双行小字接在经文之下（如图5－2成玄英《道德真经义疏》），BD14649＋BD14738注文与经文字型大小相同、格式齐等，是将注文之层次等同于经文。这种注文顶格书写的例子相当罕见，在敦煌写本中，仅有《唐玄宗御制道德真经疏》（P. 3592、P. 2823、S. 4365等）与之相近。

① 王卡：《中国国家图书馆藏敦煌道教遗书研究报告》，载《敦煌吐鲁番研究：第七卷》，第362－363页。又王卡：《敦煌道教文献研究：综述·目录·索引》，北京：中国社会科学出版社，2004，第172页。
② 中国国家图书馆编：《国家图书馆藏敦煌遗书》第133册，第9－11页。
③ 朱大星：《敦煌本〈老子〉研究》，第102－105页。

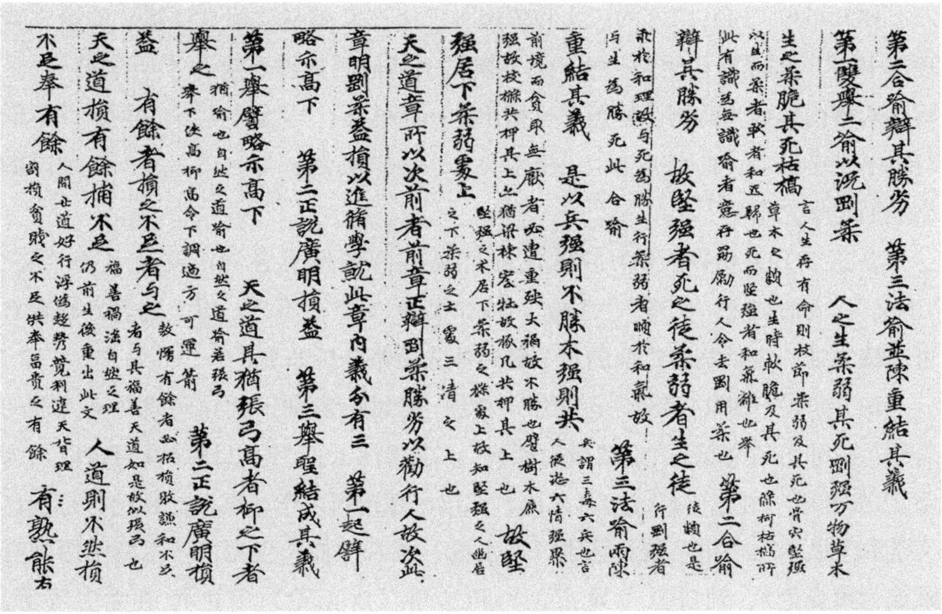

图 5-2　成玄英《老子义疏》P. 2517

顶格书写多有尊崇至尊之义，刘宝楠谓：

> 碑文出格例：《袁逢修华山庙碑》高祖、太宗、孝武、仲宗别行，高出一字，碑文推尊本朝以明臣子之敬。……碑文提行例：《杨厥碑》'高祖受命'平阙，右推尊本朝，提行以见敬。……碑文低行例：低行有二义：一以见碑文已了，一以见卑者贱者当谦下。[1]

又赵翼云：

> 凡奏事遇至尊，必高其字于众行之上，盖自古已然。《魏志》：景元元年，诏尊崇燕王之礼。（燕王宇乃常道乡公之父）凡奏事上书称燕王者，皆上平。可见古时凡称君上高出本文之上。今日上平，盖另行起，而与本文相平，以杀于天子之式耳。[2]

---

① 刘宝楠：《汉石例》，载王云五主编《丛书集成初编：第 2627 - 2628 册》，上海：商务印书馆，1937，第 168 - 171 页。
② 赵翼：《陔余丛考》，北京：商务印书馆，1957，第 543 页。

BD14649 + BD14738 的注文和敦煌本《唐玄宗御制道德真经疏》的疏文皆顶格书写，且同为十七字一行，此类款式于其他敦煌注释类写本所未见[①]，是写卷所抄内容或为御制。罗振玉也指出这一特殊性："义解与经文并列，并不低行以示别于经文，此例亦为他书所未见。……《真经》与《义》并列，殆以御制故而尊崇之耶？"[②]

各家于 BD14649 + BD14738 之注经体式问题所见各异，或命名为"义""讲义"，或命名为"义疏""注疏"，或命名为"论"。不过，以上定名方案皆有可商榷之处，今就隋唐之前的相关解经体式简略分析如下：

BD14649 + BD14738 不是"论"。"论"是讨论辨别正反异同或部略义理的著作，故陆机《文赋》"论精微而朗畅"，李善注云："论以评议臧否，以当为宗。"如荀子《礼论》《天论》《乐论》评议墨翟宋钘之学，汉《盐铁论》是贤良文学和桑弘羊之争辩，魏晋嵇康《养生论》臧否神仙长生之术，六朝隋唐则有顾欢《夷夏论》、刘进喜《显正论》和法琳《辨正论》争论释道优劣等等。BD14649 + BD14738 并无评议臧否之处，又循章解说，王卡谓写本为"何晏《道德论》"恐难以成立。

BD14649 + BD14738 也不是"义"。"义"是对经典中的字词句意、制度概念的考释或评议。《后汉书·儒林列传》："许慎以五经传说臧否不同，于是撰为《五经异义》。"[③] 今所见《五经异义》佚文即类似后世之考证笔记，故"义"多以"条"数。《春秋左传正义》谓："贾逵上《春秋大义》四十条。"[④]《陈书·周弘正传》："弘正启梁武帝《周易疑义》五十条，又请释《乾》《坤》《二系》。"[⑤] 故"义"盖为综博之考论：最简者如《佛经音义》之"义"，为释字义之类；至于何胤等人所撰之"隐义"则稍为详细（书于经背谓之"隐"，考释经典词句谓之"义"），如《仲尼燕居》释文引何胤《礼记隐义》"符长，符谓甘

---

① 除 BD14649 + BD14738、敦煌本《唐玄宗御制道德真经疏》外，注文与经文的层次相同且同为十七字一行的还有 S. 6228v，惟 S. 6228v 注文不另起一行，而是注文与经文紧密相连且字型大小相同。S. 6228v 即《老子节解》残卷，虽非御制，但在道教徒认为《节解》与《道德经》同为太上老君所作。（王卡：《敦煌本〈老子节解〉残页考释》，载《道教经史论丛》，第 291 - 320 页。）故其注文层次与经文相同，其款式也与御制类似。
② 罗振玉：《吉石庵丛书续》，载《罗雪堂先生全集续编：第一八册》，第 7744 页。
③ 范晔：《后汉书》，第 2588 页。
④ 孔颖达：《春秋左传正义》，载《十三经注疏》，第 1703 页。
⑤ 姚思廉：《陈书》，北京：中华书局，1972，第 307 页。

露醴泉之属，长谓麟凤五灵之属"①；最繁琐者曰"大义"，即"义"之庞杂者也，如萧吉《五行大义》专门释"五行""支干"等条目数千言。唯 BD14649 + BD14738 释《老》不以严谨综博见长，故而也不是罗振玉、王重民所说的"老子义"或"老子讲义"。

BD14649 + BD14738 与"讲疏"体式最为相似，"讲疏"是南朝时期敷畅义理的口头说经。《广雅》"注、纪、疏、记、学、栞、刊、志，识也"，② 魏晋之"疏"本为"分条计识"一类的考释（如陆玑《毛诗草木鸟兽虫鱼疏》）。至六朝爱有口头讲经之"讲疏"：如张讥"讲《周易》《老》《庄》而教授焉"（《陈书·儒林传》），即《庄子讲疏》《周易讲疏》（见《隋书·经籍志》）；梁"高祖所制《五经讲疏》，尝于玄圃奉述，听者倾朝野"（《梁书·简文帝纪》）；齐永明三年群臣国学讲《周易》则有《齐永明国学讲周易讲疏》（见《隋书·经籍志》）。又《梁书·儒林传·孔子祛》云："高祖撰《五经讲疏》及《孔子正言》，专使子祛检阅群书以为义证。"③ 可见"讲疏"作为讲经著作以即兴流畅为宗，无需旁征博引，故需以综博专精之"义"相佐（如孔子祛撰有《尚书义》二十卷等）。所谓的"义疏"实际上也是义与讲疏的综合。"讲疏"多为南朝帝王、高士所作，多集中于《老子》《庄子》《易经》《大学》《中庸》《孝经》等书，此与当时清谈讲经风尚不无关系。六朝讲疏今皆散佚，《周易正义》虽有引及，也是多加删裁；尽管如此，仍能照见南朝讲疏傅会排比、浮奢流畅之特征，如梁代张讥《周易讲疏》释"参天两地而倚数"云：

> 以三中含两，有一以包两之义。明天有包地之德，阳有包阴之道，故天举其多，地言其少也。④

又梁代褚仲都《周易讲疏》释《坤卦·初六》"履霜，坚冰至"云：

> "履霜"者，从初六至六三。"坚冰"者，从六四至上六。阴阳之气

---

① 孔颖达：《礼记正义》，载《十三经注疏》，第 1618 页。
② 王念孙：《广雅疏证》，张靖伟等校点，上海：上海古籍出版社，2016，第 372 页。
③ 姚思廉：《梁书》，北京：中华书局，1973，第 680 页。
④ 孔颖达：《周易正义》，载《十三经注疏》，第 93 页。

无为，故积驯履霜，必至于坚冰。以明人事有为，不可不制其节度，故于履霜而逆以坚冰为戒，所以防渐虑微，慎终于始也。[1]

可见讲疏尽管鲜有考释征引，却富于文辞说理。这与 BD14649 + BD14738 最为接近，如《天下之至柔章》云：

柔者，无必无固也。无固则不争，有必则不和。不和则骨肉自离，故商有亿兆之心；不争则天下自同，故周有不期之会。是以柔彩不必犯于物，而骨谓之断；弱溜不固于攻坚，而石为之穴。以能宛转周密，与之同体，故不待间，而入而得，因用其力也。是以弱不得为之主，强不得不受其役。风不见象，草木为僵；云不下薄，筋角已润。往来无方，物得以形，不亦几于神道设教，无为之益乎？民鲜久矣。[2]

由此可见，BD14649 + BD14738 极有可能是为《老子》所作之"讲疏"。

在目前所见的数百种《老子》注说中，BD14649 + BD14738 罕见地采用了工整典雅、句末用韵的骈文来解释《老子》（略近于严遵《老子指归》），如《昔之得一章》云：

故天壹浑而皆复，故道自晖光；地壹避，而道自无疆；神壹微，而道自无方；谷一虚，而道自复隍；君壹德，而道乂康。故善不壹不足以自成，恶不壹不足以自亡。[3]

又《上士闻道章》云：

天下患得之难，而成之又不易。故善登者陨于重崖，善水者葬于

---

① 马国翰：《玉函山房辑佚书》卷三，光绪九年嫏嬛馆刻本，第 10 页上。
② 朱大星：《敦煌本〈老子〉研究》，第 360 页。
③ 王卡：《敦煌本老子道德经传残卷考释》，载黄正健主编《中国社会科学院敦煌学研究回顾与前瞻学术研讨会论文集》，上海：上海古籍出版社，2012，第 352 页。

蛟螭；龙亢阳则有悔，虎出幽则见议。①

上引文中"光""疆""方""隍""康""亡"都属阳唐韵，"易""螭""议"则属支韵。南朝经疏固以骈俪浮艳见称（如前引两种《周易讲疏》及梁武帝《孝经讲疏》佚文②），但 BD14649＋BD14738 的作者显然有着更高的文学修养。

二、BD14649＋BD14738 的思想主旨及时代特征

王卡已经指出 BD14649＋BD14738 的内容宗旨本于《周易》宇宙论和孔孟政治学，分析写卷我们也确实发现写卷作者的苦心孤诣——将《老子》每一章都用儒家经典来解读和讲说。

朱大星研究 BD14738 时指出，写卷中"右一章（《上士闻道章》）本句定未有易辞，今就用"一段文字，似与全卷体例不合。③ 其实此句正体现了BD14649＋BD14738 的特点。"右一章本句定未有易辞"说明《上士闻道章》"未有易辞"在该写卷的诠释体系中是一个特例；其余则为"有易辞"的常例。所谓"易辞"即《周易》经传之词句④，这两纸写卷的体例正是引《易》解《老》，如，BD14649 残存的第一章《上德不德》曰"故孔子曰：章□□□□□物，其类衰世之意乎？"⑤ 即《系辞下》孔子曰："其称名也，杂而不越，于稽其类，其衰世之意邪？"⑥ BD14649 第二章《昔之得一》云："天下莫不由致一以成功，攻异端而斯害也。夫能恒以壹德，则其道自至。……是以君子卑以自

---

① 王卡：《敦煌本老子道德经传残卷考释》，载《中国社会科学院敦煌学研究回顾与前瞻学术研讨会论文集》，第 352 页。
② 刘炫《孝经述议》引"梁王曰"。林秀一：《孝经述议复原研究》，乔秀岩、叶纯芳、顾迁编译，武汉：崇文书局，2016，第 360 页。刘炫《孝经述议》卷一又谓："梁王萧衍作《孝经讲疏》。"案：《南史·梁本记》谓梁武帝所撰为"《孝经讲疏》"，《隋书·经籍志》则载为梁武帝《孝经义疏》十八卷。
③ 朱大星：《敦煌本〈老子〉研究》，第 105 页。
④ 案：孔颖达《周易正义·系辞下》"《易》辞所称物名多细小，若'见豕负涂''噬腊肉'之属，是其辞碎小也"，是以《易经》为"《易》"辞。《周易正义·系辞上》"'子曰君子居其室'者，既引《易》辞，前语已绝，故言'子曰'"，是以《易传》为《易》辞。
⑤《敦煌本老子道德经传残卷考释》，载《中国社会科学院敦煌学研究回顾与前瞻学术研讨会论文集》，第 351－353 页。下引 BD14649 皆出此书释文。
⑥ 孔颖达：《周易正义》，载《十三经注疏》，第 89 页。

牧。"其中"卑以自牧""恒以壹德""致一以成功"即分别出自《谦卦》《初六》《象传》《系辞下》①。BD14649 的第三章《反者道之动章》曰："一阴一阳之谓道,刚柔相易之谓反。……夫乾,粹精之象也,故动反直而刚健。坤,作成物之形也,故道反静而柔顺。有天地然后有万物。"则分别引用《系辞》《乾卦》《系辞上》《坤·文言传》《象传》及《序卦传》。BD14738 的第二章《道生一》曰:"立天之道曰阳,立地之道曰阴……万物相见乎离,人君南面以听,盖阴阳之义也",是化用《说卦传》。BD14738 的第三章《天下之至柔》曰:"不亦几于神道设教"则引用《观卦》等。

除《周易》经传以外,该写卷也大量引用《论语》《诗经》《礼记》和《尚书》。如《昔之得一章》"攻异端而斯害也……不忘平生之言"是引用《论语·为政》《宪问》;《天下之至柔章》:"柔者,无必无固也……风不见象,草木为偃……民鲜久矣"是引用《论语》中的《子罕》《颜渊》《雍也》。《昔之得一章》"故曰:既载弃辅,则输尔载"是引用《诗·小雅·正月》。《上德不德章》更是直接号称引用《礼记·礼运》。又《天下之至柔章》谓"不和则骨肉自离,故商有亿兆之心;不争则天下自同,故周有不期之会",是引自《尚书·泰誓》:"受有亿兆夷人,离心离德。"②案:晋唐间《泰誓》传本有二,两者内容也完全不同:一为今文《太誓》,即西汉"河内《太誓》",梁武帝认为记载了"观兵时事";二为伪古文《泰誓》,东晋元帝(317-323)时梅赜所献,梁武帝认为记载了"伐纣时事"③。BD14649+BD14738"受有亿兆夷人,离心离德"系"伐纣事",故属伪古文《泰誓》,而古文《尚书》又是在南齐之后才在南方地区风行④,由此推测 BD14649+BD14738 的内容当撰于梁陈以后。

BD14649+BD14738 引用儒家文献解释《老子》,着重发挥《老子》"治国理政"之作用。以上文所引《天下之至柔章》为例,它借用老子"至柔驰骋至

---

① 写卷"致一以成功"化用自《周易·系辞下》"一人行,则得其友,言致一也"及韩康伯注:"致一而后化成。"
② 《左传·昭公二十四年》引《太誓》作"纣有亿兆夷人,亦有离德",仅言"离德";而写卷专作"亿兆之心",是言"离心"。自汉代经有定本以来,古人引经罕见擅改虚词,故而写卷所引为孔传本《尚书·泰誓》而非《左传》。
③ 孔颖达《尚书正义》引梁武帝云:"本有两《泰誓》,古文《泰誓》伐纣事,圣人选为《尚书》;今文《泰誓》观兵时事,别录之以为《周书》。"
④ 伪古文《尚书》,至南齐末建武(494-498)年间"始列国学",但仅流行于南方地区,直到隋初"始流河朔",见孔颖达《尚书正义》,载《十三经注疏义》,第113页。

坚"和"不言之教"两组概念，认为固执偏激的行政会导致天下分离，只有中庸和睦、柔顺不争才能教化民众，从而达到"神道设教"天下皆服的境界。写卷这种《老子》学观念和它的《老子》文本一样沿袭自西汉严遵。岛邦男曾指出，BD14649＋BD14738 是仅有的属于严遵本系统的著作①，像《昔之得一章》阙经文"万物得之以生""物无以生将恐灭"十四字之类的情况皆为两书所独有（也与马王堆帛书和北大汉简相同）；又如 BD14649＋BD14738 用十三种观念（如"昧""退""类""无名"等）来解释"生之徒十有三"，也仅与严遵《指归》相似。鉴于魏晋玄学重形而上学而轻视治国理政，也能从侧面印证 BD14649＋BD14738 这件初唐抄本的内容并不是魏晋玄学大师何晏的著述，而是梁陈时期儒学融合玄学、消解玄学的讲疏。BD14649＋BD14738 中没有"虚无玄言"，而是将《老子》落实到儒家经文及其治国教民的义理上。如"道生一"的"一"，王弼释为"无"，写卷则以"太极"释之；"天下之至柔"，王弼释作"虚无柔弱"，写卷则释以"无必无固"之中庸。和魏晋时期"名注儒书，实宗玄学、使赖乡夺洙泗之席"② 的风尚相反，BD14649＋BD14738 名注老子，实宗儒学，以儒家经学消解玄谈之风，是对魏晋玄学的一种"反动"。

回顾中古思想史，兴盛于魏晋的玄学到了南朝尽管仍然受到士族的崇尚，实际上无甚新意，渐成强弩之末。刘勰（465－520）云："江左群谈，惟玄是务；虽有日新，多抽前绪矣。"③ 文人士族尽管保留了挥麈谈玄的时尚，但早已失去了魏晋时期崇尚自然的精魂，玄学思想的发展逐渐停滞。尤其是经历了永嘉之祸、五胡乱华等一系列事件之后，文人学士开始反思玄学在政治人心上的负面作用，卞壸（281－328）云："悖礼伤教，罪莫斯盛！中朝倾覆，实由于此。"④ 桓玄（369－404）云："神州陆沉，百年丘墟，王夷甫诸人不得不任其责。"⑤ 何敬容（？－549）云："晋氏丧乱，颇由祖尚玄虚。"⑥ 或鉴于此，南朝不少君主开始强调尊经尚儒，宋文帝、齐高帝、齐武帝都一度提倡儒学，重用

---

① 岛邦男：《老子校正》，第 7－8 页。
② 汤用彤：《言意之辨》，《魏晋玄学论稿及其他》，第 27－28 页。
③ 刘勰撰，范文澜注：《文心雕龙注》，第 352 页。
④ 房玄龄等：《晋书》，北京：中华书局，1974，第 1871 页。
⑤ 同上书，第 2572 页。
⑥ 姚思廉：《梁书》，第 533 页。

经生，但制度未定，风尚未成；直至梁武帝（464－549）开辟制度，引领群伦，儒家经学才真正有了持久发展的基础，于是南朝儒学大盛，经师济济。《梁书·儒林传》载：

> 江左草创，日不暇给，以迄于宋、齐，国学时或开置，而劝课未博，建之不及十年，盖取文具，废之多历世纪，其弃也忽诸。乡里莫或开馆，公卿罕通经术，朝廷大儒，独学而弗肯养众，后生孤陋，拥经而无所讲习，三德六艺，其废久矣。高祖有天下，深愍之，诏求硕学，治五礼，定六律，改斗历，正权衡。天监四年，诏曰："二汉登贤，莫非经术，服膺雅道，名立行成。魏、晋浮荡，儒教沦歇，风节罔树，抑此之由。朕日昃罢朝，思闻俊异，收士得人，实惟酬奖。可置五经博士各一人，广开馆宇，招内后进。"于是以平原明山宾、吴兴沈峻、建平严植之、会稽贺玚补博士，各主一馆。馆有数百生，给其饩廪。其射策通明者，即除为吏。十数年间，怀经负笈者云会京师。又选遣学生如会稽云门山，受业于庐江何胤。分遣博士祭酒，到州郡立学。七年，又诏曰："建国君民，立教为首，砥身砺行，由乎经术。朕肇基明命，光宅区宇，虽耕耘雅业，傍阐艺文，而成器未广，志本犹阙，非以镕范贵游，纳诸轨度，思欲式敦让齿，自家刑国。今声训所渐，戎夏同风，宜大启庠斆，博延胄子，务彼十伦，弘此三德，使陶钧远被，微言载表。"于是皇太子、皇子、宗室、王侯始就业焉。高祖亲屈舆驾，释奠于先师先圣，申之以谶语，劳之以束帛，济济焉，洋洋焉，大道之行也如是。[①]

尽管梁武帝后期竞谈玄理，使儒玄交锋兴衰反复；但总体上，梁陈以降南朝儒家经学重现生机，并成为隋唐经学繁荣的奠基之一，这与以贱经尚玄为主流的魏晋有所不同。

---

① 姚思廉：《梁书》，第661－662页。

三、BD14649＋BD14738 作者拟测

综上所述，BD14649 + BD14738 的作者极有可能是梁陈时期一位《易》《老》兼通、赅博经典，又怀有儒家经世思想和极高文学修养的帝王。这样的文采飞扬、学殖深厚又能以儒家经世思想来讲疏《老子》的帝王，极有可能是梁元帝萧绎（508－554）。

梁元帝自道："以周孔为冠带，以老庄为欢宴。"（《金楼子·立言》）在《金楼子·戒子》中，他引王昶"遵儒者之教，履道家之言"，又曰："凡读书必以五经为本，所谓非圣人之书勿读。"① 由此表明他"宗经"又雅好老庄的立场。除《老子》外，他也擅于《周易》，著有《周易讲疏》十卷，这也与BD14649 + 14738 的特征相符。BD14649 + 14738 与《金楼子》也有许多极具特色的相同点，其中最值得注意的，是梁元帝对《老子》一书的态度，《金楼子·立言》云：

> 至魏晋之间，询诸大方，复失老子之旨，乃以无为为宗，背礼违教，伤风败俗，至今相传，犹未祛其惑。皇甫士安云："世人见其书云：'谷神不死，是谓玄牝。'故好事者遂假托老子，以谈神仙。"老子虽存道德，尚清虚，然博贯古今垂文，《述而》之篇及《礼传》所载，孔子慕焉是也。而今人学者，乃欲弃礼学，绝仁义，云独任清虚，可以致治，其违老子亲行之言。②

从上文可见，梁元帝将老子纳入儒家"道统"内，强调老子其人"《礼传》所载"且"孔子慕焉"，又对魏晋以来《老子》阐释"无为为宗""背礼违教""独任清虚"等风尚颇为讥诋。一如梁武帝以孔、老为如来弟子而以佛教中观学解释《老子》；梁元帝强调老子为孔子先师，所以以用儒家经典来解释《老子》。

《梁书·文帝本纪》载梁元帝著《老子讲疏》四卷③。《经典释文序录》云：

---

① 萧绎撰，许逸民校笺：《金楼子校笺》，北京：中华书局，2011，第 961－962 页。
② 同上注。
③ 姚思廉：《梁书》，第 136 页。

"近代有梁武帝父子及周弘正《讲疏》，北学有杜弼注，世颇行之。"① 唐初法琳（572－640）《辨正论·佛道先后》即引梁元帝之说②，正可印证陆德明的"世颇行之"。又《旧唐书·艺文志》"《老子讲疏》四卷"。③ 可见从《讲疏》撰成到在《古今书录》问世的开元时期（722），《老子讲疏》尚存于世。又：贞观二十一年（647）玄奘云："《道德》两卷词旨沈深，汉景重之诚不虚。及至如何晏、王弼、严遵、钟会、顾欢、萧绎、卢景裕、韦处玄之流数十余家，注解老经，指归非一，皆推步俗理，莫引佛言。"④ 可见梁元帝的《老子讲疏》"莫引佛言"，与梁武帝《老子》学著作浓厚的佛教色彩不同。

回顾过去学者对 BD14649＋BD14738 的研究，罗振玉指出写卷训解至精深，当出隋唐以前人手，又指出写卷的款式为御制，故而推测作者是梁武帝，只是忽略了梁武帝著作的佛教色彩与写卷不和；王卡指出了罗氏的疏略，指出写卷的主旨是儒家经学。综合他们的合理之处，加之对写卷体式和背景的分析，笔者推测 BD14649＋BD14738 更有可能是梁元帝《老子讲疏》的残卷。

四、萧梁时期《老子指归》之流布

梁元帝《讲疏》参考严遵本《老子》，可与《隋志》所载梁有严遵《老子注》二卷相应。不仅如此，其他萧梁时代文献对严遵《老子指归》也有所引用，从而可以照见严遵著作在南朝之流布。

（一）敦煌写本 P. 2526《华林遍略》

法藏敦煌写本类书残叶 P. 2526，载《鸟部》四类 88 则，存 272 行，首尾皆残，不具书名。该书有"《老子指归》曰：'鸿，未剖其卵视之，非鸿也，形

---

① 陆德明撰，吴承仕疏证：《经典释文序录疏证》，第 141 页。
② 法琳：《辨正论》，载《大正新修大藏经》第 52 卷，台北：佛陀教育基金会，1990，第 521 页。
③ 刘昫等：《旧唐书》，第 2028 页。
④ 道宣：《集古今佛道论衡》，载《大正新修大藏经》第 52 卷，第 386 页。

声首尾皆以具存，此亦无鸿之鸿也。况未有鸿卵而造作哉？'"① 与陈景元《道德真经藏室纂微篇》释"视之不见名曰夷"句所引略同。

罗振玉率先公布此卷，并比对唐宋类书，发现与《太平御览》最为接近，提出该写卷是北齐《修文殿御览》。② 洪业不同意罗氏的意见，通过写卷避讳和引书的细节认为是梁代的《华林遍略》③，此后学者也第有讨论④，而以倾向该写卷为《华林遍略》者为多数。⑤ 何况《修文殿御览》本身即剿袭《华林遍略》而来⑥，所以即便 P. 2526 是《修文殿御览》，其内容也极有可能出自《华林遍略》。《华林遍略》是南朝梁武帝天监十五年（516）敕令编纂的大型官修类书。书中既引《老子指归》，可见《老子指归》在萧梁官方藏书之列。

（二）刘昭《续汉书·祭祀志》注

梁刘昭注《续汉书·祭祀志》引"庄子"曰"易姓而王，封于泰山，禅于梁父者七十有二代"⑦，文见于《老子指归·上德不德章》。据《梁书》卷四十九《儒林传·刘昭》，刘昭编纂《续汉志注》在萧梁天监年间。

（三）陶弘景《养性延命录》

《养性延命录·教诫篇》曰："严君平《老君指归》曰：'游心于虚静，结志于微妙，委虑于无欲，归指于无为，故能达生延命，与道为久。'"⑧

---

① 上海古籍出版社、法国国家图书馆编：《法藏敦煌西域文献：一五》，上海：上海古籍出版社，2001，第 137 页。
② 罗振玉：《雪堂校刻群书叙录》，载《罗雪堂先生全集初编：第一册》，台北：大通书局，1986，第 46 - 48 页。
③ 洪业：《所谓修文殿御览者》，载《洪业论学集》，北京：中华书局，1981，第 64 - 94 页。
④ 王三庆：《敦煌类书·研究篇》，台北：丽文文化事业有限公司，1993 年，第 16 - 17 页。黄维忠、郑炳林：《敦煌本〈修文殿御览〉残卷考释》，载《敦煌学辑刊》1996 年第 1 期，第 36 - 48 页。
⑤ 刘安志有详细之检讨，见氏著：《〈华林遍略〉乎？〈修文殿御览〉乎》，载高田时雄编《敦煌写本研究年报》第七号，京都：京都大学人文科学研究所"中国中世写本研究班"，2013，第 167 - 202 页。
⑥ 洪业：《所谓修文殿御览者》，载《洪业论学集》，第 74 页。余嘉锡：《余嘉锡论学杂著》，北京：中华书局，2011，第 695 页。
⑦ 范晔：《后汉书》，第 3162 页。
⑧ 丁光迪校注：《太清导引养生经·养性延命录》，北京：中国中医药出版社，1993，第 72 页。

《养性延命录》是在《养生要集》的基础上"删弃繁芜"而成。《养生要集》可能由北魏张湛编集，张湛生年略早于陶弘景，《养生要集》的出现不会距离齐梁时代很远，朱越利认为陶弘景省略张湛不提是考虑到梁武帝对张湛的好恶。[①] 无论是《养性延命录》直接还是通过《养生要集》引用了《老子指归》，仍可见齐梁时代该书的流行。

五、从梁元帝《老子讲疏》看南北朝时期"汉《老子》"的回归

不仅是严遵《老子注》和《老子指归》，南北朝之际有多种"汉《老子》"或托名汉代的《老》学著作出世。彭耜《道德真经集注杂说》引谢守灏《老君实录》云："唐傅奕考覈众本，勘数其字云：……安丘望之本，魏太和中（477－499）道士寇谦之得之；河上丈人本，齐处士仇狱传之。"[②] 加之有着南北朝身份色彩的河上公《章句》与《老子想尔注》，"汉《老子》"在南北朝时期重新回到了思想史舞台。敦煌本梁元帝《老子讲疏》的发现，有助于进一步探明南北朝"汉《老子》回归"的动因。

梁元帝苦心孤诣地彰显崇儒姿态，但当时"亲承音旨"且颜之推依然认为他的《老子》讲说属于"虚谈"而提不起兴趣。究其根本，梁元帝《老子讲疏》批判玄学偏执于"贵无""崇有"的武器并不是儒学，而是黄老道家。《老子》一篇关于宇宙论的"道生一，一生二，二生三，三生万物"，王弼将其视为形而上的"从无之有，数尽乎斯"[③]，而《淮南子》高诱注与严遵则理解为"夫天人之生也，形因于气，气因于和，和因于神明，神明因于道德，道德因于自然"[④]，即万物由和气"三"所生。即"清浊以分，高卑以陈，阴阳始别，和气流行，三光运，群类生"。梁元帝《老子讲疏》释"三生万物"也说：

> 立天之道曰阳，立地之道曰阴，中和之道曰冲，故二生三。一阴

---

① 朱越利：《〈养性延命录〉考》，载《世界宗教研究》，1986 年第 1 期。
② 彭耜：《道德真经集注杂说》，载《中华道藏：第一一册》，第 498 页。
③ 王弼：《道德真经注》，载《中华道藏：第九册》，第 207 页。
④ 严遵：《道德真经指归》，载《道藏：第一二册》，第 349 页下。

一阳，是以媾精；冲和化醇，是以克生，故日三生万物。①

　　严遵以"自然"为体，以"太和"为用，生天地万物；梁元帝以"一德"为体，以"中和"为用，生长万物。进而，严遵以"太和"解释"至柔"之用，以其能经纪万物，无不维纲；梁元帝则以"无必无固"解释至柔之用，以其能"往来无方，物得以形""神道设教"。两者以"和"为用，强调其"顺神养和，任天事地"或"婉转周密，与之同体"，都是黄老道家"因顺其道""无为而无不为"观念。至于梁元帝本人以反求正和"守一持万物"等观念，都是黄老道家的重要命题。梁元帝像汉代黄老道家一样以具象来解释《老子》，甚至连汉代的数术观念也一并继承下来；他把"道"看成隐形规律，也是退回到汉代宇宙论来批判王弼等人的本体论。②　所以，"名注《老子》，实宗儒书"的志向只是《老子讲疏》的外在表面，"明崇儒学，阴法黄老"才是梁元帝真正的思想本质。梁元帝对儒家文献的稔熟并不能掩盖他儒家思想的贫乏，这种贫乏导致他不足以坚持儒家立场、以儒家思想来全面敷述《老子》，只能在《讲疏》中大量引用儒学经传来掩饰他取法于黄老；幸运的是，儒道两家恰好在概念名称上有着微妙的相似或相同，正好可以用作概念的代换和比附，从而实现他批判玄学、崇儒宗经之目的。

　　梁元帝《老子讲疏》"明崇儒学，阴法黄老"的背后，反映了南朝儒学制度复兴与思想贫乏之间的尴尬。晋宋时期由经学批判引发的道德实践与政治伦理"虚无主义"危机，齐梁时代，学者又试图重新在经典学中寻找答案。在儒学上表现为由"政在《孝经》"开始的儒学复兴；在道家、道教思想上，则是从顾欢《老子治纲》开始重新发掘《老子》的治国理政功能。缺乏思想体系创新的南朝学术难以凭其自身学理回应玄学，不免需要重新回到汉代黄老之学中寻找资源。

① 中国国家图书馆编：《国家图书馆藏敦煌遗书：第 131 册》，第 9 页。
② 汤用彤：《王弼大衍义略释》，载《魏晋玄学论稿及其他》，第 250－251 页。

《妙真经》是六朝隋唐道教的重要经典，虽然唐宋之际就已亡佚，但《无上秘要》等道经保留了该书的大量佚文和相关信息。海内外道教学者也在此基础上展开过深入探讨，其中不乏高见卓识，但仍有许多问题莫衷一是。今就《妙真经》佚文的内容组成和来源分析入手，进一步探赜其成书过程及相关历史背景。

一、《妙真经》辑佚

《妙真经》虽屡为各种道教文献提及，但直到八十年代末，才有前田繁树[①]和郑灿山[②]进行辑佚。在他们的基础上，笔者搜罗《道藏》与敦煌道经，进一步作了辑佚和分类。道教类书保存情况最为完整，故以类书为主：

（一）《无上秘要》

《无上秘要》是北周楼观道士编纂的道教类书。北周楼观道士奉《妙真经》为该派主要经典[③]，故保存佚文以此书为最多，同时大概也能说明《妙真经》

[①] 前田繁树：《〈老子妙真经〉小考——附〈老子妙真经〉辑佚稿》，载《初期道教经典の形成》，第243－261页。

[②] 郑灿山：《东晋唐初道教道德经学：关于道德经与重玄思想暨太玄部之讨论》，台北：国立编译馆，2009，第491－500页。

[③] 《无上秘要》之编纂情况与背景，可参大渊忍尔《道教とその经典——道教史の研究・其の二》书《无上秘要とその周边》一章和劳格文（John Lagerwey）*Wu-Shang-Pi-Yao: Somme Taoiste du VIe siècle* 中 Introduction 一章。劳格文也在该书中详细摘录了《妙真经》的部分。John Lagerwey，*Wushang Pi-yao. Somme Taoiste du VIe siècle*，École française d'Extrême-Orient，Paris：Publications de l'EFEO，1981，pp. 1－48. 大渊忍尔：《道教とその经典——道教史の研究・其の二》，东京：创文社，1997，第297－408页。

在当时的道教上层修习相当普遍的史实。①《妙真经》见于《无上秘要》者：

【无 01】道曰："一切万物，人最为贵。人能使形无事、神无体，以清静致无为之意，即与道合。"（卷五《人品》）②

《太平御览》卷六七七《道部十九》"舍"下引"道典"曰："道之清净者，吾舍也；道因天清而清之，因地静而静之，因日月之光而明之，因星辰之行而正之，因万物之性而消息之。万物中，人为贵，能使形无事、神无体，以清净致无为之意，即道为舍也。"③《无上秘要》所引相近，唯末句"与道合"作"为道舍"。《太平御览》"道之清净者，吾舍也"一语也与《洞玄灵宝太上六斋十直圣纪经》所载"《妙真》要解百万言"中也有"清而净者，吾舍也"一语相合，④似可推测《太平御览》所引"道典"即《妙真经》。

【无 02】制杀生者，天；顺性命者，人也。非逆天者勿伐，非逆人者勿杀。故王法当杀不杀纵天贼，当活不活杀天德。为政如此，使后世条长禁苛，兴克德之本，德莫大于活也。天之道利而不害，圣人之道为而不争。故与时争者昌，与人争者凶。是以有甲兵无所陈之，以其不争。夫不祥者，人之所不争；垢辱者，人所不欲。能受人所不欲，则足矣；得人所不争，则宁矣。勇于敢者多权善决，安静乐能，传国利民，不避强大，威震百僚，摧倾境外。为政如此，得善之半。敢者奉天顺地，莫神于至诚。仁以好施，义以制断，礼以凯敬，智以除害，信以立事，德以无大，赦人如赦于己，法人如法其子。为政如此，亦得善之善者也。（卷六《王政品》）⑤

---

① 大渊氏统计《无上秘要》引用上清派类道书要多于灵宝派道书，从而认为该书编纂倾向偏向于上层。参大渊忍尔：《上清经と灵宝经——その社会との关わり方を中心として》一节，载《道教とその经典——道教史の研究·其の二》，第 351 - 384 页。
② 佚名：《无上秘要》，载《道藏：第二五册》，第 14 页上。
③ 李昉等：《太平御览》，北京：中华书局，1960，第 3023 页。
④ 佚名：《洞玄灵宝太上六斋十直圣纪经》，载《道藏》第二八册，第 383 页中。施密特（Hans-Hermann Schmidt）认为该书是 8 - 10 世纪的作品，他进一步指出该书有三段来自《妙真经》，见施密特为《洞玄灵宝太上六斋十直圣纪经》写的解题，载于《道藏通考》（*Taoist Canon* Vol. I），The University of Chicago Press，2004，PP. 551.
⑤ 《无上秘要》，载《道藏：第二五册》，第 21 页下。

此段文字的划线部分亦见于《云笈七签》卷八九《诸真语论·经告》,《云笈七签》引"太上"曰:"天之道利而不害,圣人之道为而不争,故与时争之者昌,与人争之者亡。是以有兵甲而无所陈之,以其不争。夫不祥者,人之所不争;垢辱者,人之所不欲。能受人所不欲,则足矣。"①

【无03】以大居小,以富居贫,处盛卑之谷,游大贱之渊。微为之本,寡为之根,恐惧为之宇,忧畏为之门。福者祸之先,利者害之源,治者乱之本,存者亡之根。上德之君质而无文,不视不听,而抱其玄,无心意若未生根,执守虚无而因自然。混沌为一,归于本根。上意正于无形,理于无声,起福于未有,绝祸于未生,故莫知其名。下德则不然,高尊富贵,显荣好美,善乐功名,生祸而忧之,寇害而伐之,身辱而报之。生长有其力,布施有其福。事为其方,曲为其法。赏善罚恶则伪善诈忠,如此乃自谓功名见与道反。(卷六《论意品》)②

本段首句亦于见《云笈七签》卷九〇《七部语要·连珠》:"口舌者,祸患之宫,危亡之府;语言者,大命之所属,刑祸之所部也。言出患入,言失身亡。故圣人当言而惧,发言而忧,常如临危履冰。以大居小,以富居贫,处盛卑之谷,游大贱之渊。微为之本,寡为之根,恐惧为之宅,忧畏为之门。"③ 而《云笈七签》中"口舌者,祸患之宫"云云,则又见于【无09】。

【无04】视过其目,明不居;听过其耳,精泄漏;爱过其心,神出去。牵于欲,事汲汲;遽为于利,动惕惕。惧结连党友以自助,此非真也,虽非道意。虽得之,天不祐也。(卷七《修真养生品》)④

此句亦见于《云笈七签》卷九二《仙籍语论要记·众真语录》《云笈七签》卷八九《存十·经告》。

① 张君房:《云笈七签》,李永晟点校,北京:中华书局,2003,第1973页。
② 佚名:《无上秘要》,载《道藏:第二五册》,第21页中。
③《云笈七签》,第1989页。
④《无上秘要》,载《道藏:第二五册》,第22页下。

【无 05】动合天心，静得地意，无言而不从，谓之善也。善者，君子之所本，百行之所长；吉阳之所舍，万福之所往来。流而不滞，用而不绝；百王所不变异，俗人之所不易。上以顺天，下以顺人；成万物，覆载群生者，善也。不识元首，不睹本根，诈天轻地，罔鬼欺神，属辞变意，抱嫌履疑，谓之不善。不善者，动与天逆，静与地反，言伤人物，默而害鬼。(卷七《修真养生品》)①

【无 06】老子曰：天地构精，阴阳自化，灾咎自欲萌。淫于五色之变，视不见祸福之形；失于五音之变，听不闻吉凶之声；失于五味之变，口不中是非之情；贪于财货之变，虑不见邪正之倾。夫五色重而天下盲矣，五音调而天下聋矣，五味和而天下暗矣，珠玉贵而天下劳矣，币帛通而天下倾矣。是故五色者，陷目之锥；五音者，塞耳之椎；五味者，截舌之斧。财货者，射身之矢。(卷七《修真养生品》)②

【无 07】故有名之名，丧我之囊；无名之名，养我之宅。(卷七《修真养生品》)③

【无 07】亦见于三皇派经典《洞神八帝妙精经·西城要诀三皇天文内大字》④ 引西城仙人曰："无名之名，盖我之宅。有名之名，乐我之囊。"⑤ 也见于《无上秘要》卷四九《三皇斋品》："西城真人又曰：夫为名之名，丧我之德；为事之事，乱我之业；为欲之欲，增我之惑；为情之情，丧我之贼。"⑥

【无 08】夫非其人而任之则废，非其事而事之则废，故代司杀者必

① 佚名：《无上秘要》，载《道藏·第二五册》，第 23 页中。
② 同上书，第 22 页下。
③ 同上注。
④ 《洞神八帝妙精经》一书，吉冈义丰认为该书与葛洪有关，是东晋时期的作品（吉冈义丰：《道教经典史论》，东京：道教刊行会，1945，第 47 页。）大渊忍尔则认为是南北朝末期的道经，可视为陶弘景所作（大渊忍尔：《三皇文より洞神经へ》，载《道教とその经典——道教史の研究·其の二》，第 268 - 272 页。而安保罗（Poul Andersen）认为是六朝时期与三皇文相关道经的汇集。参安保罗在《道藏通考》 (Taoist Canon Vol. I) 中为《洞神八帝妙精经》所写的提要，*The Taoist Canon: A Historical Companion to the Daozang*, The University of Chicago Press, 2004, pp. 269.
⑤ 佚名：《洞神八帝妙精经》，载《道藏·第十一册》，第 389 页上。
⑥ 《无上秘要》，载《道藏·第二五册》，第 176 页中。

受其咎，代大匠者必伤其手。有为者效情纵欲，快心极意。志贱强求贵，居贫强求富。离本向末，殃祸不救。（卷七《修真养生品》）①

【无 09】贵坚刚强，轻忽喜怒。福善出于门，妖孽入于户。故舌耳为患，齿角不定。口舌者，患祸之宫，危亡之府。言语者，大命之所属，刑祸之所部。言出患入，言失身亡。故圣人当言而惧，发言而忧，常如临危履冰。（卷七《修真养生品》）②

【无 10】夫欺天罔地，轻侮鬼神，专己自是，动非圣人。当时虽善，恶气归流，事有邪伪而象真也，景烟类云而电不为之动。故天道不私人，人反行非天也，而自误耳！（卷七《修真养生品》）③

【无 11】罪莫大于淫，祸莫大于贪，咎莫大于僭。此三者，祸之车也。小则亡身，大则残家。（卷七《修真养生品》）④

【无 11】又见于《云笈七签》卷九十《七部语要·连珠》、《云笈七签》卷九十二《仙籍语论要记·众真语录》以及下揭【要 04】。《洞神八帝妙精经·西城要诀三皇天文内大字》西城仙人曰："罪莫大于淫，祸莫大于贪，咎莫大于谗。此三者，祸之车也。小则危身，大则残家。"又：《无上秘要》卷四九《三皇斋品》："西城真人又曰：罪莫大于淫，祸莫大于贪，咎莫大于馋。此谓载祸之舟车也，小则危身，大则残家。"⑤

【无 12】夫道德治之于身，则心达志通，重神爱炁，轻物贱名，思虑不惑，血炁和平，肌肤润泽，面有光莹，精神专固，身体轻强，虚实相成，鬓发润光，佼好难终。治之于家，则父慈子孝，夫信妇贞，兄宜弟顺，九族和亲，耕桑时得，福实积殷，六畜繁广，事业修治，常有余矣。治之于乡，则动合中和，睹正纲纪，白黑分明，曲直异理，是非自得，奸邪不起，威严尊显，奉上化下，公如父子，爱敬信向，上下亲

---

① 佚名：《无上秘要》，载《道藏·第二五册》，第 23 页上。
② 同上书，第 24 页下。
③ 同上书，第 23 页中。
④ 同上书，第 23 页上。
⑤ 同上书，第 175 页下。

喜，百姓和集，官无留负，职修名荣，没身不殆。治之于国，则主明臣忠，朝不隐贤，士不妒功，邪不蔽正，谗不害公，和睦顺从，上下无怨，百官皆乐，万事自然，远人怀慕，天下向风，国富民实，不伐而强，宗庙尊显，社稷永康，阴阳和合，祸乱不生，万物丰熟，界内大宁，邻家托命，后世繁昌，道德有余，与天为常。(卷四十二《修学品》)①

【无 13】夫水之为物，柔弱通也。平静清和，心无所操，德同天地，泽及万物，大无不包，小无不入，金石不能障蔽，山陵不能壅塞。其避实归虚，背高趣下，浩浩荡荡，流而不尽，折冲漂石，疾于风矣。广大无疆，修远大道，始于无形，终于江海，升而为云，降而为雨，上下周流，无不施与，消而复息，生而复死。是故圣人去耳去目，归志于水，体柔守雌，去高就下，去好就丑，受辱如地，含垢如海，恬澹无心，荡若无已，变动无常，故能与天地终始。(卷六五《柔弱品》)②

【无 14】道人图生，盖不谋名。衣弊履穿，不慕尊荣。胸中纯白，意无所倾。志若流水，居处空［市］城。积守无为，乃能长生。(卷八十八《长生品》)③

【无 14】亦见于下揭【要 01】，唯"居处市城"，下【要 01】作"空城"，当从【要 01】改。又：《上清道宝经》卷三《死生品第五》引《老君策文》："无訾命算，阁在天府，胸中纯白。(志若流水居若城，乃能长生。)"④

【无 15】道曰：自然者，道之真也。无为者，道之极也。虚无者，德之尊也。惔泊者，德之宫也。寂嘿者，德之渊也。清静者，神之邻。精诚者，神之门。中和者，事之原。人为道能自然者，故道可得而通。能无为者，故生可得而长。能虚无者，故气可得而行。能惔泊者，故志可得而共。能寂嘿者，故声可得而藏。能清静者，故神可得而光。能精诚者，故志可得而从。能中和者，故化可得而同。是故凡人为道，当以

---

① 佚名：《无上秘要》，载《道藏·第二五册》，第 141 页下－142 页上。
② 同上书，第 215 页下。
③ 同上书，第 249 页上。
④ 佚名：《上清道宝经》，载《道藏·第三三册》，第 720 页。

自然而成其名。吾前以道授关令尹生，著《道德》二篇。将去，诫之曰："夫道，自然也。得之者知其自然；不得之者不知其所由然。譬犹若识音，不能深晓人心；知之口，不能言妙哉。道之绵绵，言不尽意，书不尽言，所以为子书之者，欲使子觉自然，得之后以自成。"尹生曰："学自然奈何？"道曰："无取，正气自居；无去，邪气自除。此非祷祠鬼神之道，非欲辟不清去不正。

清静请命而命自延无期，此岂非自然哉？非吾异道之意，非吾独道也。道不自然兮，何道焉兮？无欲无为兮，道之所施兮。虚兮无兮，道安居兮。寂兮嘿兮，道之极兮。澹兮恬兮，德之渐兮。清兮静兮，神所宅兮。精兮诚兮，神所荣兮。中兮和兮，神所化兮。以无为而养其形，以虚无而安其神，以澹泊而存其志，以寂嘿而养其声，以清静而平其心，以精诚而存其志，以中和而存其神。安心游志，使若大水之自湛深。闲居静处，使若蛟龙之自蛰藏。怀虚而不虚，泥而不泥，使若南曜之忘虚也。化德存神，使若社稷之保光。立尊神明，使若宗庙之守处。使世不见我，若巨鱼之在大水。使人莫我知，若日出之光东。我之无穷，若大道之根相致，譬若山林大泽之自致禽兽虎狼，若深林广木之自致飞鸟百虫，若江湖之自致鱼鳖蛟龙，若盛德之自致太平麒麟凤凰，若清静洁白之自致玉女芝英，若中和嘉瑞之自致吉祥，若灾异恶气之自致不祥祸殃。（卷一百《入自然品》）[1]

本段"无取，正气自居；无去，邪气自除。此非祷祠鬼神之道"与下揭【要01】相似。而"寂兮嘿兮，道之极兮"亦见某道教佚名类书之《寂静》一品内。[2]

（二）《要修科仪戒律钞》

唐代道教类书《要修科仪戒律钞》，题"三洞道士朱法满撰"，系唐代以前道教科仪戒律之类钞，该书引《妙真经》凡三见：

---

① 佚名：《无上秘要》，载《道藏：第二五册》，第 294 页下 - 295 页中。
② 敦煌写本 P. 3652，《失名道经类书》，载李德范辑《敦煌道藏》，第 2739 页。释文见《敦煌失题道教类书七种》，载《中华道藏：第二八册》，第 338 页。

【要01】道人图生，盖不谋名，衣弊履穿，不慕尊荣，胸中纯白，意无所倾，志若流水，居若空城。积守无为，乃能长生。道者，一也。人能知一，明如日；不能知一，土中出。道无取正气自居；道无去邪气自除。此非祷祠鬼神之道也。握之，不盈于手；纵之，布溢四海。学生者生，学道者道。如人堕水知泅者生，不知泅者死，未病者易为医，未危之国易为谋。不好道之人，存念各别。鹌鹑高飞，志在苗禾；鹜鹅高飞，志在陂池；鸿鹤高飞，游于太清之域，往来九州，栖息八极，乃得其所也。此二鸟忧喜不同，其志各异，而谷自谓为得其所愿也。故大水之渊，神龙所居，小鱼走出；高山深泽，虎豹所乐，鸡狗所恶。故规矩不同，百姓心异，是以为道者，损聪明，弃智虑，反真归朴，游于太素，轻物傲世，昭然不污，喜怒不婴于心，利害不栖于意，此大圣所体行也。（卷十二《念道缘》）①

【要02】罪莫大于淫，祸莫大于贪，咎莫大于惜，此三者，祸之车：小则危身，大则残家。天下有富贵者三：贵莫大于无罪，乐莫大于无忧，富莫大于知足。知足之为足，天道遗之禄；不知止足，为之害及己。失之而忧，得之而喜，夫有排门之禁，必有折关之咎，身死名灭，流归子孙，事天以德，不以慢于人。（卷十二《过咎缘》）②

【要02】这段佚文又见于《至言总》卷五，唯"知足之为足，天道遗之禄；不知止足，为之害及己"《至言总》作"知足为足，天遗之禄；足不知止，害乃及己"；此外，《至言总》在"不以慢于人"后又引《易》曰："积善之家，必有余庆；积不善之家，必有余殃。"③而郑灿山认为《至言总》下文"元真曰：夫重长生，宝贵一身，身及家乡，至于天下"之文也属《妙真经》是不对的。④又："天下有富贵者三"句又见于《上清道宝经》卷三《死生品第五》。

---

① 朱法满：《要修科仪戒律钞》，载《道藏》第六册，第979页（中-下）。
② 同上书，第982页上。
③ 范翛然：《至言总》，载《道藏》第二二册，第869页（上-中）。《至言总》题名编纂者为"会稽禹穴道士范翛然"，吉冈义丰认为范翛然之生活年代与杜光庭相近。（说参吉冈义丰：《斋戒录と至言总》，载《吉冈义丰著作集：第二卷》，东京：五月书房，1988，第294页。）
④ 郑灿山：《东晋唐初道教道德经学：关于道德经与重玄思想暨太玄部之讨论》，第497页。"夫重长生，宝贵一身"以下文字是圣母元君的文字，又见于杜光庭所编订之《墉城集仙录》卷一《圣母元君》和《妙真经》为人格化"大道"所作的传说不合。

【要03】不善之人，不识元首，不睹本根，诈天轻地，罔鬼欺神，属辞变意，抱嫌履疑，谓之不善。不善者，动与天逆，静与地反，言伤人物，默而害鬼。故分道别德，散朴浇淳，辩言治辞，依义托仁，歆物符验，运以天文，废真立伪，务欲倾国。开患害之路，闭忠正之机，阿主之术，以顺国家，权者也。（卷十二《善功缘》）①

（三）《大道通玄要》

《大道通玄要》，编纂人不详，敦煌本发现之前未被其他道书著录，一般认为此类书编纂于李唐前期，系模仿《无上秘要》体例编纂而成，尾埼正治认为可能是《旧唐书·经籍志》所载之《道要》。② 据《序》所言，此类书共八十一品，今所存共八件二十七品，引道书达五六十种之多，除大渊忍尔《敦煌道经目录编》著录之七件外（卷一及卷六抄本 P.2456，卷五抄本 P.2466，卷七抄本 S.3681、地字 17 号，卷十二抄本 P.2363，卷十四抄本二件：贞松堂藏本、P.3839），又有卷六抄本 S.10284，这八件内容相当于原书的四分之一。③ 敦煌写本《大道通玄要》引"《妙真经》"凡四见：

【大01】道曰：虚而白者，吾宅也。道者，质真无形，无有音声，非有言也。人欲传于知道者，借言以通意。虚者，天地之动也；白者，神明之所居也。天地之初皆从道来，有炁而未有形，法自然而白，白之中未有体也。（卷一《道品》）④

《上清道宝经》卷三《死生品第五》"元始丈人"引《老子妙真》："虚白，吾宅也。虚者，天地之动；白者，神明所居。"⑤

---

① 朱法满：《要修科仪戒律钞》，载《道藏·第六册》，第 982 页下。
② 尾埼正治：《道教の类书》，载编集委员编《讲座敦煌4：敦煌と中国道教》，东京：大东出版社，1980，第 189－206 页。
③ 王卡：《敦煌道教文献研究：综述·目录·索引》，第 30 页称"不足四分之一"，第 227－229 页称"三分之一"。
④ 敦煌写本 P.2456（后），李德范辑：《敦煌道藏》，第 2580 页。释文见佚名：《大道通玄要》，载《中华道藏·第二八册》，第 319 页。
⑤ 佚名：《上清道宝经》，载《道藏·第三三册》，第 722 页上。

【大02】道曰：故易而为一者，吾号也。言道未始而有，故谓之一。一即醇粹质真、无为杂糅，故谓之一。天得一，以清而无不覆；地得一，则宁而无不载；日月得一，则明而无不照。真人法则之，浑形而为一则无一不能为，神明知而为一则与鬼神共化，视而为一则无不见，听而为一则无不闻，心通而为一则无不知。吾，我也；号，名也。人能浑其形而为一，即我之名号也。（卷一《道品》）[①]

【大03】道曰：万物人为贵，人能使形无事、神无体，以清静致无为之意，即道以合。（卷一《人品》）[②]

【大04】一道之为真乎，道有真一，真人所以轻举虚迹者，使群物自得玄，得一以生也。天不得一不能清，地不得一不能明，人不得一不能成，玄不得一不能生，非一不能承一，非一不能御群神、制万物，万物皆称为人，知一万事毕，不能知一，道不妄出。（卷一四《真一品》）[③]

【大01】【大02】【大03】都被标为"妙真经上卷"。其中【大3】与【无1】相近。而【大1】和【无15】则是同一段经文的不同部分，这从《洞玄灵宝太上六斋十直圣纪经》中我们可以窥知真相：

老君谓陵阳子曰：吾前与关令尹喜《妙真》要解百万言，虚白九章。虚而白者，吾宅也。清而净者，吾舍也。无为自然者，吾素也。易而为一者，吾号也。和而无体者，吾用也。应化无穷者，吾变也。夫自然者，道之真也。无为者，道之常也。虚无者，德之尊也。淡泊者，德之宫也。静嘿者，德之泉也。清净者，神之邻也。精诚者，神之门也。中和者，事之原也。人为道，能自然者，故道可得而通也。能无为者，故生可得而长也。能虚无者，故气可得而行也。能淡泊者，故志可得而共也。能静嘿者，故声可得而灭也。能清净者，故神可得而光也。能精诚者，故志可得而从也。能中和者，故化可得而从也。[④]

[①] 敦煌写本 P. 2456（后），李德范辑：《敦煌道藏》，第2582页。《大道通玄要》，载《中华道藏：第二八册》，第320页。
[②] 同上注。
[③] 同上书，第334页。
[④] 《洞玄灵宝太上六斋十直圣纪经》，载《中华道藏：第二八册》，第383页。

从"吾前与关令尹喜《妙真》要解百万言"可知，《洞玄灵宝太上六斋十直圣纪经》所引的这些文字其实都是《妙真经》，"虚而白者，吾宅也"句属于【大1】，"夫自然者，道之真也"以下的文字则属于【无13】。

【大04】则被标为"妙真经上"，虽然没有被冠以"道曰"，但内容与【大02】十分相近，都是讨论"一"之"真"和"得一"，【大04】说的是"天不得一不能清"，【大02】说是"天得一以清而无不覆"，是解释《老子》"天得一以清"的正反两面。所以【大04】也属于"道"的教诫内容，至于没有像其他引文那样标识"道曰"，可能是类书的疏漏或省略。

（四）《道典论》及其他著作

《道典论》约成书于隋唐之际，南宋《秘目》及《通志·艺文略》均有著录，原本三十卷，今《正统道藏》存四卷。另有敦煌写卷 S. 7902、S. 3547、P. 2902，仅录卷一经文。[①]《道典论》引《妙真经》一处：

> 【道01】道曰：夫人为道，道身五藏者，皆思气之盛壮微妙，从虚无来。故实者不如虚也，有者不如无也，疾者不如迟也。（卷四《导引》）[②]

除类书之外，陶弘景《养性延命录》等书也有引及，该书引"混元《妙真经》"一则：

> 【养01】人常失道，非道失人；人常去生，非生去人。故养生者，慎勿失道；为道者，慎勿失生。使道与生相守，生与道相保。（卷上《教诫篇第一》）[③]

此句亦见司马承祯《坐忘论》。

又：甄鸾《笑道论》引《妙真偈》有："假使声闻众，其数如恒沙，尽思共

---

① 王卡：《敦煌道教文献研究：综述·目录·索引》，第 224 页。
② 佚名：《道典论》，《道藏》第二四册，1988 年，第 853 页下。
③ 丁光迪校注：《太清导引养生经·养性延命录》，第 72 页。

度量，不能测道智。"① 甄鸾认为"此乃改《法华》'佛智'为'道智'耳"。

二、《老子指归》与《妙真经》的造作

（一）《妙真经》佚文的内容分类

从六朝隋唐道书对《妙真经》的辑存情况看，我们可以分这些佚文为两类：以"道曰"开头的"道曰组"，和没有"道曰"的"非道曰组"。"道曰组"包括【无 01】【无 16】【大 01】【大 02】【大 03】【道 1】以及能与【大 02】连读的【大 04】，其中【大 01】【大 02】【大 03】【大 04】被标识为"卷上"，而【无 01】和【无 16】则可与【大 01】【大 03】连读，所以除了【道 1】外，都能确认冠以"道曰"的部分属于《妙真经》的卷上。而从【无 13】中不难推测，这写"道曰"就是"大道"和"尹生"的对话。

为便于叙述，我们把【无 01】【无 15】【大 01】【大 02】【大 03】【大 04】【道 1】称为"道曰组"，把其他没有被冠以"道曰"的部分称为"非道曰组"。"道曰组"和"非道曰组"有不小的差异：从形式上看，"非道曰组"文辞古奥，"道曰组"文辞浅近；"非道曰组"多为骈文，"道曰组"则以散文为主。从内容上看，"非道曰组"以心性修养得道为主，而"道曰组"却有服气导引的内容，例如【道 01】"夫人为道，道身五藏者，皆思气之盛壮微妙"，《道典论》归入"导引品"。将"思气"和"五脏"相联系，正与《太清导引养生经》的一段文字相近：

> 导引思气者，呵属心，心主舌。口干涩，气不通及诸邪气，呵以治之。如大热大开口，小热小开口。亦须作意量宜，治之过度则必损。
>
> 导引思气者，呼属脾，脾主中宫土。如气微热，腹肚胀满，气闷不泄，以呼治之。
>
> 导引思气者，嘘属肝，肝主目。目温赤，嘘以治之。
>
> 导引思气者，吹属肾，肾主耳。腰膝冷，阳道衰，吹以治之。

---

① 道宣：《广弘明集》，上海：上海古籍出版社，1991，第 142 页。

导引思气者，呬属肺，肺主鼻。有寒热不合，呬以治之。

呵、呬、呼、嘘、吹、嘻，是五藏各主一气，余一气属三焦，五脏六腑三焦，冷热不调及劳极，依理之。立差。①

这可以算是"治身之有为"了，这类导引术和【大 02】【大 04】"守真一"的内容，都没有出现在"非道曰组"的《妙真经》佚文中。

（二）"非道曰组"文字多取自《老子指归》

笔者通过文献对比，认为《妙真经》"非道曰组"大部分来自西汉严遵的《老子指归》，分别考订如下表：

表 6-1   《妙真经》与《老子指归》相关章节比较

编号	《妙真经》	《老子指归》
无 05	动合天心，静得地意，无言而不从，谓之善也。善者，君子之所本，百行之所长；吉阳之所舍，万福之所往来。流而不滞，用而不绝；百王所不变异，俗人之所不易。上以顺天，下以顺人；成万物，覆载群生者，善也。不识元首，不觐本根，诈天轻地，罔鬼欺神，属辞变意，抱嫌履疑，谓之不善。不善者，动与天逆，静与地反，言伤人物，默而害鬼。（卷七《修真养生品》）	《信言不美章》："动合天心，静得地意，言无不通，默无不利，谓之善。夫善者，君子所本，百行所长；吉祥所合，万福所往。流而不竭，用而不绝；万王不变，异俗不易；天地所与，神明所益。故上以顺天，下以顺人；为治元始，事之恒常；成理万物，覆载群生；天下怀慕，继之无穷者，善也。不识元首，不睹根本；诬天诬地，诬人诬鬼；属辞变意，故谓之辩。抱嫌履疑，顺心妄动，尚言美辞，故生不善。何谓不善？动与天逆，静与地反；言伤人物，默而害鬼，之谓不善。"
无 06	老子曰：天地构精，阴阳自化，灾咎欲萌，淫于五色之变，视不见祸福之形；失于五音之变，听不闻吉凶之声；失于五味之变，口不中是非之情；贪于财货之变，虑不见邪正之倾。夫五色重而天下盲矣，五音调而天下聋矣，五味和而天下暗矣，珠玉贵而天下劳矣，币帛通而天下倾矣。是故五色者，陷目之锥；五音者，塞耳之椎；五味者，截舌之斧。财货者，射身之矢。（卷七《修真养生品》）	《五色令人盲章》（强思齐《道德真经玄德纂疏》、陈景元《道德真经藏室纂微篇》引）："淫于五色之变，视不见祸福之形；失于五音之变，听不闻吉凶之声；失于五味之变，言不中是非之情；乐于田猎之变者，思不免于惑狂；贪于财货之变，虑不见邪正之倾。夫五色重而天下盲矣，五音调而天下聋矣，五味和而天下爽矣，田猎兴而天下狂矣，珠玉贵而天下劳矣，币帛通而天下倾矣。是故五色者，陷目之锥；五音者，塞耳之槌；五味者，截舌之镵；田猎，狂惑之帅；财货者，射身之矢。"

① 丁光迪校注：《太清导引养生经·养性延命录》，第 43 页。

编号	《妙真经》	《老子指归》
无 07	故有名之名，丧我之橐；无名之名，养我之宅。（卷七《修真养生品》）	《名声孰亲章》："夫无名之名，生我之宅也；有名之名，丧我之橐也。"
无 08	夫非其人而任之则废，非其事而事之则废，故代司杀者必受其咎，代大匠者必伤其手。有为者效情纵欲，快心极意。<u>志贱强求贵，居贫强求富</u>。离本向末，殃祸不救。（卷七《修真养生品》）	《出生入死章》："<u>贱强求贵，贫强求富</u>。"
无 09	<u>贵坚刚强，轻忽喜怒。福善出于门，妖孽入于户</u>。故舌耳为患，齿角不定。口舌者，患祸之宫，危亡之府。言语者，大命之所属，刑祸之所部。言出患入，言失身亡。故圣人当言而惧，发言而忧，常如临危履冰。（卷七《修真养生品》）	《道生一章》："众人则不然，见闻知病。见闻知病，合于成事，不覩未然之变，<u>故贵坚刚</u>。……思虑迷惑，<u>妄喜妄怒；福禧出门，妖孽入户</u>。" 《成都文类》引严遵曰："口舌者，祸患之门，灭身之斧。言语者，天命之属，形骸之部。出失则患入，言失则亡身。是以圣人当言而怀，发言而忧。如赴水火，履危临深。"①（又见北魏司马金龙墓屏风漆画题记②。）
无 12	夫道德治之于身，则心达志通，重神爱炁，轻物贱名，思虑不惑，血炁和平，肌肤润泽，面有光莹，精神专固，身体轻强，虚实相成，鬓发润光，佼好难终。治之于家，则父慈子孝，夫信妇贞，兄宜弟顺，九族和亲，耕桑时得，福实积殷，六畜繁广，事业修治常有余矣。治之于乡，则动合中和，睹正纲纪，白黑分明，曲直异理，是非自得，奸邪不起，威严尊显，奉上化下，公如父子，爱敬信向，上下亲喜，百姓和集，官无留负，职修名荣，没身不殆。治之于国，则主明臣忠，朝不隐贤，士不妒功，邪不蔽正，谗不害公，和睦顺从，上下无怨，百官皆乐，万事自然，远人怀慕，天下向风，国富民实，不伐而强，宗庙尊显，社稷永康，阴阳和合，祸乱不生，万物丰熟，界内大宁，邻家托命，后世繁昌，道德有余，与天为常。"（卷四二《修学品》）	《善建章》："故治之于身，则性简情易，心达志通，远所不远，明所不明，重神爱气，轻物细名，思虑不惑，血气和平，筋骨便利，耳目聪明，肌肤润泽，面理有光，精神专固，生生青青，身体轻劲，美好难终。治之于家，则夫信妇贞，父慈子孝，兄顺弟悌，九族和亲，耕桑时得，畜积殷殷，六畜蕃殖，事业修治，常有余财，乡邑愿之。治之于乡，则睹纲知纪，动合中和，名实正矣，白黑分明，曲直异理，是非自得，奸邪不起，威严尊显，令行禁止，奉上化下，公若父子，敬爱信向，上下欢喜，百姓和集，官无留负，职修名荣，称为君子，常有余德，没身不殆。治之于国，则主明臣忠，朝不壅贤，士不妒功，邪不蔽正，谗不害公，和睦顺从，上下无怨，百官乐职，万事自然，远人怀慕，天下同风，国富民实，不伐而疆，宗庙尊显，社稷永宁，阴阳永合，祸乱不生，万物丰熟，境内大宁，邻家托命，后世蕃昌，道德有余，与天为常。"

① 袁说友：《成都文类》，赵晓兰整理，北京：中华书局，2011，第 928 页。

② 殷宪、董其高：《北魏司马金龙墓屏风漆画题记》，载《中国书法》，2014 年第 4 期，第 124－135 页。

编号	《妙真经》	《老子指归》
无13	夫水之为物，柔弱通也。平静清和，心无所操，德同天地，泽及万物，大无不包，小无不入，金石不能障蔽，山陵不能壅塞。其避实归虚，背高趣下，浩浩荡荡，流而不尽，折冲漂石，疾于风矣。广大无疆，修远大道，始于无形，终于江海，升而为云，降而为雨，上下周流，无所施与，消而复息，生而复死。是故圣人去耳去目，归志于水，**体柔守雌，去高就下，去好就丑，受辱如地，含垢如海，恬澹无心，荡若无已，变动无常**，故能与天地终始。（卷六五《柔弱品》）	《上善若水章》（强思齐《道德真经玄德纂疏》引）："人者**体柔守弱，去高处下，受辱如地，含垢如海**，言顺人心，身在人后，人之所恶，常独处之，**恬若无心，荡若无已，变动无常**，与道流止，去己任因，莫过于水。"
要01	道人图生，盖不谋名，衣弊履穿，不慕尊荣，胸中纯白，意无所倾，志若流水，居若空城。积守无为，乃能长生。道者，一也。人能知一，明如日；不能知一，土中出。道无取正气自居；道无去邪气自除。此非祷祠鬼神之道也。握之，不盈于手；纵之，布溢四海。学生者生，学道者道。如人堕水知泅者生，不知泅者死，未病者易为医，未危之国易为谋。不好道之人，存念各别。**鹑鷃高飞，志在苗禾；鴐鹅高飞，志在陂池；鸿鹤高飞，游于太清之域，往来九州，栖息八极，乃得其所也。此二鸟忧喜不同，其志各异，而各自谓为得其所愿也。故大水之渊，神龙所居，小鱼走出；高山深泽，虎豹所乐，鸡狗所恶。故规矩不同，百姓心异，是以为道者，损聪明，弃智虑，反真归朴，游于太素，轻物傲世，昭然不污，喜怒不婴于心，利害不栖于意，此大圣所体行也。**（卷十二《念道缘》）	《上士闻道章》："鹑鷃高飞，终日驰骛，而志在乎蒿苗；鸿鹄高举，径历东西，通千达万，而志在乎陂池；鸾凤翱翔万仞之上，优游太清之中，而常以为卑，延颈舒翼，浚苍云，薄日月，高翔远逝，旷时不食，往来九州，栖息八极，乃得其宜。三者殊便，皆以为娱。故无穷之原，万寻之泉，神龙之所归，小鱼之所去；高山大丘，深林巨壑，茂木畅枝，鸿鸟虎豹之所喜，而鸡狗之所恶。悲夫！三代之遗风，儒墨之流文，诵《诗》《书》，修礼节，歌《雅》《颂》，弹琴瑟，崇仁义，祖洁白，追观往古，通明术数，变是定非，已经得失，身宁名荣，乡人传业，中士之所道，上士之所废也。闲居幽思，强识万物，设伪饰非，虚言名实，趋翔进退，升降跪集，治闺门之礼，偶时俗之际，倾侧偃仰，务合当世，阿富顺贵，下众耳目，获尊蒙宠，流俗是则，此下士之所履，而中士之所弃也。故规矩不相害，殊性孰相安；贤圣不为匹，愚智不为群；大人乐恬淡，小人欣于戚戚。堂堂之业，而不喻于众庶；栖栖之事，不悦于大丈夫。鸟兽并兴，各有所趣；群士经世，各有所归。是以捐聪明、弃智虑，反归真朴，游于太素；轻物傲世，卓尔不污；喜怒不婴于心，利害不接于意；贵贱同域，存亡一度；动于不为，觉于玄妙；精神平静，无所章载；抱德含和，帅然反化；大圣之所尚。"

编号	《妙真经》	《老子指归》
要03	不善之人，不识元首，不睹本根，诈天轻地，罔鬼欺神，属辞变意，抱嫌履疑，谓之不善。不善者，动与天逆，静与地反，言伤人物，默而害鬼。故分道别德，散朴浇淳，辩言治辞，依义托仁，歆物符验，运以天文，废真立伪，务欲倾国。开患害之路，闭忠正之机，阿主之术，以顺国家，权者也。（卷十二《善功缘》）	《美言不信章》："不识元首，不睹根本；诬天诬地，诬人诬鬼；属辞变意，故谓之辩。抱嫌履疑，顺心妄动，尚言美辞，故生不善。何谓不善？动与天逆，静与地反；言伤人物，默而害鬼，之谓不善。不善之人，分道别德，散朴浇醇；变化文辞，依义托仁；设物符验，连以地天；因主熊黑，世俗所尊；反指覆意，逃实遁名；耀人寂泊，惑人无端；废直立伪，务以诡君。饰辞以愉其上，朋党以趋主心；开知故之迹，闭忠正之门；操阿顺之术，以倾国家之权。"

　　由上表可知，【无05】【无06】【无07】【无08】【无09】【无12】【无13】和【要01】【要03】都可以在《老子指归》中找到相关段落或文句，而且多数还是大段的摘抄而非片段式的化用。值得注意的是，《老子指归》今存只有《德经》部分，另一半《道经指归》仅少量保存于陈景元《道德真经藏室纂微篇》和强思齐《道德真经玄德纂疏》中，而强思齐《道德真经玄德纂疏》的摘抄缺漏、疏失也相当多。[①] 再考虑到来自《老子指归》的"非道曰组"在《妙真经》佚文中所占的比例，《妙真经》是以《老子指归》为主体改编而成的新道经。

　　当然也要认识到《老子指归》和《妙真经》并非是一本书的两种名称。尽管道教常把道家文献冠以道教化色彩的书名：例如《周易参同契》又称为"古龙虎经"和"金碧经"[②]，唐代又将《庄子》命名为"南华真经"，《列子》为"冲虚真经"，《文子》为"通玄真经"。然而，陶弘景《养性延命录》既引《妙真经》，也引《老子指归》，可见这两书仅仅是相承相因，并非同一本书。

---

① 严遵撰，樊波成校笺：《老子指归校笺》，第230页。

② 陈国符《道藏札记》："《还金述》：'《龙虎经》云：故铅外黑，内怀金华。'《大丹篇》：'又《龙虎上经》曰：丹砂木精，得金乃并。'又皆引《周易参同契》，是《周易参同契》亦可称为《龙虎经》。又《还金述·序》：'植尝读《金碧经》（《云笈七签》卷七十引作《金碧潜通经》），至魏先生云：三五与一，天地至精。'文见《周易参同契》，是《周易参同契》亦可称《金碧经》或《金碧潜通经》。"载陈国符：《道藏源流考》，北京：中华书局，1963，第289页。萧汉明认为这与《龙虎经》又可称为《金碧龙虎经》有关。

（三）《妙真经》因袭《老子指归》的思想内容

《老子》被汉魏晋时期的道教视为神仙长生信仰之书；到了南北朝时期，道教开始从《老子》中寻绎宗教义理，[①] 使《老子》与道教义学的关系越来越紧密。作为最早的《老子》解说著作，《老子指归》也为不少六朝隋唐道经所引用，如陆修静《洞玄灵宝斋说光烛戒罚灯祝愿仪》、陶弘景《养性延命录》、《洞玄灵宝太上六斋十直圣纪经》《太上洞玄灵宝法烛经》《太上明鉴真经》[②] 以及《无上秘要》《要修科仪戒律钞》等。

东晋南北朝道教义学的建立一定程度上是为争取社会上层的支持。就形式而言，《老子指归》文辞古奥，不仅符合道教往旧造说的传统，其与上清派道经一样的骈骊押韵的特征可能也是受上层青睐的一个原因。[③] 主旨上，晋宋道教一改过去娱神的祭祀仪式，改为清净的自我心理调整[④]，更靠近士大夫的伦理取向，严遵养气爱神、清静无为的长生观念也正与之相契[⑤]，内容上，前田繁树认为《妙真经》的内容以个人养生、精神修养、救赎、家庭和政府政治方略为主；《老子指归》撰作的初衷同样是养生与治国。此外，《妙真经》是老子向尹喜解说《道德经》的记录，而《指归》作为早期解说《道德经》的名著正好用以编纂《妙真经》。

---

① 卢国龙：《道教哲学》，北京：华夏出版社，1997，第 225 页。又砂山稔指出："南北朝灵宝派、太玄派与道教内部的《道德经》注释成书、继承有密切关系。"（砂山稔：《道教与老子》，载福井康顺、山崎宏、木村英一、酒井忠夫监修，朱越利、徐远和等译《道教：第二卷》，上海：上海古籍出版社，1992，第 28 页）
② 《太上明鉴真经》是一部追求长生的著作，其成书时代可以追溯到六朝时期。说参科菲（Pauline Bentley-Koffie）在《道藏通考》中为该书撰写的提要，*The Taoist Canon: A Historical Companion to the Daozang*, pp. 97 – 98.
③ 神冢淑子即指出上清经往往用五言诗和骈文等修辞文体，和上清派道教的主体是以江南土豪为中心的士阶层有关，说参氏著：《六朝道经の形成とその文体：上清经の场合》，载《东洋文化研究所纪要：第 129 册》，东京：东京大学东洋文化研究所，1996，第 53 – 60 页。
④ 葛兆光：《从"六天"到"三天"：六朝到隋唐道教斋醮仪式的再研究》，载《屈服史及其他：六朝隋唐道教的思想史研究》，第 46 页。
⑤ 《指归》重视"神明"的清静无为，而少讲养身之方术，参罗因：《战国秦汉几种〈老子〉注养生思想的递变——从全身保身、精神境界、技术化导向到宗教教训的发展》，载《东吴中文学报》，2010 年第 19 期，第 43 – 44 页、第 50 页。又、陈丽桂：《道家养生观在汉代的演变与转化——以〈淮南子〉、〈老子指归〉、〈老子河上公章句〉、〈老子想尔注〉为核心》，载《国文学报》，2006 年第 39 期，第 35 – 80 页。

早期重玄学者奉《妙真经》为基本经典，北朝魏周之际的重玄学宗师楼观道士韦节（496－569）曾注《妙真经》。韦节出生于京兆杜陵士族，他以注释《西升经》和《妙真经》等道书的方式以士族文化改造道教，是北朝道教义学的代表。① 与韦氏同时的重玄派道士臧矜同样重视《西升》《妙真》两部经典，他重订《太玄部》时，将《妙真经》与《西升经》《道德经》并列。② 南北两位重玄派重镇几乎同时奉《妙真经》为主要经典，显然是将《妙真经》《西升经》作为重玄学的理论基础。严遵参《庄子》以释《老子》，《指归》非线性的思辨色彩和返璞归真的思想主旨，虽然不完全等同于重玄学，却能为重玄学提供理论支持。唐朝初年的重玄学集大成者成玄英在《老子道德经开题》中列举了梁武帝、孙登、顾欢、孟智周、臧矜这些与重玄学相关的人物及其著作，严遵《指归》正居其首。③ 所以除了文字相似外，《妙真经》是否也吸收了《指归》的思想构建道教义学？这值得我们进一步思考。

三、《妙真经》的成书及其意义

（一）"道曰组"与天师道整合上清派的努力

与"非道曰组"不同，"道曰组"未见与《老子指归》相重者，这一部分的主要内容是"道"和"尹生"（尹喜）的对话。从"吾前以道授关令尹生，著《道德》二篇"可知，这个人格化的"道"，其原型就是老子。

魏晋南北朝道经中的"道曰"也见于《女青鬼律》卷五，从《女青鬼律》首卷曰"大道不禁，天师不赦……太上大道不忍见之"，可知"道"即"大道"，也就是"太上大道"，是南天师道的最高主神，《正一法文天师教诫经·大道家令戒》云：

---

① 卢国龙：《中国重玄学》，北京：人民中国出版社，1993，第100页。
② 孟安排《道教义枢》："尹生所受者，唯《道德》《妙真》《西升》等五卷。"又：《云笈七签》卷六《三洞经教部》："玄靖法师开为三部。"案：南北朝时期《传授经戒仪注诀》之"太玄部十卷"包括《道德经》在内的十道书并无《妙真经》。（佚名：《传授经戒仪注诀》，载《道藏：第三二册》，第170－171页。）说明《太玄部》最初可能不包括《妙真经》。
③ 成玄英：《老子道德经开题序诀义疏》（敦煌 P.2353 号抄本），载《敦煌道藏》，第1382页。

道复作五千文。……何以《想尔》《妙真》、三灵七言复不真正，而故谓道欺人。……《妙真》自吾所作，《黄庭》三灵七言，皆训谕本经，为《道德》之光华。①

《大道家令戒》称《妙真经》为大道所作，正与《妙真经》"（道）将去，诫之曰：……"相符。《妙真经》"道曰组"的成书时间，或早于《大道家令戒》，又或"道曰组"和《大道家令戒》出于同一作者或作者群之手。

饶宗颐②和大渊忍尔③认为《正一法文天师教诫经》中的《大道家令戒》是曹魏时期的作品，此说曾一度成为主流意见④；唐长孺则力主为苻秦至北魏时期⑤；近来有些学者认为《大道家令戒》是刘宋末期的作品，如小林正美和刘屹。《女青鬼律》的成书同样有很多争议，托马斯·彼得森（Thomas Peterson）认为成书在 4 世纪之前，是汉末曹魏时期五斗米道的作品⑥。汤用彤认为是北魏寇谦之的著作⑦，李丰楙认为在西晋末⑧，施舟人（Kristofer Schipper）认为《女青鬼律》的成书在《家令戒》之前⑨，小林正美和米歇尔·斯特里克曼（Michel Strickmann）认为在东晋末⑩。索安（Anna Seidel）认为在齐永明三年

---

① 佚名：《正一法文天师教诫科经》，载《道藏·第一八册》，第 236－237 页。

② 饶宗颐：《老子想尔注校证》，上海：上海古籍出版社，1991，第 162－167 页。

③ 大渊忍尔：《初期の道教——道教史の研究·其の一》中《想尔注と大道家令戒》一节，东京：创文社，1991 年，第 263－264 页。

④ 饶氏和大渊氏的意见主要建立在《家令戒》中曹魏年号的基础上，刘屹指出："《大道家令戒》……确实涉及一些张鲁降曹的情况，但其中的张鲁事迹在一些细节上却往往与史实不符，而且与大体同时代的鱼豢《魏略》相比，关于三张的记载也有明显的不同。因此在我看来，《大道家令戒》应该不是曹魏时张氏五斗米道的历史实录，或许也应该看做晋宋时代道教'托古改制'运动的产物。"说参氏著：《神格与地域——汉唐间道教信仰世界研究》，第 147 页。

⑤ 唐长孺：《魏晋南北朝史论拾遗》，北京：中华书局，1983，第 228 页。

⑥ Thomas Peterson, *The Demon Statute of Feminine Verdure: A Preliminary Study*, Master Dissertation, the Department of East Asian Language and Cultures, Indiana University, 1992, pp. 2－3.

⑦ 汤用彤：《康复札记·云中音诵新科之戒》，载《汤用彤学术论文集》，北京：中华书局，1983，第 311、314 页。

⑧ 李丰楙：《〈道藏〉所收早期道书的瘟疫观——以〈女青鬼律〉及〈洞渊神咒经〉系为主》，载《中国文哲研究集刊》，1993 年第 3 期，第 417－454 页。又：李丰楙：《六朝道教的终末论》，载陈鼓应主编《道教文化研究》第九辑，上海：上海古籍出版社，1996 年，第 88－89 页。

⑨ Kristofer Schipper：*Purity and Strangers-shifting Boundaries in Medieval Taoism*，T'oung Pao Vol. 80, 1994, pp. 69.

⑩ 小林正美：《六朝道教史研究》，第 360－362 页。

（485）之前①。可见随着研究的深入，这些天师道戒律文献越来被认定为成书于东晋到刘宋这段时间内。

最初，"太上道君"和"太上大道"并非是天师道的主神，而是早期上清派的主神。早期上清派最主要经典《黄庭经》就是太上大道所作，《黄庭内景经》首章云："上清紫霞虚皇前，太上大道玉晨君，闲居蕊珠作七言，散化五形变万神，是为黄庭曰内篇。"②王明指出，这"是谓太上大道玉晨君作《黄庭内篇》。言玉晨君者，盖示神授之意耳"③。但天师道文献《大道家令戒》中"大道"却说"《妙真》自吾所作，《黄庭》三灵七言，皆训谕本经，为《道德》之光华"，谓《黄庭经》和《妙真经》《道德经》都是天师道"大道"所作，这样就巧妙地把"大道"和其之前信奉的老君同化，成功地把上清派经典和信仰整合到天师道教团中。

陶弘景《真诰》卷十九《真诰叙录》："晋哀帝兴宁二年太岁甲子（364），紫虚元君上真司命南岳魏夫人下降授弟子琅邪王司徒公府舍人杨某。"④上清派兴起于东晋中叶，上清派强调个人修仙，并没有严格的教团组织，天师道教团随即对上清派进行吸收，其时当值东晋末至刘宋时期，陆修静整顿南天师道也正在此时。史料中人格化的"大道"成为天师道的主神是在东晋中期：东晋简文帝咸安二年（372）卢悚自号"大道祭酒"⑤；安帝隆安三年（399）信奉天师道的王凝之遭孙恩率领的军队攻击时，在静室祈祷"大道"相助（《晋书》卷八〇《王羲之传》）。所以"东晋五斗米道时代之最高神为'大道'，而刘宋初期的天师道依然把大道推崇为最高神，并称之为太清玄元无上三天元极大道或太上无极大道。"⑥

既然南天师道吸收上清派道经的时间是在东晋中叶之后，所以不少宋、齐

① Anna K. Seidel，*Traces of Han Religion in Funeral Texts Found in Tombs*，载秋月观暎编集《道教と宗教文化》，东京：平河出版社，1987，第 41 页。
② 佚名：《太上黄庭内景经》，载《道藏：第五册》，第 236 页。
③ 王明：《道家和道教思想研究》，北京：中国社会科学出版社，1984，第 330 页。
④ "六朝道教の研究"研究班：《真诰译注稿（四）》，载《东方学报》第七十一册，1999，第 379－382 页。
⑤ 道宣《广弘明集》卷第十二释明㮠《决对傅奕废佛僧事并表》："晋文帝太和元年，彭城道士卢悚自号'大道祭酒'，以邪术惑众聚合徒党。向晨攻广汉门，云迎海西公。"案：《宋书·天文志》《晋书·海西公纪》，此事在东晋简文帝咸安二年（372）。
⑥ 小林正美：《三洞四辅与"道教"的成立》，载陈鼓应主编《道家文化研究：第十六辑》，北京：读书·生活·新知三联书店，1999 年，第 16 页。

之际的出土文物将太上大道和太上老君视作一人，例如湖南长沙出土刘宋元嘉十年（433）徐副买地券、① 广东仁化县出土刘宋元嘉二十一年（444）□和砖券②以及齐永明三年（485）湖北武昌刘觊砖券③中都有"一如太清玄元上三天无极大道太上老君地下女青诏书律令""急急如泰清玄元上三天无极大道太上老君北下女青诏书律令"字样，这里的"太清玄元上三天无极大道"，同时也是"太上老君"，而非是两位神。④ 这也印证了"大道"和"老子"合一的时间就是晋末宋齐时期，《大道家令戒》《女青鬼律》和《妙真经》一样，可能就是在这个时期定型的，反映了南天师道一改之前五斗米道有教团组织却欠缺道经和教理的旧貌，欲图吸收上清派经典和信仰来规整经教。⑤

　　附带说的是，前揭《老子指归》"吉祥之所合"，【无05】《妙真经》引作"吉阳之所舍"就是天师道教团修改《妙真经》的痕迹。"吉阳之所舍"指吉阳治。"吉阳治"在《正一炁治图》、梁代张辩《受箓次第法信仪·天师治仪》和《太真科》⑥中为天师道系师张鲁所立八品"游治"之一。上清派创始人之一的许迈的老师李东还曾"受天师吉阳治左领神祭酒"。⑦

---

① 释文见长沙市文物工作队：《长沙出土南朝徐副买地券》，载湖南省博物馆编《湖南考古辑刊》第一辑，长沙：岳麓书社，1982。王育成：《徐副买地券中天师道史料考释》，载《考古》1993年第6期，第551–555页。Peter Nickerson, *Taoism, Death, and Bureaucracy in Early Medieval China*, Berkeley: University of California, 1996. PP. 655–662. 张勋燎、白彬：《中国道教考古》，北京：线装书局，2006年，第846–847页。

② 释文见广东省博物馆、香港中文大学文物馆：《广东出土晋至唐文物》，香港：香港中文大学，1985年，第25–26页；刘昭瑞：《妌女地券与早期道教的南传》，载《华学》编辑委员会编《华学：第二辑》，广州：中山大学出版社，1996，第313页。张勋燎、白彬：《中国道教考古》，第855–856页。

③ 湖北省博物馆：《武汉地区四座南朝纪年墓》，载《考古》，1955年第4期，第182页。释文见郭沫若：《由王谢墓志的出土论到〈兰亭序〉的真伪》，载《文物》，1965年第6期，第22页。原田正己：《墓券文に见られる冥界の神とその祭祀》，载《东方宗教：第29辑》，1967年，第22–23页。郭氏释文原作"无极大神"。案："神"字当作"道"，参张勋燎、白彬：《中国道教考古》，第861–863页。

④ 南北朝时期的道书如《三天内解经》卷上："道德丈人者，生于元气之先，是道中之尊，故为道德丈人也。因此而有太清玄元无上三天无极大道、太上老君、太上丈人、天帝君、九老仙都君、九气丈人等。"又如《正一盟威法箓》："太清玄元无上三天无极大道、太上老君门下"。都能看到这类称呼可见"太上大道"就是"太上老君"，与砖券、买地券所见类似。

⑤ 葛兆光指出"应当看到那个时代道教的各个流派和各种方法已经开始交汇融合，形成你中有我，我中有你的格局"，《从"六天"到"三天"：六朝到隋唐道教斋醮仪式的再研究》，载《屈服史及其他：六朝隋唐道教的思想史研究》，第44页。

⑥ 大渊忍尔认为《太真科》在公元425年之前已经成书。大渊忍尔：《太真科成立の时期とその意味について》，载《道教とその经典——道教史の研究·其の二》，第457页。

⑦ "六朝道教の研究"研究班：《真诰译注稿（四）》，载《东方学报》第七十一册，第411页。

（二）《妙真经》"道曰组"因袭《西升经》

《妙真经》和《西升经》同属太玄部，是重玄派和楼观派除了《道德经》外最重要的两本道经。由于《妙真经》和《西升经》都自称是老子亲授尹喜的经典，所以尹志华认为："不排除二书出于同一作者（或作者群）之手，《妙真经》和《西升经》一样，都是魏晋之际成书的道经。"①

不仅自述的成书背景相同，《西升经》的第一二三章和《妙真经》佚文【无15】的文字内容也很相似。【无15】曰："道，自然也，得之者知其自然，不得之者不知其所由然，譬犹若识音，不能深晓人心；知之口，不能言妙哉。道之绵绵，言不尽意，书不尽言……"《西升经》第一章曰："譬如知音者，识音以弦。心知其音，口不能传。道深微妙，知者不言。"② 又如【无15】："无取，正气自居；无去，邪气自除。此非祷祠鬼神之道，非欲辟不清去不正。清静请命而命自延无期，此岂非自然哉？"《西升经》第三章曰："为正无处，正自归之。不受于邪，邪气自去。所谓无为，道自然助。不善于祠，鬼自避之，不劳于神，受命无期。为是致是，非自然哉。"③ 进一步比较还能发现《西升经》成书在先，《妙真经》是在《西升经》的基础上改写的。比如《西升经》是老子和尹喜的对话，神格化的"老子"作为天师道的主神的时间段，要比"大道"更早，例如《老子变化经》《老子中经》都是汉末或魏晋时期的作品。又如，《妙真经》【道01】："道曰：夫人为道，道身五藏者，皆思气之盛壮微妙，从虚无来，故实者不如虚也，有者不如无也，疾者不如迟也。"《西升经》第十三章则曰："实不如虚，数不如希。邪多卒验，疾不如迟。"④ 由【道01】"故"字可知，《妙真经》是在论证"实不如虚"。由此看来《妙真经》"道曰组"可能部分由《西升经》改编而来。

以上所论也符合近来道教学界对《西升经》成书年代的推定。王维诚把《西升经》等同于葛洪《神仙传》中的《西升中胎经》，以此判定《西升经》成

---

① 尹志华：《太玄部道经说略》，载朱越利主编《道藏说略》，北京：北京燕山出版社，2009，第160页。
② 赵佶注：《老子西升经》，载《中华道藏：第八册》，第228–229页。
③ 同上书，第229页。
④ 同上书，第238页。

书于东晋之前①；福井康顺②、前田繁树③则认为，《西升经》的成书时代当在东晋前半期；孔丽维（Livia Kohn）也认为《妙真经》成书于东晋时期。④ 这些学者都认为《西升经》在东晋时已有流传，那么晋末到刘宋成书的《妙真经》"道曰组"对《西升经》有所因袭就不足为奇了。

（三）"真一"与《妙真经》的得名

作为构建道教义学的太玄部经典，《妙真经》不仅强调心性修养的重要作用，该书的"真一"观念也反映了道教修持方式的革新。前揭【大04】云：

> 一道之为真乎，道有真一，真人所以轻举虚迹者，使群物自得玄，得一以生也……非一不能御群神、制万物，万物皆称为人。知一，万事毕；不能知一，道不妄出。

尽管"真一"在《抱朴子内篇·地真》中早已有之⑤，但那时候的"真一"仅是内视"存思"的神明之一，也见于上清派道经如《洞真高上玉帝大洞雌一玉检五老宝经》《养性延命录》，属于个人养生的范畴，山田俊称之为"小乘"道术，尚未上升到普遍哲理层面⑥。而《妙真经》"一道之为真乎，道有真一"的"真一"是道本身，是一切智慧的总和，所云"知一，万事毕"和之后成书的《升玄内教经》⑦ 与《真一本际经》"真一"内涵相近。《升玄内教经》卷四曰：

① 王维诚：《老子化胡说考证》，载《国学季刊》第4卷第2号，1934，第31-35页。
② 福井康顺：《道教の基础的研究》，京都：法藏馆，1987年，第288-289页。
③ 前田繁树：《〈老子西升经〉のテキストについて》，载《山村女子短期大学纪要：第一卷》，1989年，第23页。
④ Livia Kohn, *Taoist Mystical Philosophy: The Scripture of Western Ascension*, Albany: State University of New York Press, 1991.
⑤ 李小荣：《道教"真一"思想考》，载《宗教学研究》，2010年第4期，第35-42页。
⑥ 山田俊：《唐初道教思想史研究：〈太玄真一本际经〉の成立と思想》，京都：平乐寺书店，1999，第304-336页。
⑦ 《升玄内教经》一般认为是南北朝末年成书：例如卢国龙认为是梁陈之际（《中国重玄学》，1993年，第84页）。万毅认为是570年前后（万毅：《敦煌本〈升玄内教经〉补考》，载陈鼓应主编《道家文化研究》第十三辑，北京：读书·生活·新知三联书店，1998年，第286页）。小林正美认为是470年代撰成（小林正美：《〈升玄经〉の成立とその年代编纂者》，载《平井俊英博士古稀纪念论集·三论教学と佛教诸思想》，东京：春秋社，2000）。山田俊认为是南朝梁代成书（山田俊：《〈升玄经〉の卷次と「内教」に就いて》，《熊本县立大学文学部纪要：第8卷》，2001年第1号，第37-38页）。

道陵又问：向者天尊云道不二念，不审为二是一也，为非一也？……答曰：念一者，想不散，一念者，心得定也。心定在一，万伪不能迁，群耶不能动，故谓真一。①

《太玄真一本际经》卷四曰：

结习已尽，超种民位，白日腾举，出到三清，玄之又玄，享无期寿，反根复命，体入清虚，了无非无，知有非有，安住中道正观之域，反我两半，处于自然，道业日新，念念增益。于明净观睹见法身，心心相得，不期自会。天尊息应，无复忧劳，双观道慧及道种慧，满一切种，断烟煴障，圆一切智，故名真一。②

吴其昱认为《本际经》的"真一"近于佛教的"般若波罗蜜多"，即通达智慧之岸③；李小光则将其视作道教的"终极修持境界"。④ 这都和《妙真经》"真一"相似，所以《大道通玄要》卷一四"真一品"才会把《妙真经》的这段佚文和《升玄经》讨论"真一"的文字放在一起。考虑到《妙真经》成书早于《升玄内教经》，而《太玄部》另外两部早期经典《道德经》和《西升经》都没有提到"真一"，那么《升玄内教经》的"真一"观念来源于《妙真经》是极有可能的。万毅通过比对《升玄内教经》和臧矜之"不一不二"学说，也认为"道教太玄部以'真一'为道体……正是构建《升玄内教经》义学体系的理论基础"。⑤

较早系统讨论"真一"的《升玄内教经》题"太上灵宝"，看似是灵宝经系道经，也有其他道教经派的来源。⑥ 即便无法确定《升玄经》的"真一"是

---

① 《太上灵宝升玄内教经》，载《中华道藏·第5册》，第92页。此条见于敦煌本《大道通玄要》卷四贞松堂藏本（P.3839），《敦煌道藏》，第2624页。

② 叶贵良：《敦煌本〈太玄真一本际经〉辑校》，成都：巴蜀书社，2010，第140页。

③ 吴其昱撰：《敦煌汉文写本概观》，伊藤美重子译，载池田温主编《敦煌讲座5：敦煌汉文文献》，东京：大东出版社，1992年，第76页。

④ 李小光：《道教"真一"思想考》，载《宗教学研究》，2010年第4期，第41页。

⑤ 万毅：《敦煌本〈升玄内教经〉的南朝道教渊源》，载《中山大学学报》，2001年第4期，第23-24页。

⑥ 如王宗昱指出《升玄内教经》有着明显的天师道背景，升玄戒品也来自于《正一法文天师教诫经》等天师道经典。见王宗昱：《关于〈升玄内教经〉》，《〈道教义枢〉研究》，上海：上海文化出版社，2001，第160-168页。

否参考了《妙真经》，但《妙真经》中出现"真一"，正说明当时道教已经超越个人长生修炼和方技术数，向更深层次智慧和更普世的"大乘"经教转向。这大概也是臧矜把《妙真经》视作重玄学发端著作的原因。

"真一"进一步提升了《妙真经》的思辨色彩，也为《妙真经》新的诠释方向提供了可能。《佛祖统纪·法运通塞志》引《僧镜录》云：

> 沙门智稜善《涅盘》《净名》，尤通《庄》《老》，后值寇还俗。道士孟悉达劝为黄冠，见道家诸经略无宗旨，遂引佛教为之润色，解《西升》《妙真》诸经义，皆自稜始。[①]

智稜原先擅长的是大乘佛教涅盘学和般若空学的两部经典——《大涅盘经》和《维摩诘经》，前者超越有无动静，后者求"不二"，都是佛教义学的代表经典，六朝隋唐不少道经撰作时也常吸收两书思想和概念。[②] 智稜"引佛教为之润色"或许就是建立在《维摩诘经》的"不二"思想和《妙真经》的"真一"观念颇为相似之故。

《妙真经》的名称也与"真一"有关。《云笈七签》卷六《三洞经教部》说"太玄部"云：

> 时玄靖法师开为三部，宗致《道德》二卷。是先说以《道德》为体，其致则总，以其文内无的对扬之旨故也。《西升》次说以无欲为体，故云当持上慧，源妙真一。后说既盛明真一，故以真一为体。[③]

《云笈七签》此处说《妙真经》"源妙真一""以真一为体"，足见《妙真经》的得名和"真一"有关。

---

① 志磐撰，道法校注：《佛祖统纪校注》，上海：上海古籍出版社，2012年，第855-856页。
② 例如唐初道经《海空智藏经》也是重玄学的重要著作，此书去智稜不远，作者黎元兴、方惠长都是杜光庭所谓"明重玄之道"的代表。（说参砂山稔：《海空经の思想とその著者について——七宝庄严·十转の思想を益州至真观主黎君碑を中心にして》，《隋唐道教思想史研究》，东京：平河出版社，1990，第314-322页。）而《海空智藏经》就明显是以《涅盘经》和《维摩经》为基础制作的。（说参神冢淑子：《〈海空智藏经〉について》，载《东洋文化研究所纪要：第142册》，东京：东京大学东洋文化研究所，2002，第44-56页）
③ 张君房编，李永晟点校：《云笈七签》，第102页。

（四）"妙真偈"相关问题

既然《妙真经》"道曰组"摘抄《老子指归》，"非道曰组"因袭《西升经》，就不难理解"《妙真偈》采撮法华"——《妙真经》本身就是纠合多种文献加工改编的。

刘宋泰始三年（470）顾欢作《夷夏论》，随后，谢镇之作《重与顾道士书》反驳道："道家经籍，简陋多生穿凿，至如《灵宝》《妙真》采撮《法华》，制用尤拙。"① 北周天和五年（570），甄鸾作《笑道论》云："假使声闻众，其数如恒沙，尽思共度量，不能测道智。此乃改《法华》'佛智'为'道智'耳。"②

《妙真经》这句偈语的来源，还可以在谢镇之、甄鸾的基础上进一步探究：比如"假使声闻众"不仅是取自《妙法莲华经·方便品》的"假使声闻众"，也取《序品》"声闻众无数"；"假使声闻众，其数如恒沙"似乎也可以和《药王菩萨本事品》"恒河沙大声众闻"相参。③ 然而，这句偈语和现存的《妙真经》佚文风格差异很大，故而 Livia Kohn 认为《妙真经》最初具有佛教色彩，520 年围绕《开天经》论辩之后，道教对《妙真经》作了改写，其最初具有佛教色彩的语句都被删除了。④ 既然如此，为什么 570 年的甄鸾所据的《妙真经》却还有佛教色彩呢？显然不能自圆说。

因受佛教的影响，道教在讲法之后用偈语为结并不罕见。乃至于现在《道藏》中也能找到类似的"妙真经偈语"：《太上三十六部尊经》⑤ 中，元始天尊说三十六部尊经，每一经（包括他所谓"《妙真经》"）的最后，都是"说偈语曰"，即以偈语作结的。同样，《妙真经》中这篇偈语也应该是人格化的"道"讲授完毕作颂，或者是尹喜作颂的内容。此外，甄鸾说《妙真经》"改《法华》

---

① 牧田谛亮：《弘明集研究：译注篇》，京都：京都大学人文科学研究所，1974，第 384、386 页。

② 道宣：《广弘明集》，第 142 页。

③ "六朝·随唐时代の道佛论争"研究班：《〈笑道论〉译注》，载《东方学报》第 60 册，1988 年，第 612 页。

④ Livia Kohn, *Taoist Scripture as Mirror in Xiao Dao Lun*. Taoist Resource 4, No. 1, 1993, pp. 47 – 69.

⑤ 《道藏提要》（第 10 页）认为《太上三十六部尊经》成书在唐初甚至更早；劳格文（John Lagerwey）认为成书于北宋，但在思想上接近于唐代，说参 John Lagerwey 为 *The Taoist Canon* 写的《太上三十六部尊经》提要。见 Kristofer Schipper, Franciscus Verellen, *The Taoist Canon: A Historical Companion to the Daozang*，Vol. 2，Chicago：The University of Chicago Press，2004，pp. 1086 – 1087.

'佛智'为'道智'",这里的"道"也是具有人格化的"大道",也和《妙真经》其他佚文中的"道曰"相合。所以《妙真经》中确实有这样一段偈语,与其他佚文也并不矛盾。

《妙真经》有这样一句和其他佚文风格不同的偈语,应该是佛道相争的结果。声闻(Sravaka-yana)指听闻佛陀声教而证悟的出家弟子,《大乘义章》卷十七曰:"观察四谛而得道者,悉名声闻。"又曰:"从佛声闻而得道者,悉名声闻。"[1] 前揭"假使声闻众,其数如恒沙,尽思共度量,不能测道智",也就是说数目再多的佛教证悟弟子极尽思考,也不可能测知"大道"的智慧。小林正美也指出:

> 偈是说声闻的佛教徒之智,测不尽"道"(老子)之智,或佛教徒之智不及老子之智的意思。这是批判佛教、赞美道教(这里是《妙真经》)的东西,像这样把佛教和道教对比,夸耀道教相对佛教的优越的态度,在刘宋时期道教徒中是很显著的,所以可推测偈是刘宋时期天师道所作。[2]

(五)《妙真经》的成书时间及其背景

由于谢镇之"《妙真》采撮《法华》"的"《妙真》"就是《妙真经》,所以《妙真经》成书年代的下限可以确定为谢镇之撰《重与顾道士书》的470年左右,很多著作也指出刘宋末年《妙真经》已经成书。[3] 至于其成书上限,前田繁树认为在东晋前半期[4],小林正美认为是《妙法莲华经》翻译过来的407年[5]。从《笑道论》可知,《妙真经》引的是姚秦弘始八年(406)鸠摩罗什译本《妙法莲华经》,在此之后,《妙真经》的偈语才可能撰作,由此可知,小林正美的意见更为精确。也就是说,《妙真经》最终成书的时间是东晋末年到刘宋

---

① 慧远:《大乘义章》,载《大正新修大藏经》第四四卷,第789页。
② 小林正美:《六朝道教史研究》,第334页。
③ 卿希泰:《中国道教史:第一卷》,成都:四川人民出版社,1988,第440页。
④ 前田繁树:《〈老子妙真经〉小考——附〈老子妙真经〉辑佚稿》,载《初期道教经典の形成》,第250页。
⑤ 《六朝道教史研究》,第332-334页。

末年，即 407－470 年之间。

这一时间段，不仅晚于《西升经》成书的东晋时期，同时也是天师道教团吸纳上清派①、"大道"成为天师道主神、佛道二教激烈斗争又互相吸收之时，更是以陆修静为代表的道教领袖希望利用道书对教团进行规整的时代。随着葛氏道造作《灵宝经》和上清经的出现，使得道教有经可依；而之前修持道经不多却有较为完善组织的南方天师道开始吸纳和修改各派道经，甚至吸取佛教和玄学的部分义理，使得道教科仪和教义逐步完善且更具有超越性。②

要之，《妙真经》的成书反映了南朝天师道的经教化。该道经在撰作时一方面吸收传统道家典籍与思想建构道教教义学，另一方面又在一定程度上借鉴了佛教的讲经形式（尽管这种程度为佛教支持者所夸大），并意图对佛教进行反击，正是因为如此，该书也会受到佛教支持者的"格外关注"而遭到攻击。

---

① 小林正美指出，天师道在晋宋时就开始摄取上清经法，在萧梁初年就已经确立天师道士受上清经箓的制度。（小林正美：《唐代的道教与天师道》，济南：齐鲁书社，2013 年，第 48－70 页）又：葛兆光：《攀龙附凤的追认——从小林正美〈唐代の道教と天师道〉讨论佛道教宗派研究的方法》（载《古代中国的历史、思想与宗教》，北京：北京师范大学出版社，2006，第 216 页），刘屹：《小林正美〈唐代の道教と天师道〉》（载荣新江主编《唐研究》第十卷，北京：北京大学出版社，2004 年，第 598－604 页）。
② 参刘屹：《南朝经教道教的形成及其对北方道教的影响》，载《神格与地域——汉唐间道教信仰世界研究》，第 245－280 页。

一、《指归》与"重玄学"

"重玄学"是道教解释《老子》的学派或学术思潮[1]，语出于《老子》首章"玄之又玄，众妙之门"。他们取法于《庄子》和佛教义学，提倡"是非两忘""有无双遣""至乎三绝"，是对魏晋玄学"崇有""贵无"和佛教中观派"非有非无"的扬弃和超越。重玄学一般认为起于孙登，源乎《庄子》；严遵虽然远早孙登，也未尝通入道门，但由于所著之《指归》同样吸收了《庄子》的"自然"观念，使不少重玄学学者都吸收《老子指归》的思想以为己用。

首先是《道藏》"太玄部"三大经典之一的《妙真经》，"太玄部"在臧矜改编后，以"重玄为宗"，将《妙真经》视作重玄学发端之著作。而《妙真经》正是在《老子指归》的基础上改编的。

其次是唐代的《老子》学著作，唐初重玄学重镇成玄英在《道德经义疏·开题》中说：

> 第三宗体者，夫释义解经，宜识其宗致。然古今注疏，玄情各别。而严君平《旨归》以玄虚为宗；顾征君《堂诰》以无为为宗；孟智周、臧玄静以道德为宗；梁武帝以非有非无为宗；晋世孙登云托重玄以寄宗。虽复众家不同，今亦孙氏为正。[2]

---

[1] 葛兆光认为重玄派没有组织，并非宗教派别，不如视作隋唐时代流行思想。（氏著：《"重玄"何有"派"——评砂山稔〈隋唐道教思想史研究〉》，载《屈服史及其他：六朝隋唐道教的思想史研究》。第 178－182 页）

[2] 成玄英：《老子道德经开题序诀义疏》，敦煌 P. 2353 号抄本，载《中华道藏：第九册》，第 213 页。

该段文字阐释了各家对"玄"的不同理解，其中提及的人物都与重玄学之发展相关。成玄英《义疏》正文对《指归》也有不少参考和吸收。

唐高宗、武周时期的王玄览是重玄学向心性之学发展的重要人物，王玄览自述经历云：

> 至年三十余亦卜筮。数年云不定，弃之不为，而习弄玄性，燕反折法，捷利不可当。耽玩大乘，遇物成论，抄严子《指归》于三字，后注《老经》两卷及乎神仙方法、丹药节度，咸心谋手试。①

王玄览中年手抄《老子指归》，随后即注《道德经》，不难推测他继承了蜀地老学传统，依严遵《老子指归》注释《老子》。② 此后，唐玄宗在注疏《道德经》时，也将严遵《指归》列入参考范围。由于《御注》《御疏》的一统地位，重玄学的发展渐归沉寂；但此后仍有杜光庭和陈景元等不少具有重玄思想的学者引用《老子指归》，吸收严遵的思想注释《老子》。

由此可见，《老子指归》虽然算不上重玄学著作，但对重玄学的发展应该具有相当重要的启示作用。与王弼不同，严遵追求顺应自然、还归朴素，并不主张绝对的"无"和"无为"，《指归》释《道可道章》曰："有名，非道也；无名，非道也。有为，非道也；无为，非道也。无名而无所不名，无为而无所不为。"③ 严遵不执滞于"有为"或"无为"，追求"无为而无所不为"，此即成玄英"无为即为，为即无为"。④ 较之王弼，严遵的有无观更为复杂、浑沌，《指归》云："故万物玄同，天下和洽，浮沉轧轹，与道相得。若终而始，若乱而纪；虚而实，无而有；疏而密，迟而疾；无形影，无根朕；彷佛浑沌，莫知所以；独知独见，独为独不；变化无常，畜积无府；阴阳离合，屈伸张弛；冥冥宦宦，芒昧玄默；魁如天地，不可穷极。"⑤ 这个世界观并非是"空无"，也非"实有"，而是一种自然状态的浑沌。这种浑沌的自然状态就是不"执滞"而随

---

① 王玄览述：《玄珠录》，王太霄记，载《道藏·第二三册》，第 619 页中。
② 龚鹏程：《唐代思潮》，北京：商务印书馆，2007，第 120 页
③ 严遵撰，樊波成校笺：《老子指归校笺》，第 232 页。
④ 成玄英疏：《老子道德经义疏》，载《中华道藏·第九册》，第 235 页。
⑤ 严遵：《道德真经指归》，载《道藏·第一二册》，第 371 页中。

其自然，这也是重玄学的重要观念，成玄英所谓："自然者，重玄之极道也。"①
谷神子在总结《老子指归》时说：

> 夫《指归》所以屡归指于自然者，明至道之体湛然独立，自古固
> 存，其能然于众物，而众物不能然之，故谓之自然。非言虫鸟之分，以
> 为至极。夫有体此自然之道者，则能同光尘，不立圭角，使物自化，悉
> 归于善，进其独志，若性自然，所谓圣人不言而饮人以和。②

严遵的"自然"观念是"使物自化"，这显然是受了《庄子》的影响，因
此便与重玄学学者有了相同的学术渊源，相比于《庄子》，《指归》和《老子》
的关系更为直接，重玄学对《老子指归》的重视自然也不足为怪了。

二、成玄英《道德真经义疏》与《指归》

成玄英不仅在《序诀》部分提到了严遵《指归》，在《义疏》正文里也能
看到《指归》对成玄英的影响。③

成玄英（608－？）是唐初太宗、高宗时期的道教学者，所著《老子道德真
经开题玄诀义疏》存于敦煌写卷 P. 2353、P. 2517、S. 2557 和强思齐《道德真经
玄德纂疏》中。《义疏》有不少极具特色的注释来源于严遵之说，例如《疏》释
第十六章"致虚极，守静笃"曰："笃，中也……须静心守一中之道，则可得
也。"④ "笃"训为"中"，引申为"一中之道"，于古注罕见；惟《指归》释此
章曰："覆视反听，与神推移，上与天游，下与世交；神守不扰，生气不劳；趣
舍屈伸，正得中道。"⑤ 这里的"中道"很像是在训释"笃"字。成玄英出于这

---

① 成玄英疏：《老子道德经义疏》，载《中华道藏：第九册》，第 251 页。
② 严遵：《道德真经指归》，载《道藏：第一二册》，第 359 页上。
③ 蒙文通和王家佑已经指出成玄英《道德真经义疏》与《指归》之关系。王家佑云："成玄英疏兼言治
  国治身，合严遵、顾欢、张惠超、王玄辩、徐来勤（托名'河上公'）乃仙道宗传。"（氏著：《读蒙
  文通先师论道教札记》，载《道教论稿》，成都：巴蜀书社，1987，第 199 页）
④ 《老子道德经义疏》，载《中华道藏：第九册》，第 246 页。
⑤ 严遵撰，樊波成校笺：《老子指归校笺》，第 262－263 页。

样的考虑，加之"中道"也是唐代重玄学所提倡"遣二偏之执"的"一中之道"[1]，故以"中"释"笃"。李荣尽管也同样重视"中道"，说"借彼中道之药，以破两边之病"[2]，但落实到经文训读上，李荣却仍把"笃"释作"厚"。

又：第六十四章各本皆作"千里之行，始于足下"，而成玄英《义疏》作"百仞之高，起于足下"，并注曰"七尺曰仞"，[3] 成玄英之前的传世本仅有严遵《老子指归》作"百仞之高，始于足下"。

又：《勇于敢章》"天之所恶，孰知其故"下，今各传世本如王弼、河上公、唐玄宗等皆有"是以圣人犹难之"句，惟成玄英本和严遵本都没有此句。又成玄英本该章经文作"不言而善谋"，注曰"言幽冥之理无劳言说"，这和多数传本作"坦""繟"（释作"宽缓"）不同；似乎也是参考了严遵本。[4]

成玄英的本体论建立在汉代元气论基础上，[5] 如释"道生一"云：

> 一，元气也。二，阴阳也。三，天地人也。万物，一切有识无情也。言至道妙本，体绝形名，从本降迹，肇生元气。又从元气变生阴阳，于是阳气清浮，升而为天，阴气沉浊，降而为地。二气升降，和气为人，有三才，次生万物，欲明道能善贷，次第列之。[6]

又曰：

> 自一炁之所育，播万殊而种分，既涉化机，迁变罔极，然则生天地人物之形者，元炁也；授天地人物之灵者，神明也。故乾坤统天地，精魂御人物。炁有阴阳之革，神无寒暑之变，虽群动纠纷，不可胜纪，

---

① 董恩林：《唐代〈老子〉诠释文献研究》，济南：齐鲁书社，2003，第150页。
② 圣凯：《初唐佛道"道法自然"论争及其影响》，载《华东师范大学学报（哲学社会科学版）》，2011年第4期，第54-62页。
③ 成玄英疏：《老子道德经义疏》，载《中华道藏：第九册》，第282页。
④ 案：陈景元《道德真经藏室纂微篇》曰："开元御本、河上公本并作'繟然'，严君平作'默'，王弼本作'坦'。"
⑤ 成玄英的"道"至"气"的宇宙生成论，见孙路易：《成玄英の"道"の再考》，载麦谷邦夫编《三教交涉论丛》，京都：京都大学人文科学研究所，2005，第215-218页。道教教义中道气生成论的不同类型可参麦谷邦夫：《道と気と神——道教教理における意义をめぐって》，载《人文学报》第六十五卷，第93-106页。
⑥ 《老子道德经义疏》，载《中华道藏：第九册》，第265页。

灭而复生，终而复始，而道德之体，神明之心，应感不穷，未尝痕于动用之境矣。①

尽管"二，阴阳也。三，天地人也"承袭自河上公注，但河上公的宇宙观比较简单，不足以支撑成玄英复杂的宇宙观念。成玄英参考和发展了严遵的宇宙观念②，《老子指归·上德不德章》"神有清浊，和有高下。清者为天，浊者为地"就是成玄英"阳气清浮，升而为天，阴气沈浊，降而为地"的基础③；至于"生天地人物之形者，元炁也"则是源于西汉时期的宇宙生成观念，严遵更是不止一处讲到其气化分离为物的观念，④ 和河上公"天地人共生万物"显著不同。此外，成玄英也借用了严遵特有的概念，他说"授天地人物之灵者，神明也"，这个赋予万物形体之外灵气的"神明"，其概念应该来自于严遵《指归》：

有物俱生，无有形声，既无色味，又不臭香；出入无户，往来无门，上无所蒂，下无所根；清静不改，以存为常，和淖纤微，变化无方，与物粿和，而生乎三，为天地始，阴阳祖宗。在物物存，去物物亡，无以名之，号曰神明。⑤

严遵也认为天地万物之所以生存，除了气赋予的形外，更始于内在的神明。河上公却只是说"万物之中皆有元气，得以和柔……故得长生"⑥，足见成

---

① 蒙文通：《道书辑校十种》，第539页。
② 陈景元《道德真经藏室纂微篇》释该章"一者，元气也。元气为大道之子，神明之母，太和之宗，天地之祖"就是在严遵《指归》"一者，道之子，神明之母，太和之宗，天地之祖"基础上说的，严遵这里的"一"就是元气。
③ 元气清浊分离为天地是西汉的典型宇宙本原和演化观念，并不始于严遵，如《淮南子·天文训》即云："清阳者薄靡而为天，重浊者凝滞而为地，故天先成而地后定。"类似观点也见于《黄帝内经·阴阳应象大论》《文子·九守》等。但以此专门用来解释《老子》则以严遵为最早，成玄英在序言中也仅提及了严遵《老子指归》。
④《老子指归·不出户章》："天地人物皆同元始、共一宗祖；六合之内、宇宙之表，连属一体。气化分离，纵横上下，剖而为二、判而为五。"王德有认为："从'元于虚，始于无'，到'气化分离'，《指归》构造了一个独特的宇宙演化体系。"严遵：《老子指归》，第11页。
⑤ 严遵：《道德真经指归》，载《道藏：第一二册》，第389页（中－下）。
⑥ 王卡：《老子道德经河上公章句》，第168页。

玄英的长生观念来自严遵而不是河上公。

三、唐玄宗《御注》《御疏》与《指归》

唐开元二十年（732），唐玄宗完成了御注《道德经》的撰作[1]，不久颁行于全国[2]，使之取代河上公注成为教授和考试的教材。之后唐玄宗又召集学者在开元二十三年（735）完成十卷本《唐玄宗御制道德真经疏》的编纂[3]。

唐玄宗说"恭惟老氏，国之本宗，遗述元经，朕之凤好"[4]，他如此尽心于《道德经》的注疏，既是李唐王室崇老尚道的表现，也由于《道德经》契合其无为而治的政治理念。尽管撰作时或有道士和臣僚助成其事[5]，但玄宗本人对《老子》的用力和造诣至为关键。[6] 在《序》中，唐玄宗讲述了《御注》的主导思想：

> 昔在元圣，强著玄言。权舆真宗，启迪来裔。遗文诚在，精义颇乖。撮其指归，虽蜀严而犹病；摘其章句，自河公而或略。其余浸微，固不足数。则我玄元妙旨，岂其将坠？朕诚寡薄，常感斯文，猥承有后之庆，恐失无为之理。每因清宴，辄叩玄关；随所意得，遂为笺注。[7]

在《御疏·题词》中，玄宗更是概括《老子》的本旨"其要在乎理身理

---

① 北京大学图书馆藏艺风堂唐易州开元观经幢拓片，陈垣编纂：《道家金石略》，陈智超、曾庆瑛校补，北京：文物出版社，1988，第116－117页。又见杜光庭《道德真经广圣义》卷一《叙经大意解疏序》。

② 开元御注的颁布时间有争议，杜光庭《道德真经广圣义》序认为是"开元二十一年颁下"，董恩林即持此说；麦谷邦夫据 P.3723《唐玄宗御注道德真经》残卷和《册府元龟》"开元廿三年五月□日"等材料，认为《御注》和《御疏》一起在开元二十三年颁布。（麦谷邦夫：《唐玄宗御注〈道德真经〉および疏撰述をめぐる二、三の問題》，京都大学人文科学研究所《东方学报》第六二卷，1996，第209－213页）

③ 董恩林据《旧唐书·玄宗纪》认为颁布御《疏》的时间在天宝十四年。说参董恩林：《唐代老子诠释文献研究》，第150页。

④ 李隆基：《〈一切道经音义〉序》，载《全唐文》，第448页。

⑤ 李斌城：《敦煌写本唐玄宗〈道德经〉注疏残卷研究》，载《世界宗教研究》，1987年第1期，第51－61页。

⑥ 麦谷邦夫：《唐玄宗御注〈道德真经〉および疏撰述をめぐる二、三の問題》，载京都大学人文科学研究所《东方学报》第六二卷，第212－214页。

⑦ 李隆基：《唐玄宗御注道德真经》，载《道藏》第一一册，第716页上。

国"①。所以《御注》之宗旨并不在意"道"的本体问题，也尽量淡化其神秘主义色彩，而是强调《道德经》对身、国的治理作用②，这一点上，就是继承了严遵、河上公的传统。所以在追述前代传注时，他仅提及了严遵和河上公两家，在他看来，尽管这两家存在问题，相比于"浸微"和"不足数"的其余诸家，仍十分可取。③ 从"其余浸微，固不足数"两句可知，当时最为流行的《老子》古注也就是严遵和河上公两家。

唐玄宗与严遵解《老》的主旨相似，但从具体注释内容上看，唐玄宗《御注》和严遵《指归》之间的学术渊源却并不明显；而《御疏》由于明言博引群书④，能看到一些参考《指归》的地方。

《唐玄宗御制道德真经疏》释首章"故常无欲以观其妙，常有欲以观其徼"曰："欲者性之动，谓逐境而生心也。言人常无欲，正性清静，反照道源，则观见妙本矣。若有欲，逐境生心，则性为欲乱。以欲观本，既失冲和，但见边徼矣。徼，边也。"⑤ 其中"有欲之人""逐境""但见边徼"等解释在其他注释中比较少见，应该是取自严遵《指归》"有欲之人，贪逐境物，亡其坦夷之道，但见边小之徼，迷而不返，丧失真原"。⑥ 而《御疏》"反照道源，则观见妙本"也可以和严遵《指归》"心如金石，形如枯木，默默隅隅，志如驹犊者，无欲之人，复其性命之本也"对读，⑦ 此《御疏》之"理身"观念取自严君平者。又：《唐玄宗御制道德真经疏》解《道生章》"强梁者不得其死"云："严仙人曰：强秦以专制而灭，大汉以和顺而昌。强梁失道，刚武者失神，生主已退，安得长存？"即《指归》"是以强秦大楚，专制而灭；神汉龙兴，和顺而昌。故强者离道，梁者去神；生主以退，安得长存"，⑧ 此《御疏》之"理国"观念取自严君平者。

<hr>

① 李隆基：《唐玄宗御制道德真经疏》，载《道藏：第一一册》，第749页上。
② 熊铁基、马良怀、刘韶军：《中国老学史》，福州：福建人民出版社，2005，第273页。
③ 卢国龙：《中国重玄学》，第416页。
④ 麦谷邦夫：《唐玄宗御注〈道德真经〉および疏撰述をめぐる二、三の问题》，京都大学人文科学研究所《东方学报》第六二卷，第226–227页。
⑤ 《唐玄宗御制道德真经疏》，载《道藏》一一册，第750页。
⑥ 严遵撰，樊波成校笺：《老子指归校笺》，第232页（中·下）。
⑦ 同上注。
⑧ 同上书，第42、41页。

四、杜光庭《道德真经广圣义》与《指归》

唐末五代道门领袖杜光庭在唐玄宗《御注》和《御疏》的基础上著《道德真经广圣义》，寄托了他希望通过振兴老君道教来匡扶李唐国祚、维护统一安定的愿望。[①] 杜光庭早年研学儒业，唐懿宗时应举不第，于咸通年间入天台山修道，受僖宗厚遇应制为道门领袖，黄巢之乱中随僖宗入蜀，后来追随前蜀王建，晚年辞官终于青城山。

案：据《道德真经广圣义·序》，此书作于唐昭宗天复元年（901），共三十卷、二十余万字，其最大特点是《序》中罗列了汉唐以来的《道德经》注解疏笺目录及其旨要。对于《老子指归》，他指出该书和河上公注一样是"明理国之道"的著作，在卷一《叙经大意解疏序引》中，他解释玄宗"撮其指归，虽蜀严而犹病"时说：

> 撮者，采结之谓也。指者，趣向也。归者，义理会聚也。蜀严者，仙人严君平居于蜀肆，作《道德指归》一十四卷，恢廓浩瀚，为时所称。蜀都杨子云昌言于汉朝曰：蜀严道德沉冥。言其识量深厚，玄德隐微，非常俗之所知。而犹病耳，当时以为道德之说，文止五千，《指归》之多将及数万，演之于世，谓为富赡广博，议之于理，伤于蔓衍繁丰。故云虽蜀严而犹病也。[②]

杜光庭指出严遵《老子指归》的优长是宏博隐微，缺点是枝蔓难懂。不过，尽管《指归》略有微瑕，杜氏仍以其同为"身国同治"之书而大量采用。

杜光庭在序中说"宗旨以孙氏为妙"即以"重玄"为方法论，但其目的却是推广唐玄宗"理身理国"之思想。[③] 除此之外，《广圣义》"广引众文，穷其指，当明者详采，则可明年代先后、宗趣是非矣"，引用了多种经典来阐述观

---

① 卢国龙：《中国重玄学》，第486页。
② 杜光庭：《道德真经广圣义》，载《道藏·第一四册》，第311页（上－下）。
③ 董恩林：《唐代老子诠释文献研究》，第212页。

点①，其中直引《老子指归》又不指所出的也不在少数，如：

> 《广圣义》卷三十释"上德不德，是以有德"引庄子曰："德有优劣，世有盛衰，故上德之君，神与化沦，体道而存，德动玄冥，天下归之，莫见莫闻，德归万物，皆曰自然。"② ——又见《老子指归·上德不德章》
>
> 《广圣义》卷三十二释"明道若昧"云："性合道之玄妙，命得一之精微，动作顺于太和，取舍合于天理，无思无虑，冥寂鸿蒙，齐日月之照，而民不以为明，均雨露之恩，而民不以为惠，其至明也，而若昏默焉。"③ ——又见《老子指归·上德不德章》
>
> 《广圣义》卷三十四释"吾是以知无为之有益"曰："圣人虚心以原道德，静气以存神明；弃其聪，听于无声；杜其明，视于无形；览天地之变动，觌万物之自然，以是而知有为者乱，无为者理，所以至柔之性本无为也，至坚之患由驰骋也。"④ ——又见《老子指归·至柔章》
>
> 《广圣义》卷三十一释"不欲琭琭如玉，珞珞如石"云："夫上德之君，托神太虚，隐貌玄冥，动反柔弱，静归和平，戴规履矩，镜视太清，而不以名称自尊、亢极自大也。"⑤ ——又见《老子指归·上德不德章》
>
> 《广圣义》卷三十二释"不欲琭琭如玉，珞珞如石"曰："太上格言殷勤垂戒者，欲使冥心于玉石之间，不多不少，不贵不贱；以一为纪纲，以道为桢干，德制天下而不为有。理身之士，其志若此，则处贵而无乐，处贱而无忧；高而不殆，卑而愈泰。"⑥ ——又见《老子指归·得一章》

杜光庭书说"一人之身，一国之象……知理身则知理国矣"，《广圣义》的核心思想就是从修身延伸到治国⑦，这和《老子指归》的思想颇为类似，从

---

① 董恩林：《唐代老子诠释文献研究》，第 220 页。
② 杜光庭：《道德真经广圣义》，载《道藏·第一四册》，第 456 页下。
③ 同上书，第 475 页中。
④ 同上书，第 483 页中。
⑤ 同上书，第 470 页上。
⑥ 同上注。
⑦ 孙亦平：《杜光庭的"经国理身"思想初探——兼论道教的终极理想及其现代意义》，载《南京大学学报（哲学·人文科学·社会科学）》，2000 年第 2 期，第 52-60 页。李刚：《杜光庭〈道德真经广圣义〉"身国同治"的生命政治学》，载《宗教学研究》，2007 年第 1 期，第 30-35 页。

杜光庭引严遵《指归》的情况来看，他主要关注《老子指归》中"理身""治国"方面的问题；对于过去普遍关注的养生长生和宇宙演化问题则不甚措意。

五、严遵《指归》对陈景元《老子》学之影响

陈景元撰《道德真经藏室纂微篇》时，谓"辄依师授之旨，略纂昔贤之微"①。引用了如《庄子》，《韩非子》，《淮南子》，严遵《指归》，河上公《章句》，王弼注，孙登注，唐玄宗《御注》《御疏》，陆希声《传》，杜光庭《广圣义》等大量道家道教文献阐释《老子》。在陈著所引诸书当中，《指归》并非最早，也并非最为流行，却见引最多，共计五十余处，远多于《河上公章句》二十余处和引用王弼《注》十余处。可见《指归》对陈景元《老子》学影响之大。

（一）道论："道体虚无"与"使物自化"

《道德真经藏室纂微篇开题》曰"此经以重渊为宗，自然为体"，薛致玄释云："夫此碧虚真人《纂微》者，亦以重玄为宗，自然为体，道德为用。"② 和许多重视、征引《老子指归》的高士一样，陈景元也有重玄学倾向。③ 尽管北宋时重玄学关注的焦点早已不在于"有无双遣"和"玄之又玄"，但需要对"道"的性质作探讨时，陈景元往往采纳和吸收严遵的观点。

陈景元承袭《指归》"道体虚无"的观念，他解释"道生一"时说："道者，虚之虚，无之无，自然之然也。"④ 陈景元认为"虚无"之上还有更高级的虚无即"虚之虚""无之无"，这来源于《老子指归》"虚之虚者生无之无者，无之无者生无者"⑤。陈景元也反复提及"道体虚无"，而"道体虚无"四字本出

① 陈景元：《道德真经藏室纂微篇》，载《道藏：第一三册》，第 654 页中。
② 薛致玄：《道德真经藏室纂微开题科文疏》，载《中华道藏：第十册》，第 508 页。
③ 卢国龙：《论陈景元的道家学术》，载陈鼓应主编《道家文化研究》第十九辑，北京：读书·生活·新知三联书店，2002，第 365 页。
④ 《道德真经藏室纂微篇》，载《道藏：一三册》，第 694 页下。
⑤ 严遵：《道德真经指归》，载《道藏：第一二册》，第 349 页中。

自于《老子指归·方而不割章》。严遵进一步指出，尽管道是极致的虚无，但能使万物自化，即《老子指归》曰："道体虚无而万物有形，无有状貌而万物方圆，寂然无音而万物有声。由此观之，道不施不与而万物以存，不为不宰而万物以然。"① 陈景元《藏室纂微篇》释"道生之，德畜之"时持同样观点："道者，虚无之体。德者，自然之用。道体虚无，运动而生物，物从道受气，故曰生之。"② "道体虚无"和"万物自化"分别来源于《老子》和《庄子》，严遵和陈景元都是在融汇两说的基础上认为道虚无无为而万物自化。

万物自化的背后是道的自然属性，而陈景元强调"道"的自然属性也颇受《指归》影响，他将道分为"常道"和"可道"：

> 仁、义、礼、智、信，皆道之用。用则谓之可道。可道既彰，即非常道。常道者，自然而然，随感应变核物不穷，不可以言传，不可以智索；但体冥造化，含光藏晖，无为而无不为，默通其极耳。③

刘固盛认为陈景元"常道"和"可道"的概念参考《老子指归》的说法，尽管刘氏引证的材料是否属《老子指归》还有进一步商讨的余地④，但《道德真经藏室纂微篇》的"可道既彰，即非常道。常道者，自然而然"就是源于《老子指归》"可道之道，道德彰而非自然也"。⑤ 严遵"可道之道"和"自然"的区分对陈景元"可道"和"常道"（"自然而然"）的区分有很大的启示。陈景元以"可道"为道之用，"常道"为道之本体，虽属陈氏个人创见，但是他对"常道"本体的探索却源于严遵的启示。

---

① 严遵：《道德真经指归》，载《道藏》第一二册，第 370 页中。
② 陈景元：《道德真经藏室纂微篇》，载《道藏》第一三册，第 702 页上。
③ 同上书，第 656 页上。
④ 刘固盛：《道教老学史》，武汉：华中师范大学出版社，2008，第 175 页。陈景元《道德真经藏室纂微篇》云："严君平曰：'可道之道，道德彰而非自然也。今之行者，昼不操烛，为日明也；日明者，不道之道，常也；操烛者，可道之道，彰也。夫著于竹帛、镂于金石、可传于人者，可道之道也。若乃可传而不可受，可得而不可见，自本自根，未有天地，自古以固存，神鬼神帝，生天生地者，常道之道也。'五千文之蕴，发挥自此数言，实谓玄之又玄、神之又神也。"与陈景元的"可道"和"常道"的区分比较相似。唯"今之行者，昼不操烛"以下可能不是《指归》本文，尤其其中"自本自根，未有天地，自古以固存，神鬼神帝，生天生地"诸语又见于《庄子·大宗师》。
⑤ 严遵撰，樊波成校笺：《老子指归校笺》，第 232 页。

（二）宇宙论与生成论

陈景元的宇宙生成论也参考了严遵的模式。自陈抟以来，道教思想家们关注的焦点由本体论转向元气生成论①，陈景元宇宙生成演化模式正构建于严遵的气化宇宙论基础上。

《道德真经藏室纂微篇》释"昔之得一"云："一者，元气也。元气为大道之子，神明之母，太和之宗，天地之祖。"② 严遵尽管没有提出"元气"这一概念，但是陈景元的这句话却改编自《指归》："一者，道之子，神明之母，太和之宗，天地之祖。"③ 严遵认为"一"是"混育冥"的浑沌之物，所以在《道生一章》中，严遵认为这种浑沌物质能生成"神明"，"神明"又能生清、浊、和三种气，进而气化分离为万物，其分离方式是"清者为天，浊者为地"（《老子指归·上德不德章》），而这些都被陈景元所吸取，《藏室纂微篇》云：

> 浑沦者，一也，浑沦一气，未相离散，必有神明，潜兆于中。神明者，二也，有神有明，则有分焉，是故清浊和三气，噫然而出，各有所归。是以清气为天，浊气为地，和气为人。三才既具，万物资生也。④

这里对"一""二""三""万物"生成演化模式的解释几乎完全照搬《指归》，和汉唐其他诸家都不同。

（三）宗旨及原因

纵观全书，陈景元如此重视《指归》不只是严遵的本体论和宇宙论更为精巧，而是能为其以养性延命和修身治国提供理论支持。例如陈景元在严遵的基

① 卢国龙：《论陈景元的道家学术》，载《道家文化研究》第十九辑，第 362 页。
② 陈景元：《道德真经藏室纂微篇》，载《道藏·第一三册》，第 691 页中。
③ 严遵：《道德真经指归》，载《道藏·第一二册》，第 345 页下。
④ 《道德真经藏室纂微篇》，载《道藏·第一三册》，第 694 页下。

础上，认为人来自太和之气，而太和之气来源于神明，所以要修仙长生，则需要呼吸和抱守太和之气。①

　　陈景元在道体虚无而使物自化的基础上，推演出人君无为而万物自治的理论，并强调圣人之治是顺"道"自然，"万物自生，卓然独化"，让制度法象适应百姓的自然属性和要求。② 所以陈景元解释"无为"时说："无为者，非拱默闲堂也，谓美善都忘，灭情复性，自然民任其能，物安其分，上下无扰"，"治迹忧动，同乎民事，而心常虚澹，冥乎自然"。③ 这种圣人无为而万物各有条理的治国观念就和严遵很接近，如《老子指归·出生入死章》说："尊天敬地，不敢忘先，修身正法，去己任人，审实定名，顺物和神，参伍左右，前后相连，随时循理，曲因其当，万物并作，归之自然，此治国之无为也。"④

　　陈景元如此看重严遵《指归》，除了宗旨相近外，也由于学术背景相似。陈景元之学出自张无梦，张无梦则是陈抟的弟子⑤，师徒二人皆善易学，而陈景元又兼专精《老》《庄》，卢国龙指出："由陈抟而张无梦、而陈景元，这一传承以《易》《老》或《老》《庄》之'微旨'通相传授，至陈景元结为硕果。"⑥陈景元和严君平一样，也是一位融汇《老子》《周易》《庄子》的学者。

---

① 如《道德真经藏室纂微篇》云"炼形则呼吸太和，导接血气"，"使其形体常乘载阳精、阴灵，抱守太和纯一之气，令无散离，永保长年矣"等。
② 卢国龙：《论陈景元的道家学术》，载《道家文化研究》第十九辑，第370页。
③ 见《道德真经藏室纂微篇》释"圣人处无为之事"。
④ 王利器指出，严遵强调"自然"的无为治国理念同样来源于他的自然哲学思想，见《道藏本〈道德真经指归〉提要》，载《中国哲学》第四辑，第354-356页。
⑤ 蒙文通：《古学甄微》，成都：巴蜀书社，1987，第369页。
⑥ 卢国龙：《论陈景元的道家学术》，载《道家文化研究》第十九辑，第363页。

唐代之后，《老子指归》在《老子》学和道教上的影响逐渐减少，宋代老学著虽多，也仅有陈景元的《道德真经藏室纂微篇》吸收了《老子指归》的思想。究其原因，盖由于唐代之后《老子》与道教的关系开始逐渐疏远。一方面，《老子》的解说群体发生了变化，道士在其中所占比重越来越低①；另一方面，经过六朝隋唐以来的佛道论争，道教已完成吸收周秦两汉道家学说建构道教义学的过程。尽管如此，仍有不少宋元时期的著作征引了《老子指归》，而今大部分《指归》的佚文也正来自于此。这些著作一部分是道教类书，如《云笈七签》；一部分是《老子》的集注性著作，如强思齐《道德真经玄德纂疏》、范应元《道德真经古本集注》等。这些征引《老子指归》的书籍多数与道教和道藏有着一定的关系。战乱兴替，多种道藏被毁，至明永乐正统两代重修道藏，《老子指归》也仅余诠释《德经》部分，成为"秘册"而鲜为人知。

一、强思齐所见之《老子指归》蠡测

目前所知引用《老子指归》最多的道书当属前蜀强思齐《道德真经玄德纂疏》，蒙文通谓"强思齐《道德经玄德纂疏》引君平说百二十余事"，远超过"宋陈景元《道德经藏室纂微》引君平说五十事"。②《道德真经玄德纂疏》不仅

---

① 刘固盛指出："杜光庭《道德真经广圣义》序中所提及的唐代三十多种《老子》注本，大部分出自道士之手。宋元时期则出现了研究者身份多样化的倾向，帝王将相、僧人道士都研习《老子》，而其中突出的一点是，注释《老子》的道士相对减少，儒家士大夫增多。据《中国老学史》所列《宋金元时期〈老子〉研究状况简表》，宋元时期的老学研究者中，其身份具体可考者，士大夫占了四十一人，道士为二十六人。"说参刘固盛：《宋元老学研究》，成都：巴蜀书社，2001，第28-29页。
② 蒙文通：《〈严君平《道德指归论》佚文〉·序言》，载《佛道散论》，第102页。

第八章　唐以后《老子指归》的流传、保存与历代道藏之关系

143

引用了《老子指归》，也引用了严遵《老子注》。尽管引述多有节减，也常混入唐玄宗《御疏》，但就保存《指归》佚文和校勘价值而言，《道德经玄德纂疏》有着重要作用。

《道德经玄德纂疏》是一本集注性质的著作，强思齐在唐玄宗《御注》《御疏》的基础上，次录严遵、河上公、成玄英、李荣的注疏，不出己见。杜光庭《序》叙撰者行状云：

> 弘农强思齐，字默越，蒙阳人也。幼栖玄关，早探妙旨。卅岁侍先师京金仙观，讲论大德，赐紫全真，居葛仙中宫。读颂之余，服勤不怠，绰有声称，为时所推。僖宗皇帝顺动六飞，驻跸三蜀，五月应天节，默起祝寿行殿，宠赐紫衣。高祖神武皇帝应历开图，配天立极，二月寿春节，允承明命，赐号"玄德大师"，奕世栖心，皆洽光宠，羽衣象简，其何盛欤！每探讨幽玄，发挥流俗，期以谭讲之力，少报圣明之恩。手缵所讲《道》《德》二经，疏采诸家之善者，明皇御注为宗，盖取乎文约而义该，词捷而理当者，勒成二十卷，庶乎揽之易晓，传之无穷。后之学者，知强君之深意焉，乃题曰"《太上老君道德经玄德纂疏》"。乾德二年庚辰降圣节戊申日，广成先生、光禄大夫、尚书、户部侍郎、上柱国蔡国公杜光庭序。[1]

由杜序可知强思齐与杜光庭有着类似的生活遭遇，都是先居长安，黄巢起义时随唐宗入蜀，随后颇受前蜀王建（847－918）礼遇，并于902年编纂完成《道德真经玄德纂疏》。由于玄宗《御注》《御疏》出世后诸家注疏尽受冷落，安史之乱和黄巢起义后更是道书散佚[2]，强思齐在蜀地编纂集合严遵、河上公、成玄英、李荣、唐玄宗《老子》注疏的著作，其材料之来源很有可能是杜光庭收集建立的蜀中道藏，杜氏《太上黄箓斋仪》卷五十二云：

---

[1] 杜光庭：《〈道德真经玄德纂疏〉序》，强思齐：《道德真经玄德纂疏》，《道藏·第一三册》，第357页上。

[2] 杜光庭《太上黄箓斋仪》称开元道藏《三洞琼纲》有七千三百卷，安史之乱后屡经动荡，唐文宗太和二年（828）太清宫使奏陈，道藏止见五千三百定数，而黄巢之乱后杜光庭"备涉艰难"，仅获"新旧经诰仅三千卷，未获编次"。

近属巨寇凌犯，大驾南巡，两都烟煤，六合榛棘。真宫道宇所在凋零，云笈琅函十无三二。余属兹艰会，漂寓成都，扈跸还京，淹留未几，再为搜据，备涉艰难，新旧经诰仅三千卷，未获编次。又属省方所得之经，寻亦亡坠。重游三蜀，更欲搜访。累阻兵锋，未就前志。时大顺二年辛亥八月三日庚辰，成都玉局化阅省科教，聊记云耳。[①]

唐僖宗大顺二年（891）杜光庭在成都收集道书三千卷，之后常居前蜀，并于901年完成了《道德真经广圣义》的撰作。强思齐《纂疏》定箸于前蜀乾道二年（902），由杜光庭和强思齐的关系猜测，该书很有可能是在杜光庭所集道书的基础上撰作的。大概由于杜光庭当时收集的道藏还"未获编次"，所以才有必要编纂一部集汉唐道教老学大成的《玄德纂疏》，便于讲习。

二、《云笈七签》所引之《老子指归》

《云笈七签》卷一《道德部·总叙道德》大段引用"《老君指归》"数百字。大中祥符五年（1012）宋真宗命张君房为著作郎，专修《道藏经》；天禧三年（1019）修纂完工，共四千五百六十五卷。天圣六年（1028）或七年（1029），张君房在《大宋天宫宝藏》的基础上撮其精要编成《云笈七签》。既然作为《大宋天宫宝藏》精简本的《云笈七签》引用了《指归》，那么《大宋天宫宝藏》中也应有《老子指归》。

三、陈景元所见之《老子指归》

陈景元于宋神宗熙宁五年（1072）进所著之《道德真经藏室纂微篇》，书引《指归》五十余处。陈景元之"藏室"为藏道书之室，如《冲虚至德真经释文序》云"泊卢重玄注就于藏室"，薛致玄《〈道德真经藏室纂微篇〉开题科文疏》

---

① 杜光庭：《太上黄箓斋仪》，载《道藏·第九册》，第346页（上-中）。

卷一："藏者，藏（平音）也。室者，奥也。谓《玄都宝藏》寔藏经之奥室也。纂者，聚集也。微者，玄妙也。谓探摭藏室之奥典，纂集前贤之微旨，将以证解于道德也。"①"玄都宝藏"为元代道藏之名，薛氏以为陈景元所谓"藏室纂微"者，即取道教藏经室奥中之微旨以撰作成书，可知《道德真经藏室纂微篇》引严遵之说盖源自道藏。薛致玄述陈景元行状云：

> 庆历二年，即高邮天庆观礼崇道大师韩知止为师，三年试经，度为道士。十八负笈游名山，抵天台，阅三洞经，遇高士张无梦，得老庄微旨……尔后隐逸于江淮间，以琴书自娱。久之，欲观光京辇，维杨使君、礼部侍郎王琪以诗荐于王岐公云：鳌山旧词长，还喜见方瞳。时岐公为翰林承旨，且喜其来，俾隶籍于瑞云，由是上宫观请讲《道德》二篇及《南华》，亹亹不绝。于时公卿大夫无不欲争识者。于是醴泉观提总奏充本观修撰，遇邳王谒真君祠，下召问道家事，以该通奏赐紫衣。神宗设普天大醮，有敕令修撰青词，进上称旨，复令预建章阁同天节修奉，因召见，赐真靖之号。熙宁五年，进所注《道德经》，御札批降中书云：陈景元所进经，剖玄析微，贯穿百氏，厥旨详备，诚可取也。其在辈流，宜为奖论，特充右街都监同签书教门公事。②

由"十八负笈游名山，抵天台，阅三洞经，遇高士张无梦，得老庄微旨"一语可知陈景元作《纂微》之始当在天台山阅三洞诸道经时，其后爰能在京城"上宫观请讲《道》《德》二篇及《南华》"。天台山庋藏道经始于五代，大中祥符年间夏竦《重建道藏经记》云"五代相竞，中原多事，吴越忠懿王得为道士朱霄（朱）外新之，遂筑室于上清阁西北，藏金录字经二百函，勤其事也"。③宋修道藏，亦常取天台桐柏宫《道藏》相校。④陈景元于天台山道藏多所采获，

---

① 薛致玄：《道德真经藏室纂微篇开题科文疏》，载《道藏·第一三册》，第732页上。
② 同上书，第730页。
③ 夏竦：《重建道藏经记》，见《天台山志》，载《道藏·第一一册》，第94页（中 - 下）。
④ 陈国符云："张君房所记台州《道藏经》本，当即天台山桐柏宫吴越王所建道藏，故宋太宗朝雠校道书，真宗朝张君房修《大宋天宫宝藏》皆曾借用此藏。"陈国符：《道藏源流考》，第134页。又：Piet van der Loon: *Taoist Books in the Libraries of the Sung Period*, London: Ithaca Press, 1984, pp. 34.

其《冲虚至德真经释文序》云"及长，游天台山桐柏于司马微水帐之下，获烂书两卷……纸尾题云'唐当涂县丞殷敬顺纂，墨希子书'"①，即取天台山桐柏宫所藏《列子释文》；又五十岁时撰《南华真经章句音义》时所用之"国子监本江南古藏本，徐铉、葛湍校"及"天台山方瀛宫藏本，徐灵府校"亦皆源自天台山《道藏》。②

四、陆游、范应元所见《老子指归》

《老子指归》宋时流布不广，俗世更不易得。乾道二年（1166）十月十日陆游云：

> 汉严君平著《道德经指归》古文。此经自唐开元以来，独传明皇帝所解，故诸家尽废。今世惟此本及贞观中太史令傅奕所校者尚传，而学者亦罕见也。予求之踰二十年，乃尽得之。玉笈藏道书二千卷，以此为首。渔隐陆某题。③

陆游出身藏书世家，但《老子指归》一书求之二十年余方得全书于玉隆万寿宫。宋孝宗乾道二年（1166），陆游居隆兴府任通判④，传录玉隆万寿宫《道藏》文献数种⑤，《老子指归》亦在其中。⑥

又：范应元《道德真经古本集注》多引严遵本《老子》及《指归》文字。按其弟子褚伯秀《南华真经义海纂微》所记，淳佑丙午（1246）范应元游京，

---

① 陈景元：《冲虚至德真经释文·序》，见殷敬顺：《冲虚至德真经释文》，载《道藏：第一五册》，第163页上。
② 陈景元：《南华真经章句余事》，载《道藏：第一五册》，第959页上。
③ 陆游：《渭南文集》，载《陆游集》，北京：中华书局，1976，第2226－2227页。
④ 于北山：《陆游年谱》，上海：上海古籍出版社，2006，第123页。
⑤ 如文集卷二六《跋坐忘论》云"乾道二年天庆节借玉隆藏室本传"，《跋高象先金丹歌》"玉隆万寿观本也，丙戌二月八日"，又《跋天隐子》："丙戌三月中休传本于玉隆万寿宫"。陆游：《渭南文集》，载《陆游集》，第2226－2227页。
⑥ 钱大昕：《陆放翁先生年谱》，载《嘉定钱大昕先生全集：四》，第9页。又欧小牧：《陆游年谱》，成都：天地出版社，1981，第65页。

则范应元为宋理宗时人。① 而《道德真经古本集注》前署"前玉隆万寿宫掌教、南岳寿宁观长讲果山范应元集注直解"②，可知范应元曾任玉隆万寿宫掌教，其所取之《老子指归》或即乾道二年陆游所见之玉隆万寿宫本。

《逍遥山万寿宫志》载宋真宗大中祥符三年（1010）改"玉隆观"为"玉隆宫"，御赐"玉隆"敕额，政和六年（1116）诏以西京崇福宫为例，敕建"玉隆万寿宫"，内有轮藏阁③。至南宋时玉隆万寿宫仍保存北宋《道藏》。④ 玉隆万寿宫为政和六年所建，正值"万寿道藏"编纂之时：政和三年（1113），宋徽宗诏天下访求道书；四年，福州知事黄裳奏请建轮藏，以庋天下道书，政和六、七年又全藏付刊，是为政和"万寿道藏"。万寿道藏之编纂与玉隆万寿宫之筹建正为相当，则颇疑玉隆万寿宫所藏为"万寿道藏"。"万寿道藏"与"天宫宝藏"一样收录《老子指归》，彭耜《道德真经集注杂说》曰："我朝崇宁中再校定道藏经典，此书（张道相《集注》）藏中已不复见，其余诸家仅存玄宗、河上公、严遵、陆希声四注，及傅奕所传古本《道德经》耳。"⑤ 此事即《文献通考》卷二二四引李壁云"近世张君房所集道书凡四千五百六十五卷，崇、观间增至五千三百七十八卷"⑥，徽宗崇宁、大观年间校定《大宋天宫宝藏》⑦，汉唐老子古注仅有四家，严遵亦在其中。在此基础上进一步扩充而成的"政和万寿道藏"也同样如此。

五、吕知常所见《老子指归》

靖康、建炎两代，北宋道藏经多遭焚毁，宋孝宗淳熙四年（1177），在抄录

---

① 刘固盛：《〈老子道德真经古本集注〉考》，《老庄学文献及其思想研究》，长沙：岳麓书社，2009，第250页。
② 范应元：《老子道德经古本集注》，上海：华东师范大学出版社，2001，第1页。
③ 金桂馨、漆逢源等撰：《逍遥山万寿宫志》，光绪四年南昌铁柱宫刊本，卷七，第2、5页。又白玉蟾：《玉隆集·续真君传》，见《修真十书》，载《道藏：第四册》，第761页上。宋真宗大中祥符三年御赐"玉隆"敕额一道，政和六年改观为宫，仍加"万寿"二字。秋月观暎：《中国近世道教的形成——净明道的基础研究》，丁培仁译，北京：中国社会科学出版社，2005年，第82页。
④ 陈国符：《道藏源流考》，第141页。
⑤ 彭耜：《道德真经集注杂说》，《道藏：第一三册》，第256页上。
⑥ 马端临：《文献通考》，北京：中华书局，1986，第1805页。
⑦ 陈国符：《道藏源流考》，第133页。

福州闽县报恩光孝观"政和万寿道藏"的基础上，重建道藏，是为"琼章宝藏"。《咸淳临安志》云："佑胜观……淳熙三年，诏改为道宫，以奉真武。绍定间，重建门曰'佑圣之观'，殿曰'佑圣之殿'。藏殿在西庑，曰'琼章宝藏'，皆理宗皇御书。"① 则佑胜观有"琼章宝藏"。淳熙十五年（1188）佑胜观虚白斋高士吕知常进《道德经讲义》于宋孝宗②，《道德经讲义》引《老子指归》仅三处，但指出《道经·天长地久章》严遵本作"以其无私"，不见《道德真经藏室纂微篇》等他书引用，则吕知常当以主持佑胜观之便，曾睹《老子指归》全本，而不是像刘惟永等人那样通过《道德真经藏室纂微篇》转引《老子指归》。

六、小结：《老子指归》的流布与历代道藏之关系

综上所述，宋代各时期道藏如《大宋天宫宝藏》《政和万寿道藏》和《琼章宝藏》都收有《老子指归》。其后金、元诸代道藏皆就《万寿道藏》刊行，延及今存之《正统道藏》。从如今所见诸书引用《老子指归》的情况看，宋代《老子指归》的流传主要依靠道藏；而今《正统道藏》收录的《老子指归》就是源自宋代道藏本；除了一些传抄讹夺外，宋代诸本《老子指归》的面貌和今正统《道藏》本的差别应该不会太大——都是唐初谷神子注十三卷本《老子指归》：由于明《正统道藏》和宋《政和万寿道藏》一脉相承，而《政和万寿道藏》又是在《大宋天宫宝藏》的基础上增补而来。既然《正统道藏》收的是谷神子注十三卷本《老子指归》，不难逆推宋代道藏收录《老子指归》就是此本：北宋仁宗时期统计官方藏书目录的《崇文总目·道书类》载《老子指归》十三卷③，南宋王应麟（1223－1296）《玉海》引《国史艺文志》曰"严君平《指归》十三卷"，又引《中兴馆阁书目》曰"十三卷，汉严遵撰，谷神子注"。④ 综合历代

---

① 潜说友：《咸淳临安志》，道光十年钱塘汪氏振绮堂刊本，卷十二，第5页。
② 吕知常：《道德经讲义序》，载熊铁基、陈红星主编《老子集成：第四卷》，北京：宗教文化出版社，2011，第224页。另据《何真人事实碑》宋宁宗庆元三年吕知常仍任坐管教门公事、虚白斋高士、知通神庵事。《修天庆观碑》亦有吕知常为佑圣观高士之记载（参见：陆绍闻编：《金石续编》，国家图书馆善本金石组编《宋代石刻文献全编：第三册》，北京：北京图书馆出版社，2003年，第732页）。见汪圣铎：《宋代政教关系研究》，北京：人民出版社，2010，第456页。
③ 王尧臣等：《崇文总目》，第270页。
④ 王应麟：《玉海》，第1054页。

《国史艺文志》的《宋史·艺文志》亦曰"严遵《老子指归》十三卷"。[①] 不仅官方目录，私人藏书目录如晁公武《郡斋读书志》所载的《老子指归》也是十三卷本[②]。可见宋代流传的《老子指归》就是十三卷本。今将谷神子注十三卷本《老子指归》的著录、引用情况与各时期道藏关系的推测附于图8-1：

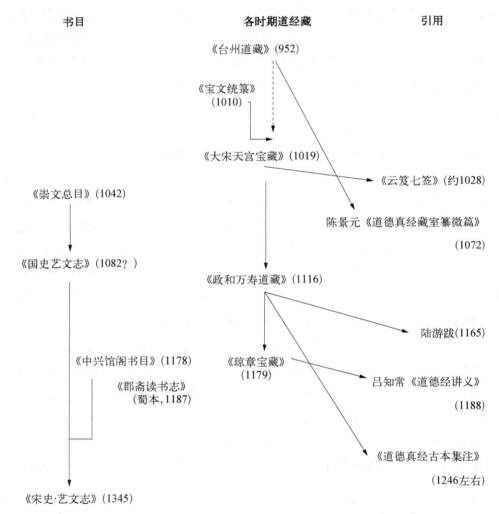

书目　　　　　　　　　　　**各时期道经藏**　　　　　　　　　　　**引用**

《台州道藏》(952)

《宝文统箓》(1010)

《大宋天宫宝藏》(1019)

《云笈七签》(约1028)

陈景元《道德真经藏室纂微篇》(1072)

《崇文总目》(1042)

《国史艺文志》(1082?)

《政和万寿道藏》(1116)

陆游跋(1165)

《中兴馆阁书目》(1178)

《郡斋读书志》(蜀本，1187)

《琼章宝藏》(1179)

吕知常《道德经讲义》(1188)

《道德真经古本集注》(1246左右)

《宋史·艺文志》(1345)

图8-1　十三卷谷神子注本《老子指归》著录、引用与各时期道藏关系推测[③]

① 脱脱等：《宋史》，北京：中华书局，1985，第5177页。
② 晁公武撰，孙猛校证：《郡斋读书志》，第468页。
③ 各目录及道经之年代主要参考 Piet van der Loon, *Taoist Books in the Libraries of the Sung Period*, London：Ithaca Press，1984. 下图同。

与之不同，唐五代流行的《老子指归》多为没有谷神子注的十四卷本，此沿袭前代而来。陆德明《经典释文序录》云："严遵作《老子指归》十四卷。"《隋书·经籍志》误载为"十一卷"（郑樵《通志·艺文略》亦承其误）①，知唐初官藏《老子指归》为十四卷，开元间修《三洞琼纲》或用此本，故在毋煚《古今书录》基础上撰作的新、旧《唐志》都载有十四卷本严遵《老子指归》。唐殷敬顺《列子释文·列子新书目录》亦云："《指归》：汉严遵，字君平，作《指归》十四篇。"② 五代杜光庭收集唐代道经藏，所见亦为十四卷本，杜氏《道德真经广圣义》云："严君平《指归》十四卷，汉成帝时蜀人，名遵。"伪《唐玄宗御制道德真经疏》亦同。③ 强思齐与杜光庭同为唐末入蜀的道士，其所见之《老子指归》亦不异于杜光庭。

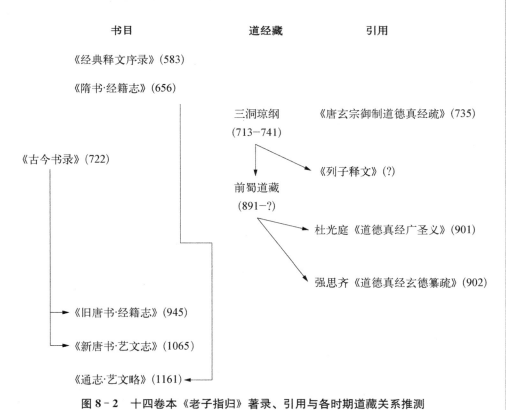

图 8-2　十四卷本《老子指归》著录、引用与各时期道藏关系推测

———————

① 郑樵：《通志二十略》，第 1606 页。
② 殷敬顺：《冲虚至德真经释文》，载《道藏》第一五册，第 163 页上。
③ 唐玄宗（旧题）撰：《唐玄宗御制道德真经疏》，载《中华道藏：第九册》，第 834 页。

由此可见，尽管唐代以后《老子指归》渐受冷落，但有赖于道教和道藏，这部西汉章句的孑遗得以保存至今。梳理道藏对《老子指归》保存情况，既有助于厘清《老子指归》的流传与影响，也有助于梳理《老子指归》在流传中的形态变化。

由《老子指归》一书的流传可见，《道藏》对于保存各类文献有着重要作用。① 今《道藏》虽然刊于明正统十年，但多数文献源于宋元道藏，其中不仅囊括各时期道教文献，许多教外遗珍也仰赖《道藏》得以保存：如唐代傅奕《道德真经古本篇》保存了楚汉时期项羽妾冢本《老子》的文本面貌；又如其中的二十八卷本《淮南子》许、高二注本多存宋代旧貌，可能出自《大宋天宫宝藏》收录的古本，② 较明清流传的通行本"多十之五六"③，在宋刊二十一卷本遗失后更是成为如今最古老的《淮南子》版本，王念孙、吴承仕、吕传元、王叔岷、于大成等即以此为最优之版本。④《墨子》见诸隋唐诸《志》者皆为十五卷，此后久无旧椠，而宋元明以降，博雅如陈振孙、黄震、吴师道诸人，皆仅见三卷坊本而未见十五卷本⑤，此十五卷本仅存于《道藏》，明代以来之十五卷本，莫不以此出。⑥ 同样，道藏中的《韩非子》⑦《公孙龙子》⑧ 也保留了古本的原始面貌，故惠栋、钱大昕有"道藏多儒书古本"之认识。李学勤在回顾古《周易》一些相关材料的时候指出道教保存了一些汉代和先秦的东西，很多文献，儒家的人忘了，但道教把它保存了。⑨ 由于道藏在过去流布和受重视的程

---

① 说参胡道静：《〈道藏〉的版本和利用及其前景》，载《学术月刊》，1987 年第 6 期，第 62 - 64 页。朱越利：《道经总论》，沈阳：辽宁教育出版社，1991，第 366 - 416 页。

② Harold D. Roth：*The Textual History of the Huai-Nan Tzu*，Ann Arbor：Association for Asian Studies，1992，pp. 45.

③ 钱坫云："道书中亦非全本，然较之流俗所行者多十之五六。"（庄逵吉：《校刊淮南鸿烈解序》，见何宁：《淮南子集释》，第 9 页。）陶方琦云："道藏本较通行本为楙密。"（陶方琦：《淮南许注异同诂》，光绪七年湖南使院刊本，第 1 页。）

④ 陈静：《自由与秩序的困惑：〈淮南子〉研究》，昆明：云南人民出版社，2004，第 77 页。

⑤ 说参栾调甫：《俞抄墨子三卷本考证》，载《墨子研究论文集》，北京：人民出版社，1957，第 147 - 158 页。

⑥ 吴毓江：《墨子校注》，北京：中华书局，1993 年，第 989 页。

⑦ 周勋初认为："《道藏》本文字上出现的一些问题，正保留着古籍的原始面貌，宋乾道黄三八郎本中也有显然的错误，《定法》《显学》中有大段脱落，《道藏》本中却保存完整。"（周勋初：《〈韩非子〉札记》，南京：江苏人民出版社，1980，第 1 - 12 页）

⑧ 严可均《公孙龙子跋》："世所通行有前明绵眇阁本、十二子本、朱子汇函本，唯道藏本为差善。"见胡道静：《公孙龙子考》，上海：商务印书馆，1934，第 68 页。

⑨ 李学勤：《走出疑古时代》，长春：长春出版社，1997，第 9 页。

度不够，导致学者在研究时有很多类似指《老子指归》为伪书这样很明显的错误。例如四库馆臣在处理《文子》时认为，此书自北魏以来有李暹、徐灵府、朱元三家，"惟灵府注仅存，亦大半阙佚"，其实徐灵府《文子注》完本、朱弁（四库馆臣误作"朱元"）的残本都保存在道藏中；四库馆臣从《永乐大典》中辑录出杜道坚《文子缵义》的残本，其实《文子缵义》的完本也存于道藏中。[①]当然，道教经藏的意义还远不止辑存古代思想或宗教文献，更有涉及史地、科学、技术多方面内容，相信随着各学科研究的不断深入，道教文献的多方面重要价值会进一步引起重视。

---

① 余嘉锡：《四库提要辨证》，第 1119－1202 页。

一、辑佚凡例

一、参照经文：本辑佚以宋刻河上公注本《道经》为参照，辅之以郭店楚墓竹简、马王堆汉墓帛书及傅奕、王弼等各本《老子》。河上公注本经文用方框标识，以示非严本旧貌；而陆德明《经典释文》、陈景元《道德真经藏室纂微篇》、范应元《老子道德经古本集注》等书有论及严遵本《老子》与各本之异同者，据之补苴严遵本《老子》经文，不加边框并注明所本。至于辑本"《指归》"所体现之《道经》经文，亦不加边框。

二、分章：严遵原分《老子》为七十二章，其中《道经》三十二章，与河上公本分三十七章不同。然其之详已不可得知，今为便于翻检，除特别说明外，辑本之分章仍按河上公本三十七章之旧。

三、主要来源：辑佚以《无上秘要》、陈景元《道德真经藏室纂微篇》、张君房《云笈七签》等较早又改易较少原文者为主。若有后起之书如李霖《道德真经取善集》、刘惟永《道德真经集义》等与之重出，则用以校核异同，不另出正文，仅于"辑佚说明"中注出。若别有其他来源能补所辑之阙，则于"〔〕"内补录佚文，并于"辑佚说明"中指出。

四、"《指归》"缀合次序：为尽可能恢复原貌，本辑以"《指归》"所释之经文为序，依次逐录诸家所引佚文，置于经文整章之后。参之以用韵、文意而为之缀联；不能缀联者，前后用"……"相隔。惟"《指归》"原文未必按经文之序，不免有所爽差，仅能求得相对精准而已。

五、强思齐《道德真经玄德纂疏》等书所引"严曰""君平曰"，除摘引《指归》外，又有"严遵《老子注》"（"章句"之句），乃至于河上公、唐玄宗等别家之说。凡为严遵之"《老子注》"者，置于经文某句之后；凡为误引他说羼入"严曰"者，则于"辑佚说明"中指出，不列入所辑"《指归》"之正文。

六、本次辑佚引严遵《老子道经章句》共一百三十余条（存疑四条），校去重复相近四十余条，计九十二条。前人所辑之严遵《老子指归·道经》，亦分列于各条"辑佚说明"中，以备参阅。为便于行文，分别省称如左：

蒙辑：蒙文通《道书辑校十种》，共七十六条。

严辑：辑《道德指归论》上卷佚文。

严辑"严遵《老子注》"：严灵峰《辑严遵老子注》。

王辑：《老子指归译注》《老子指归》，共八十条。

七、辑证：凡《老子章句·道经》各部分之来源与考辨，用带【】大写数字如【壹】【贰】【叁】，置于各章之末尾。

二、严遵《老子章句·道经》辑佚

第一章

道之可道，非常道。名可之名，非常名。无名，天地之始。有名，万物之母。故常无欲，望无望也。以观其妙；鉴太清也。【一】常有欲，以观其所徼①。此两者，同出而异名，同谓之玄，玄之又玄，众妙之门。

【指归】

太上之象，莫高乎道德，其次莫大乎神明，其次莫大乎太和，其次莫崇乎天地，其次莫著乎阴阳，其次莫明乎大圣。夫道德所以可道而不可原也，神明所以可存而不可伸也，太和所以可体而不可化也，天地所以可行行而不可宣也，

---

① "以观其所徼"，今传本多作"以观其徼"，帛书本作"以观其所徼"、北大简本作"以观其所侥"、敦煌五千言本（编号 P. 2453）作"观所徼"，较传本多"所"字。案：严遵本《老子》似亦有"所"字。下《指归》曰"有欲之人，贪逐境物，亡其坦夷之道，但见边小之徼"，是释"观其所徼"，其中"贪逐境物"一语，似为成玄英《义疏》"所，境也"所本。推知严遵本《老子》经文"其"下当有"所"字。"徼"，王弼、河上公、张湛等皆释作"归"，案：《指归》"但见边小之徼"，与上揭诸家不同，或为陆德明《释文》"小道也，边也"之所本。

阴阳所以可用而不可传也，大圣所以可观而不可言也。故度之所度者知，而数之可数者少；知之所知者浅，而为之所为者薄。至众之众不可数，而至大之大不可度；微妙穷理，非智之所能测；大成之至，非为之所能得；天地之间，祸乱患咎，非事之所能克也。故不道之道，不德之德，政之元也【二】；不名之名，亡功而功，化之根也。

是故王者有为而天下有欲，去醇而离厚，清化而为浊。开人耳目，示以声色，养以五味，说以功德，教以仁义，导以礼节。民如寝觉，出于冥室，登丘陵而盼八方，览参辰而见日月。故化可言而德可列，功可陈而名可别。是以知放流，而邪伪作；道德壅蔽，神明隔绝；百残萌生，太和消竭。天下徨徨迷惑，驰骋是非之境，失其自然之节。情变至化，糅于万物；悴憔黧黑，忧患满腹。不安其生，不乐其俗；丧其天年，皆伤暴虐。是以君臣相顾而营营，父子相念而恋恋；兄弟相忧而凄凄，民人恐惧而慑身。慑身相结，死不旋踵，为患祸也；父子恋恋，兄弟凄凄，昏定晨省，出辞入面，为夭伤也。臣见其君，五色无主，疾趋力拜，翕肩促肘，稽首膝行，以严其上者，为不相亲也。

故可道之道，道德彰而非自然也。【三】可名之名，功名显而非素真也。【四】

有名，非道也；无名，非道也。有为，非道也；无为，非道也。无名而无所不名，无为而无所不为。【五】……无名无朕，与神合体，天下恃之，莫知所以，变于虚无，为天地始。【六】……有名者之为化也，尊道德、贵神明、师太和、则天地，故为万物母。【七】……心如金石，形如枯木，默默隅隅，志如驹犊者，无欲之人①，复其性命之本也；有欲之人②，贪逐境物，亡其坦夷之道，但见边小之徼，迷而不返，丧失真原。③【八】……【九】

[辑佚说明]

【一】强思齐《道德真经玄德纂疏》释"常无欲以观其妙，常有欲以观其

---

① "无欲之人"，刘惟永《道德真经集义》作"谓无欲之人"，增一"谓"字。
② "有欲之人"，刘惟永《道德真经集义》作"且有欲之人"，增一"且"字。
③《唐玄宗御制道德真经疏》（《道藏》"效"字号十卷本）释"故常无欲以观其妙，常有欲以观其徼"曰："欲者性之动，谓逐境而生心也。言人常无欲，正性清静，反照道源，则观见妙本矣。若有欲，逐境生心，则性为欲乱。以欲观本，既失冲和，但见边徼矣。徼，边也。"此说或取自严君平《指归》。

徵"引严曰:"无欲者,望无望。观其妙者,鉴太清也。明有欲无欲。"王辑、蒙辑以为"《指归》"正文;严辑无此条。波成谨案:"望无望""鉴太清"三字押韵(阳耕合韵),似当为"严遵《老子注》",即"章句"之"句"。

【二】杜光庭《道德真经广圣义·疏老子德经》引作:"不道之道,不德之德,正之元也。""政"字在此作"正"。

【三】"太上之象"至此,含下"功名显而非素真也"皆见张君房《云笈七签》卷一《道德部·总叙道德》。王辑、蒙辑同;严辑无。又陈景元《道德真经藏室纂微篇》、李霖《道德真经取善集》、刘惟永《道德真经集义》释"道可道,非常道"引严遵说除此句外,又有:"今之行者,昼不操烛,为日明也。日明者,不道之道,常也;操烛者,可道之道,彰也。夫著于竹帛、镂于金石、可传于人者,可道之道也;若乃可传而不可受,可得而不可见,自本自根,未有天地,自古以固存,神鬼神帝,生天生地者,常道之道也。五千文之蕴,发挥自此数言,实谓玄之又玄、神之又神也。"王辑无,蒙辑引之至"常道之道也",严辑引之至"神之又神也"。波成谨案:"神鬼神帝"等数句亦见于《庄子·大宗师》,似非严遵之语。

【四】张君房《云笈七签》卷一《道德部·总叙道德》、陈景元《道德真经藏室纂微篇》、刘惟永《道德真经集义》引。王辑、蒙辑、严辑同。此二句强思齐《道德真经玄德纂疏》释"道可道,非常道"引作:"道德彰,非自然,功名显,非真素。"

【五】赵秉文《道德真经集解》释"名可名,非常名"、刘惟永《道德真经集义·道可道章》"拾遗"引。

【六】陈景元《道德真经藏室纂微篇》释"无名,天地之始"引。

【七】陈景元《道德真经藏室纂微篇》、刘惟永《道德真经集义》释"有名,万物之母"引,王辑、蒙辑同;该句下有"此用道者也",严辑全引至此句。波成谨案:"此用道者也"为陈景元语。

【八】陈景元《道德真经藏室纂微篇》、刘惟永《道德真经集义》释"故常无欲,以观其妙;常有欲,以观其徼"引。

【九】刘惟永《道德真经集义》释"玄之又玄"曰:"若乃通悟深妙、洞达冥默者,是谓有渊德也,故严君平曰:玄之又玄,此之谓欤。"王辑、蒙辑、严辑皆引之。波成谨案:不知刘氏《集义》所引为何意,故存之于此。

第二章

天下皆知美之为美，斯恶已；皆知善之为善，斯不善已。故有无相生，难易相成，长短相较，高下相倾，音声相和，先后相随①。是以圣人处无为之事，行不言之教，万物作焉而不辞，生而不有，为而不恃，功成而弗居。夫唯弗居，是以不去。

【指归】

人之聪明，可绝而不可散；人之情欲，可逆而不可顺。饬人之容，伤人之性；养人之欲，损人之命。世人所谓美善者，非至美至善也。夫至美，非世所能见；至善，非世所能知也。【一】无以有亡，有以无形。难以易显，易以难彰。寸以尺短，尺以寸长。山以谷摧，谷以山倾。音以声别，声以音停。先以后见，后以先明。故无无，则无以见有；无有，则无以知无。无难，无以知易；无易，无以知难。无长，无以知短；无短，无以知长。无山，无以知谷；无谷，无以知山。无音，无以知声；无声，无以知音。【二】无先，无以知后；无后，无以知先。凡此数者，天地之验，自然之符。陈列暴慢，然否相随，终始反复，不可别离，神明不能遁，阴阳不能违。由此观之，帝王之事不可以有为为也。【三】……昭昭不常存，冥冥不常然。荣华扶疏，始于仲春；荠麦阳物，生于秋分；冬至之日，万物滋滋；夏至之日，万物愁悲。……【四】……化与道均，不望其功；德与天齐，不求其报。遁功逃名，深隐玄域。虽欲不居，是以不去也。【五】……

［辑佚说明］

【一】强思齐《道德真经玄德纂疏》释"天下皆知美之为美，斯恶已；皆知善之为善，斯不善已"引。蒙辑、王辑同，严辑归入"严遵《老子注》"。

【二】陈景元《道德真经藏室纂微篇》释"故有无相生，难易相成，长短相较，高下相倾，音声相和，前后相随"引，刘惟永《道德真经集义》同。强思齐《道德真经玄德纂疏》则引作："难以易显，易以难彰；无难则无以知易，无

---

① "先后相随"，河上公本原作"前后相随"，王弼本、傅奕本等同；帛书本、北大简本、《道德真经次解》之遂州本、成玄英本作"先后相随"。案：《指归》"先以后见，后以先明"，则严遵本当作"先后相随"。

易则无以知难。若能巧拙两忘，则难易之名俱息。……寸以尺短，尺以寸长；无长则无以明短，无短则无以知长。长短相空，本无实相，故云空也。……山以谷摧，谷以山倾；无山则无以知谷，无谷则无以知山。如彼世间名位，递为臣妾，故无定位也。……音以声别，声以音停；无音则无以知声，无声则无以知音也。……先以后见，后以先明；无后则无以知先，无先则无以知后。"蒙辑亦引之，凡强氏《玄德纂疏》较陈景元《纂微篇》多出之文字如"若能巧拙两忘，则难易之名俱息""长短相空，本无实相，故云空也""如彼世间名位递为臣妾，故无定位也"三句，蒙辑皆用双行小字注出。波成谨案：此三句大旨与唐玄宗《御注》相符，似出自《唐玄宗御制道德真经疏》。

【三】陈景元《道德真经藏室纂微篇》释"故有无之相生，难易之相成；长短之相较，高下之相倾；音声之相和，前后之相随"引，刘惟永《道德真经集义》"无以"前各多一"则"字。王辑、严辑同，蒙辑无"由此观之，帝王之事不可以有为为也"句。波成谨案："随""离""为"皆歌部字，"违"为脂（微）部字，歌脂合韵，则"帝王之事不可以有为为也"句当有。

【四】陈景元《道德真经藏室纂微篇》、刘惟永《道德真经集义》释"天下皆知美之为美，斯恶已；皆知善之为善，斯不善已"引。王辑同。此句下文为"谓其盛必有衰，美必有恶，阴阳尚尔，况于人乎？斯戒其矜夸美善者也"，蒙辑亦引之至"况于人乎"，严辑则全引之至"斯戒其矜夸美善者也"。波成谨案："谓其盛必有衰"以下包括"斯戒其矜夸美善者也"皆似为陈景元语。

【五】强思齐《道德真经玄德纂疏》释"夫唯不居，是以不去"引。蒙辑、王辑同，严辑入"严遵《老子》注"。波成谨案：该句前原有"夫唯不敢宁居而增修其德者，则忘功而功存，故不居而不去"三句，强氏以为"严曰"，其实为《唐玄宗御注道德真经》文，非"指归"佚文，强氏常援唐玄宗《御注》为严遵之语。

第三章

　　不尚贤，使民不争；不贵 难得之货 ，使民不为盗； 不见可欲， 使民不乱[①]。 是以圣人之治：虚其心，实其腹；弱其志，强其骨。常使民无知无欲，使夫智者不敢为也。为无为，则无不治。

[①] "使民不乱"，《淮南子·道应训》、河上公本原作"使心不乱"，今传本多同；王弼本作"使民心不乱"，帛书本作"使民不乱"，案：《指归》"世绝三五，则民无喜，无喜则无乐，无乐则不淫乱"，则严遵本《老子》当作"使民不乱"。

【指归】

世尚礼仪则人争，而不逮则为伪。【一】夫天生之贤，匪由尚出也。……此乃自然，非由尚也。……世尚礼义则人争，［争］① 而不逮则为伪；【二】【三】……盛德者为主，微劣者为臣，贤者不万一，圣人不世出。譬如使驽马、骅骝并驰于夷道，鸿鹄、鹓鹐双翼于青云，则贤不肖可知矣。藏珠宝玉则人求，［求］而不赡则为盗；发扬三五则人悦，悦而不穷则邪乱也。【四】……世不尚贤则民不趋，不趋则不争，不争则不为乱；世不贵货则民不欲，不欲则不求，不求则不为盗；世绝三五则民无喜，无喜则无乐，无乐则不淫乱：此自然之数也。【五】……虚心以静气，专精以积神。寂然无为，泊然无治。无爵禄以劝之，而孝慈自起；无刑罚以禁之，而奸邪自止。反真复素，归于元始，世主无为，天人交市；翱翔自然，物物而治也。【六】

［辑佚说明］

【一】强思齐《道德真经玄德纂疏》释"不尚贤，使民不争"引。蒙辑、王辑以及严辑"严遵《老子》注"同。

【二】陈景元《道德真经藏室纂微篇》、刘惟永《道德真经集义》释"不尚贤，使民不争"引。严辑同。蒙辑、王辑无"夫天生之贤，匪由尚出也"句，波成谨案：此句当有。陈氏《纂微》、刘氏《集义》此句上为"严君平曰"、下接"又曰"，则当为严遵语。"夫"为发端之词，则非陈氏、刘氏总结之辞。

【三】陈景元《道德真经藏室纂微篇》、刘惟永《道德真经集义》释"不尚贤，使民不争"引。严辑同。蒙辑、王辑无"此乃自然，非由尚也"句。

【四】陈景元《道德真经藏室纂微篇》、刘惟永《道德真经集义》释"不见可欲，使心不乱"引。严辑、王辑同，蒙辑"此自然之数也"为双行小字。

【五】强思齐《道德真经玄德纂疏》释"不贵难得之货，使民不为盗"引。蒙辑、王辑以及严辑"严遵《老子》注"同。波成谨案：此三句句式类似，且可与下文相应，故缀联为一。

【六】强思齐《道德真经玄德纂疏》释"是以圣人之治，虚其心，实其腹，弱其志，强其骨"引。蒙辑、王辑、严辑"严遵《老子》注"同。"虚心以静

---

① 案：原本无"争"字，按文气当有"争"字，下文云"发扬三五则人悦，悦而不穷则邪乱也"，可证。下句"求"字亦如之。

气"句与"无爵禄以劝之"句在强氏《玄德纂疏》中分列两处，蒙、王、严三家所辑亦分为两段。波成谨案："泊然无治"句始换韵之部，下"之""起""之""止""始""市""治"亦为之部字，似可连读。

第四章

> 道冲而用之或不盈，渊乎似万物之宗。挫其锐，解其纷，和其光，同其尘。湛兮似若存，吾不知谁之子，象帝之先。

【指归】

道以至虚，故动能至冲；德以至无，故动而至和。万物得之，莫有不通冲和者。道德之用，神明之常，天地所遵，阴阳所宗也。【一】……为冲者不冲，为和者不和，不为冲和，乃得冲和。冲以虚为宅，和以①无为家。能虚能无，至冲有余；能无能虚，常与和俱。【二】……有志而无锐，有心而无思，设无设之设，图无图之图也。【三】

［辑佚说明］

【一】强思齐《道德真经玄德纂疏》释"道冲而用之或不盈"引。蒙辑、王辑以及严辑"严遵《老子》注"同。

【二】吕知常《道德经讲义》、陈景元《道德真经藏室纂微篇》、刘惟永《道德真经集义》释"道冲而用之或不盈"引。蒙辑、王辑同。此句下文"斯真得大道冲和之用，而不盈满者也。中者，所用在于和，道也；或者，不敢建言其道也"，严辑亦引之。波成谨案："斯真得大道冲和之用"以下各句，非《指归》之文。

【三】强思齐《道德真经玄德纂疏》释"挫其锐，解其纷"引。蒙辑、王辑以及严辑"严遵《老子》注"同。

第五章

> 天地不仁，以万物为刍狗。圣人不仁，以百姓为刍狗。天地之

---

① "和以"，陈景元《道德真经藏室纂微篇》、吕知常《道德经讲义》作"以"，刘惟永《道德真经集义》作"者"。

間，其犹橐籥乎。虚而不屈，动而愈出。多言数穷^①，不如守中。

【指归】

……天高而清明，地厚而顺宁。阴阳交通，和气流行，泊然无为，万物自生焉。天地非倾心移意，劳精神，务有事，凄凄恻恻，流爱加利，布恩施厚，成遂万物而有以为也。明王圣主，秉道统和，清静不改，一以变化，神明默达，与道同仪：天下应之，万物自化。圣人非竭智尽能，扰心滑^②志，损精费神，不释思虑，徨徨显显，仁生事利，领理万人而有以为也。【一】……［橐钥籥释虚无而事爱利，则中外隔闭，气息不依］；天地释虚无而事爱利，则变化不通，物不尽生；圣人释虚无而事爱利，则德泽不普，海内不并，恩不下究，事不尽成。何则？仁爱之为术也有分，而物类之仰化也无穷，操有分之制以授无穷之势，其不相赡，由川竭而益之以洍也。【二】……虮虱动于毛发，则寝为之不安^③；蚊蝱著于皮肤，则精神骚动，思虑不通。外伤蜂蛮之毒，则中心为之惨痛；末^④害于耳目，而百节为之不用。【三】……天地不言，以其虚无，得物之中，生物不穷。圣人不言，法令虚而合物则。天狱空而无禁，鬼神静而无为。天下荡荡，不识不知而大治也。【四】……夫疾形不能遁影，大音不能掩响。默然托荫，则影响无因；常体卑弱，则祸患无萌。口舌者，祸患之门，灭身之斧；言语者，天命之属，形骸之部。出失则患入，言失则亡身。是以圣人当言而怀，发言而忧，如赴水火，履危临深。有不得已，当而后言。嗜欲者，溃腹之矛；货利者，丧身之仇；嫉妒者，亡驱之害；谗佞者，刭颈之兵；残酷者，绝世之殃；陷害者，灭嗣之场；淫戏者，殚家之堑；嗜酒者，穷倭之薮；忠孝者，富贵之门；节俭者，不竭之源。【五】

［辑佚说明］

【一】陈景元《道德真经藏室纂微篇》、刘惟永《道德真经集义》释"天地

---

① "多言数穷"，傅奕本、河上公本同；帛书本、敦煌五千言本（如编号 P. 2584、P. 2370、S. 789 等）、遂州碑皆作"多闻数穷"。案：《指归》"天地不言""圣人不言"云云，则严本《老子》当为"多言"而非"多闻"。
② "滑"，刘惟永《道德真经集义》作"揉"。案：作"滑"者是也，《名身孰亲章》作"扰心猾意"，扰、猾皆乱也。
③ "则寝为之不安"，王辑作"寝之不安"。
④ "末"，蒙辑前有"□"字。

不仁，以万物为刍狗"引。

【二】陈景元《道德真经藏室纂微篇》、刘惟永《道德真经集义》释"天地之间，其犹橐籥乎"引。严辑、王辑同；蒙辑则将"何则？化爱之为术也有分，而物类之仰化也无穷。操有分之制，以授无穷之势，其不相赡，由川竭而益之以沍也"书作双行小字，以为非严遵之语。波成谨案：此文陈氏《纂微篇》下接"（严君平）又曰"，当为严氏语。"势"为月部字，"赡"为谈部字，"沍"为铎部字，相去不远。

又：强思齐《道德真经玄德纂疏》引作："天地释虚而事爱，则变化不通，物不尽生；圣人释虚而事爱，则德泽不普，海内不升，恩不下究，功不尽成；橐籥释虚而事爱，则中外隔闭，气息不依。何则？仁爱之弊矣。"与陈氏《纂微篇》、刘氏《集义》略有不同，如凡"虚无"皆作"虚"，"爱利"皆作"爱"之类，强氏《玄德纂疏》好改易割裂《指归》，故不取。唯较陈、刘二书多出"橐籥释虚而事爱，则中外隔闭，气息不依"句，窃谓此句当在"天地释虚无而事爱利"句前。"利""闭""依"皆为脂（微）质部字，与下文东耕合韵不合。并据陈景元《道德真经藏室纂微篇》补"虚"为"虚无"，补"爱"作"爱利"。

【三】陈景元《道德真经藏室纂微篇》、刘惟永《道德真经集义》释"天地之间，其犹橐籥乎"引。王辑同。此句下文"此言爱利之存于胸中。岂得无屈挠纯和，耗蠹血气乎"，严辑引至此句，蒙辑则录此句为双行小字。

【四】强思齐《道德真经玄德纂疏》释"多言数穷，不如守中"引。王辑、蒙辑、严辑"老子《严遵》注"同。

【五】袁说友《成都文类》卷四八引严遵《座右铭》[1]，又见于北魏司马金龙墓屏风题记[2]，但文字残泐。刘惟永《道德真经集义》释"多言数穷，不如守中"仅有"言出则患入，言失则亡身"两句。王辑、蒙辑引刘惟永《集义》。严辑无。

第六章

谷神不死，是谓玄牝。玄牝之门，是谓天地根。绵绵若存，用之不勤。

---

[1] 袁说友：《成都文类》，第 928 页。
[2] 殷宪、董其高：《北魏司马金龙墓屏风漆画题记》，载《中国书法》，2014 年第 4 期，第 124-135 页。

【指归】

太和妙气，妙物若神，空虚为家，寂泊为常，出入无穷，往来无间，动无不遂，静无不成，化化而不化，生生而不生也。【一】……牝以雌①柔而能生，玄犹幽远而不见，虽子物如母，莫覩其形。【二】……太和之所以生而不死，始而不终，开导神明，为天地之根元。【三】……动静玄妙，若亡若存，成物遂事，无所不然。光而不灭，用之不勤者，以其生不生之生，体无形之形也。【四】

［辑佚说明］

【一】强思齐《道德真经玄德纂疏》释"谷神不死"引。蒙辑、王辑以及严辑"严遵《老子》注"同。

【二】强思齐《道德真经玄德纂疏》释"是谓玄牝"引。蒙辑、王辑以及严辑"严遵《老子》注"同。

【三】强思齐《道德真经玄德纂疏》释"玄牝之门，是谓天地根"引。蒙辑、王辑以及严辑"严遵《老子》注"同。

【四】强思齐《道德真经玄德纂疏》释"绵绵若存，用之不勤"引。蒙辑、王辑以及严辑"严遵《老子》注"同。

第七章

> 天长地久，天地所以能长且久者，以其不自生，故能长生。是以圣人后其身，而身先，外其身，而身存。以其无私②，故能成其私。

【指归】

圣人威震八表，聪明四达，委虑于无欲，归计于不为，卑身以尊天，后己以安人。故不为而成，不言而信，人愿为主。故先人逆身以顺道，外己以安人，功大无外而不可见，德高如盖而不可闻，化与神明通③流，寿与山川为常，故

---

① "雌"，王辑作"慈"。

② "以其无私"，今帛书本、王弼、河上、傅奕诸本皆作"不（或作'非'）以其无私邪（或作'与'）"。吕知常《道德经讲义》云："'以其无私'，河上公、严君平本也。'不以其无私耶'，王弼本也。'非以其无私耶'，开元御本也。"刘惟永《道德真经集义》亦曰："河上公、严君平本'以其无私'，王弼古本作'不以其无私邪'。"今经文从二书作"以其无私"，与《释文》所见河上公本、《道藏》之河上公本、昭宗景龙二年龙兴观碑同，《道德真经次解》所载遂州本作"以其无尸"。

③ "通"，王辑作"同"。

存。【一】

［辑佚说明］

　　【一】强思齐《道德真经玄德纂疏》释"是以圣人后其身，而身先，外其身，而身存"引。蒙辑、王辑以及严辑"严遵《老子》注"同。

第八章

　　上善若水。水善利万物而不争，处众人之所恶，故几于道。居善地，心善渊，与善仁，言善信，正善治，事善能，动善时。夫唯不争，故无尤。

【指归】

　　……人者，体柔守弱，去高处下，受辱如地，含垢如海，言顺人心，身在人后。人之所恶，常独处之，恬若无心，荡若无己，变动无常，与道流止。去己任因，莫过于水，帝王体之，用之为治。其德微妙，有何尤①矣？【一】……

［辑佚说明］

　　【一】强思齐《道德真经玄德纂疏》释"夫唯不争，故无尤"引。蒙辑、王辑以及严辑"严遵《老子》注"同。

第九章

　　殖②而盈之，不如其已。揣而锐之，不可长保。金玉满室③，莫之能守。富贵而骄，自遗其咎。功成、名遂、身退，天之道。

---

① "尤"，王辑作"慢"，释作"忧患"。案：经文与《指归》皆为"过失"之"尤"。
② "殖而盈之"，北大简本、王弼本、河上公本、傅奕本皆作"持而盈之"，陈景元《道德真经藏室纂微篇》云："严君平作'殖而盈之'，谓积其财宝。"今经文从陈氏《纂微篇》所记作"殖而盈之"。马王堆帛书甲、乙本皆作"揗而盈之"，郭店楚简本作𡩡，从之从贝，似皆与"货殖"相关。
③ "金玉满室"，今王弼本、河上公本作"金玉满堂"。范应元《老子道德经古本集注》："室字，严遵、杨孚、王弼同古本。"陈景元《道德真经藏室纂微篇》亦云："严君平、王弼本作'金玉满室'。"今经文从二书作"金玉满室"。郭店简本、马王堆帛书甲本、北大简本作"金玉盈室"，严遵本《老子》盖为避刘盈讳，改"盈室"为"满室"。

【指归】

……污众趣时，以致财货，财货愈重，神明愈耗。财货累积，以生患咎，不如未盈而止者矣。【一】……砥心锐志，运筹策、奢①智能，爵尊名达，身进神去，安可长保也？【二】……富贵之于我也，犹登山而长望也；名势之于我，犹奔电之忽过也。【三】……金玉之与身，而名势之与神，若冰若炭，势不俱存。故名者，神之秽也；利者，身之害也。养神之秽，积身之害；损我之所成，而益我之所败。得之以为利，失之以为害，则彼思虑迷而趣舍悖也。【四】……财利日益，生炁日尽，莫之能守也。【五】……益我货者损我神，生我名者杀我身。患生于我，不由于人；福生于我，不由于天。【六】……富贵而不骄，易言而难行；身愈尊贵，志愈高远。而富贵而骄，犹炬得火，举明愈大，炬明愈尽，可不慎乎！【七】……

[辑佚说明]

【一】强思齐《道德真经玄德纂疏》释"持而盈之"引。蒙辑、王辑以及严辑"严遵《老子》注"同。

【二】强思齐《道德真经玄德纂疏》释"揣而锐之，不可长保"引。蒙辑、王辑以及严辑"严遵《老子》注"同。

【三】陈景元《道德真经藏室纂微篇》释"揣而锐之，不可长保"引。蒙辑、王辑以及严辑"严遵《老子》注"同。

【四】陈景元《道德真经藏室纂微篇》、刘惟永《道德真经集义》释"富贵而骄，自遗其咎"引。蒙辑、王辑以及严辑同。下注强思齐《道德真经玄德纂疏》引此段亦大同。

【五】强思齐《道德真经玄德纂疏》释"金玉满堂，莫之能守"引严曰："夫金玉之与名势、身之与神，若冰之与炭，势不两存。名势者，神之秽；财利者，身之害。养神之秽，积身之害，损我之所以成，而益之所以败。财利日益，生炁日尽，莫之能守也。"其中"夫金玉之与名势"至"而益之所以败"与陈氏《纂微篇》、刘氏《集义》引大同小异；唯较之陈氏《纂微篇》多出"财利日益，生炁日尽，莫之能守也"句。蒙辑将"彼思虑迷而趣舍悖"与"财利日益"句缀联，严辑"严遵《老子注》"径录强氏《玄德纂疏》，王辑则无此句。波成谨

---

① "奢"，王辑作"著"。

案：以文义观之，"财利日益"当另为一句。"金玉之与身，而名势之与神"以下分别为"身""神""炭""存"真元合韵相叶；"秽""害""秽""害""败"与"彼思虑迷而趣舍悖"之"迷""悖"相叶（月部字与脂、质部字汉代韵文多相叶），而与"莫之能守"之"守"（幽部）不合。故而"财利日益"以下当另为一句，惟强氏《玄德纂疏》好摘引严遵之语言，故此句是否与前段相连未可确知也。

【六】陈景元《道德真经藏室纂微篇》、刘惟永《道德真经集义》释"富贵而骄，自遗其咎"引。蒙辑、王辑以及严辑同。

【七】强思齐《道德真经玄德纂疏》释"富贵而骄，自遗其咎"引。蒙辑、王辑以及严辑"严遵《老子》注"同。

第十章

> 载营魄，抱一，能无离乎，专气致柔，能婴儿。涤除玄览，能无疵。爱民治国，能无为。天门开阖，能为雌。明白四达，能无知。生之、畜之。生而不有，为而不恃[①]，长而不宰，是谓玄德。

【指归】

不有不恃，不以不宰，变化冥冥，天地自理。去华离末，归初反始，祸绝于我，乱亡于彼。福起于天，德生于地。然默默挽挽，万物齐均，其德玄冥，莫之见闻也。【一】

[辑佚说明]

【一】强思齐《道德真经玄德纂疏》释"生之、畜之。生而不有，为而不恃，长而不宰，是谓玄德"引。蒙辑、王辑以及严辑"严遵《老子》注"同。

第十一章

> 三十辐共一毂，当其无，有车之用。埏埴以为器，当其无，有器之用。凿户牖以为室，当其无，有室之用。故有之以为利，无之以为用。

---

① "为而不恃"，帛书本无此四字，案：《指归》"不有不恃，不以不宰"，则经文当有"为而不恃"句。

【指归】

【一】太古圣人之牧民也，因天地之所为，不事乎智巧，饮则用瓢，食则用手，万物齐均，无有高下。及至王者有为，赋重役烦，百姓罢极，上求不猒，贡献辽远，男女负载，不胜其任，故智者作为推毂，驾马服牛，负重致远，解缓民劳。后世相承，巧作滋生，雕琢斑毂朱轮，饰以金银，加以翠玑，一车之费，足以贫民。是以老氏伤创作之害道德，明为善之生祸乱也，故举车、器、室三事，说有、无、利、用之相资，因以垂戒云。【二】……道德衰废之时，忧患攻其内，阴阳贼其外；民人薄弱，赢瘦多疾。是故水火齐起、五味将形，生熟不别、干渍不分。故智者埏土为器，以熟酸咸，而遂至田猎奢淫，残贼群生，刳胎杀鷇，以顺君心，雕琢珠玉，以为盂盘。朴散为器①，一至于斯。【三】……人心既变，万物怨恨，虫蛇起，毒蠚作，禽兽害人。于是岩穴之中不足以御患难、全性命、终天年。故智者为作居室：上栋下宇，穿窗候望，坚关固闭，开阖疾利；蜂虿不得入，禽兽不得至。而后遂至华台危阁，阿房之殿，大关守险，筑城为固，士卒疲倦，死者无数。然而上世以为治、后世以为乱者，此乃有、无、利、用相因之弊盖在乎人尔！【四】……

[辑佚说明]

【一】顾欢《道德真经注疏》②云："严、顾等曰：古有作车象月之数，月有三十日，车有三十辐。夫月之悬天，流行不息；车之辗地，亦运载无停。是故古车以象月也。共一毂者，既三十日共一月，亦三十辐共一毂，欲明诸教虽多，同归一理。一理虽少，能总诸教。治国，论者众必宗寡，弱以扶强，故以一毂之寡，总诸辐之众。"王辑无，蒙辑引以为《指归》佚文，严辑则疑为"严遵《老子注》"佚文。波成谨案：此文系疏《河上公章句》"古者车三十辐，法月数也"之语，似非严遵注本文。

【二】陈景元《道德真经藏室纂微篇》、刘惟永《道德真经集义》释"三十辐共一毂，当其无，有车之用"引。蒙辑、王辑以及严辑同。

---

① "朴散为器"，陈景元《道德真经藏室纂微篇》如此，刘惟永《道德真经集义》作"于乎朴散为器"。
② 此书清代以来学者如阮元认为系张君相《三十家道德经集解》之残编，但其说不无问题，此书之辑合当在宋代（说参柳存仁：《论道藏本顾欢注老子之性质》，《和风堂文集·第一册》，上海：上海书店出版社，1988，第218页）。《道藏提要》和王卡也指出此书非南齐顾欢所作，乃北宋人所编集（说参任继愈主编：《道藏提要》，钟肇鹏副主编，北京：中国社会科学出版社，1991，第508页；王卡：《敦煌道教文献研究·综述·目录·索引》，第172页）。

【三】陈景元《道德真经藏室纂微篇》、刘惟永《道德真经集义》释"埏埴以为器，当其无，有器之用"引。蒙辑、王辑以及严辑同。

【四】陈景元《道德真经藏室纂微篇》、刘惟永《道德真经集义》释"埏凿户牖以为室，当其无，有室之用"引。蒙辑、王辑以及严辑同。

第十二章

> 五色令人目盲，五音令人耳聋，五味令人口爽，驰骋畋猎，令人心发狂，难得之货，令人行妨。是以圣人为腹，不为目，故去彼取此。

【指归】

淫于五色之变，视不见祸福之形；失于五音之变，听不闻吉凶之声；失[1]于五味之变，言[2]不中是非之情；[乐于田猎之变者，思不免于惑狂（狂惑）]；贪于财货之变，虑不见邪正之倾。

夫五色重而天下盲矣，五音调而天下聋矣，五味和而天下爽[3]矣，[田猎兴而天下狂矣]，珠玉贵而天下劳矣，币帛通而天下倾矣。

是故五色者，陷目之锥；五音者，塞耳之槌[4]；五味者，截舌之镵（斧）[5]。[田猎，狂惑之帅]；财货者，射身之矢，【一】害本之物矣。【二】利远方之货，天下之所以违也；贵难成之物，天下之所以微也。

凡此数者，变而相生，不可穷极。难明而易灭，难得而易失也，殃祸之宫（间）[6]，危亡之室也。求之以自贼，居之以自杀也。【三】夫圣人者，服无色之色，听无声之声，味无味之味。驰骋无境之域，经历无界之方，发无形之网，

---

① 《无上秘要》卷七《修真养生品》如此。案：似当从强思齐《道德真经玄德纂疏》作"佚"（泆）。即《尚书·多士》"大淫泆有辞"、《酒诰》"淫泆于非彝"之"泆"。

② "言"，强思齐《道德真经玄德纂疏》作"口"。

③ "爽"，《无上秘要·修真养生品》引《妙真经》如此，陈景元《道德真经藏室纂微篇》作"暗"。案：作"爽"者是。"爽"为阳部字，而此句恰为阳东合韵。亦与经文"五味令人口爽"相合。《云笈七签·七部语要·连珠》有云"五味重而天下爽"，亦可知有"爽"字。

④ "槌"，陈景元《道德真经藏室纂微篇》作"椎"。

⑤ "斩舌之镵"，《无上秘要》引《妙真经》《云笈七签·七部语要·连珠》等书引作"截舌之斧"，蒙辑作"斩舌之钺"。

⑥ "宫"，陈氏《纂微篇》作"间"，《无上秘要·修真养生品》引《妙真经》作"宫"。"宫""室"义近而相对，作"宫"者近之。

获道德之心矣！【四】

[辑佚说明]

【一】《无上秘要》卷七《修真养生品》引《妙真经》。其中"乐于田猎之变者，思不免于惑狂""田猎兴而天下狂矣"与"田猎，狂惑之帅"三句皆《无上秘要》所无，今据《老子》经文以强氏《玄德纂疏》所引"严曰"补者。① （《无上秘要》或《妙真经》似有意删去与《老子》经文"驰骋畋猎，令人心发狂"相关文句）。

强氏《道德真经玄德纂疏》释"五色令人目盲"至"难得之货，令人行妨"五句引严曰"淫于五色之变者，视不见祸福之形色者，陷目之锥也；佚于五音之变者，听不闻吉凶之声者，塞耳之椎也；美于五味之变者，口不中是非之情味者，斩舌之器也。……乐于田猎之变者，思不免于狂惑。田猎者，狂惑之师也。……贪于货财之变，虑不免于邪倾。财货者，害本之物矣。"王辑及"严辑《老子注》"全取强氏《玄德纂疏》。

"夫五色重而天下盲矣"以下，陈氏《纂微篇》亦引之作"五色重而天下盲，五音调而天下聋，五味和而天下喑，田猎兴而天下狂，珠玉贵而天下劳，币帛通而天下倾。是故五色者，陷目之锥；五音者，塞耳之椎；五味者，斩舌之鑱。田猎，狂惑之帅。利远方之货……"较《无上秘要》少"财货者，射身之矢"句。严辑全取陈氏《纂微篇》，而蒙辑以陈氏《纂微篇》为主，又据强氏《玄德纂疏》增入"某于某某之变者"各句。

波成谨案：以《德经章句》观之，陈氏《纂微篇》《无上秘要》所引之《妙真经》保存《指归》较为完整，而强氏《玄德纂疏》所引之《指归》多割裂牵合。以陈氏《纂微篇》与《无上秘要》相勘，可知"淫于五色之变"诸句当如《无上秘要》缀联为一。且"形""声""情""倾"皆为耕部字相叶，亦可为佐证。若按强氏《玄德纂疏》之序，则既不合韵，又文气不畅，于文意亦有隔阂。

又：《云笈七签·七部语要·连珠》亦载"五色重而天下爽，珠玉贵而天下劳，币帛通而天下倾。是故五色者，陷目之锥；五音者，塞耳之锥；五味者，

---

① 案："田猎兴而天下狂矣"之"狂"与"盲""聋""爽"皆为阳部字，"倾"为耕部字，此段为两汉韵文多见之耕阳合韵。又案："田猎，狂惑之帅""帅"字与"锥""椎""鑱""矢"古音皆为微部及其入声物部。故《玄德纂疏》所见"田猎兴而天下狂矣"与"田猎，狂惑之帅"两句当分别插入《无上秘要》中。

截舌之斧"之语。

【二】"害本之物矣"，此句为陈氏《纂微篇》《无上秘要》所无，而据强思齐《道德真经玄德纂疏》补。强氏《玄德纂疏》释"难得之货，令人行妨"引严曰："贪于货财之变，虑不免于邪倾，财货者，害本之物矣。"蒙辑、王辑以及严辑"严遵《老子》注"皆照录之。波成谨案："贪于货财之变"云云已见于上文，此仅取"财货者，害本之物矣"，与上句相骈。"物"字在西汉属质部，该句与前"锥""椎""鑯""矢""帅"脂部字相叶（质部为脂部之入声，汉代韵文平入相谐），后所接"违""微"等韵亦为脂部字。且下所论"利远方之货""贵难成之物"云云，亦皆属"财货"诸事，据补。

【三】陈景元《道德真经藏室纂微篇》释"难得之货，令人行妨"引。蒙辑、严辑同，王辑无。《无上秘要》卷七《修真养生品》引《妙真经》作："凡此数者，变而相生，不可穷极。难明易灭，难得易失也，此殃祸之宫，危亡之室。是以圣人服无色之色，听无声之声，味无味之味。"较之陈氏《纂微篇》少"利远方之货"句。

【四】强思齐《道德真经玄德纂疏》释"是以圣人为腹，不为目，故去彼取此"引。蒙辑、王辑以及严辑"严遵《老子》注"同。《无上秘要》卷七《修真养生品》引《妙真经》作："是以圣人服无色之色，听无声之声，味无味之味。名者，身之害也；利者，行之秽也。"波成谨案：由于《无上秘要》"听无声之声，味无味之味"与"是以圣人服无色之色"句相连，故此句似亦可与上句缀联。

第十三章

宠辱若惊，贵大患若身。何谓宠辱？辱为下，得之若惊，失之若惊；何谓贵大患若身？吾所以有大患者，为吾有身。及吾无身，吾何有患。故贵以身为天下者，则可寄天下，爱以身为天下，若可托天下。

【指归】

休心道德，记志神明，和为中主，澹若不生。无计之计，经营天地；无虑之虑，翱翔混冥。存忘变化，不以为异；尊宠卑贱，无所少多。贵大亡于身，故大患不能得，天网不能取也。【一】

【一】强思齐《道德真经玄德纂疏》释"及吾无身，吾何有患"引。蒙辑、王辑以及严辑"严遵《老子》注"同。

第十四章

视之不见名曰夷，听之不闻名曰希，循①之不得名曰微。此三者不可致诘，故混而为一。其上不皦，其下不昧。绳绳不可名，复归于无物。是谓无状之状，无物之象，是谓惚恍。迎之不见其首，随之不见其后，执古之道，以御今之有，能知古始，是谓道纪。

【指归】

……夫鸿之未成，剖其卵而视之，非鸿也。然其形声首尾皆已具存，此是无鸿之鸿也。而况乎未有鸿卵之时，而造化为之者哉！【一】由此观之，太极之原，天地之先，素有形声端绪而不可见闻，亦明矣！不以视视者，能见之；不以听听者，能闻之；不以循循者，能得之；不以言言者，能辩之。是故无形之形，天地以生，谓之夷；无声之声，五音以始，谓之希；无绪之绪，万端以起，谓之微。【二】……沉沉泛泛，复归虚空，曲成万物，皆得以存，穷微极妙，尽得以然，周流上下，莫睹其无也。【三】……无状之状，无所不状；无象之象，无所不象。光于惚恍，无所不显；大而若小，存而若亡也。【四】……执古自然以御于今，不为夷狄变则，不为中国改容。一以知始，一以知终，仰制于道，物无不悬。无所不主，无所不临，其职溥大，无所不然。为虚纲纪，天地祖宗也。【五】……

[辑佚说明]

【一】此陈景元《道德真经藏室纂微篇》释"视之不见名曰夷，听之不见名

---

① "循"，河上公本原作"搏"，今各传本、北大简本同，唐景龙二年易州龙兴观《道德经碑》、陆希声本作"抟"，帛书本作"捪"。案：据《指归》"不以视视者，能见之；不以听听者，能闻之；不以循循者，能得之"，则严遵本《老子》经文当作"循之不得"。"循之不得"多见于西汉文献引《老子》，如《易纬·乾凿度》"视之不见，听之不闻，循之不得，故曰易也"，又如《淮南子·原道训》"视之不见其形，听之不闻其声，循之不得其身"。陈景元《纂微篇》总述严遵说云"忘其视听，冥其循搏"，此综合两本《老子》经文而言："循"为陈氏所见严遵本《老子》；"搏"为陈氏所据之《老子》。"循之不得"之"循"，郑玄《乾凿度》注声训为"寻"。

日希，搏之不得名曰微。此三者不可致诘，故混而为一"引，下【二】同。敦煌写本《华林遍略》（编号 P. 2526）引作："鸿，未剖其卵视之，非鸿也，形声首尾皆以具存，此亦无鸿之鸿也。况未有鸿卵而造作哉？"

【二】陈景元《道德真经藏室纂微篇》引。王辑同。该句下文云："此皆先贤举其进道之方也。若夫能忘其视听，冥其循搏，混一都无，则至矣、尽矣，不可以加矣。"严辑亦引之，其实非严君平语，故蒙辑录作双行小字。

【三】强思齐《道德真经玄德纂疏》释"绳绳不可名，复归于无物"引。蒙辑、王辑以及严辑"严遵《老子》注"同。

【四】强思齐《道德真经玄德纂疏》释"是谓无状之状，无物之象，是谓惚恍"引。蒙辑、王辑以及严辑"严遵《老子》注"同。

【五】强思齐《道德真经玄德纂疏》释"能知古始，是谓道纪"引。蒙辑、王辑以及严辑"严遵《老子》注"同。

第十五章

古之善为士者，微妙玄通，深不可识。夫唯不可识，故强为之容。与兮若冬涉川，犹兮若畏四邻，俨兮其若客①，涣兮若冰之将释，敦兮其若朴，旷兮其若谷，浑兮其若浊。孰能浊以静之，徐清。孰能安以久动之，徐生。保此道者，不欲盈。夫惟不盈，故能蔽不新成。

【指归】

上通道德之意，下达神明之心，秉天地之常，挟阴阳之变，犹以隐匿形容，绝灭端绪，作事由反，不可识知。【一】……无留碍尔。客者，因应而不创，顺道从天。常如俨客，不为主人易堂宇、改妻妾尔。冰者，常阴而不阳，静而不哗，随事变化，与物推移。柔弱润滑，无所不可，犹冬积为冰，春释为水，天顺时也。【二】

---

① "客"，王弼本作"容"，河上公本、帛书本、郭店简本、北大简本、傅奕本皆作"客"。案：下揭《指归》"常如俨客，不为主人易堂宇、改妻妾"，又《圣人无常心章》"废我之所欲为，襄天之所欲得，万物纷纷，皆注其耳目，世主无为，涣如俨客"，则严君平本作"俨兮其若客"。

【一】强思齐《道德真经玄德纂疏》释"古之善为士者，微妙玄通，深不可识"引。蒙辑、王辑以及严辑"严遵《老子》注"同。

【二】强思齐《道德真经玄德纂疏》释"俨兮其若容，涣兮若冰之将释"引。蒙辑、王辑以及严辑"严遵《老子》注"同。

第十六章

致虚极，守静笃，万物并作，吾以观复。夫物芸芸，各复归其根，归根曰静，是谓复命。复命曰常，知常曰明；不知常，妄作凶。①知常容，容乃公，公乃王，王乃天，天乃道，道乃久。没身不殆。

【指归】

道德虚无，故能禀授；天地清静，故能变化；阴阳反复，故能生杀；日月进退，故能光曜；四时始终，故能育成。释虚无，则道德不能以然；去清静，则天地不能以存。往而不反，则阴阳不能以通；进而不退，则日月不能以明；终而不始，则万物不能以生。是故有而反无，实而归虚，心无所载，志无所障，无为如塞，不忧如狂。抱真履素，捐弃聪明，不知为首，空虚为常，则神明极而自然穷矣！动作反身，思虑复神；藏我于无心，载形于无身；不便生者不以役志，不利天者不以滑神；事易而神不变，内流而外不化。覆视反听，与神推移，上与天游，下与世交；神守不扰，生气不劳；趣舍屈伸，正得中道。【一】……始于无为，动于无形，发于时和，以遂成功也。【二】……天地反复，故能久长②；人复寝寐，故能聪明；飞鸟复集，故能高翔；走兽复止，故能远腾；龙蛇复蛰，故能章章；草木复本，故能青青。化复则神明得位，与虚无通，魂休魄息，各得所安，志宁气顺，血脉和平。【三】……失道之人，废弃经常，事其聪明，纵其志欲，妄作凶行。故知以受祸，明以造殃，深察以死，博辩以亡。夫何故哉？不反元始，不复本根，动与道乖，静与神殊。存，故不能存也；

---

① "妄作凶"，今多读作"妄作，凶"，如河上公《章句》曰"不知道之所常行，妄作巧诈则失神明，故凶也"。案：《指归》云"纵其志欲，妄作凶行"，则严遵本《老子》"凶"字不属下读。

② "故能久长"，陈景元《道德真经藏室纂微篇》本作"故能长久"，今据李霖《道德真经取善集》改。案："长"与"明""翔""章"等皆为阳部字。此句用韵为以阳部字为主、多-ng韵尾合韵。

然，故不能然也。【四】……游心于虚静，结志于微妙，委虑于无欲，归指于无为，故能达生延命，与道为久。【五】

[辑佚说明]

【一】陈景元《道德真经藏室纂微篇》释"致虚极，守静笃"引。蒙辑、王辑、严辑同。

【二】强思齐《道德真经玄德纂疏》释"万物并作，吾以观复"引。蒙辑、王辑以及严辑"严遵《老子》注"同。

【三】陈景元《道德真经藏室纂微篇》释"夫物芸芸，各复归其根，归根曰静，是谓复命"引。王辑同。《纂微篇》此句之下尚有"此皆暂尔复静，犹能精神，况久归至道者乎"，严辑亦引之，蒙辑则为双行小字。波成谨案："此皆暂尔复静"以下当非严遵语。

又：李霖《道德真经取善集》亦引之，唯无"飞鸟复集，故能高翔；走兽复止，故能远腾"句；强思齐《道德真经玄德纂疏》则引作"天地反复，故能长久；人复寝寐，故能聪明；龙蛇复蛰，故能彰变；草木复本，故能青青。复则神明得位，与虚无通，魂休魄息，各得所安宁，气顺、血脉和平也"，与之微异。

【四】强思齐《道德真经玄德纂疏》释"不知常，妄作，凶"引。蒙辑、王辑以及严辑"严遵《老子》注"同。

【五】陶弘景《养性延命录·教诫篇》引。张君房《云笈七签》卷三二《杂修摄》亦引《养性延命录》为说。严辑无，蒙辑、王辑俱本《云笈七签》。波成谨案：既云"故能达生延命，与道为久"，则此句当为释《老子》经文"道乃久"而作，故置于最后。

第十七章

太上，下知有之。其次亲之誉之，其次畏之，其次侮之。信不足焉，有不信焉。犹兮其贵言哉？功成事遂，百姓皆曰我自然。①

---

① 河上公本、王弼本作"犹兮其贵言。功成事遂，百姓皆谓我自然"。范应元《老子道德经古本集注》作"犹兮其贵言哉？功成事遂，百姓皆曰我自然"，曰："'兮''哉''曰'三字，严遵同古本。"是以严遵本当作"犹兮其贵言哉，功成事遂，百姓皆曰我自然。"犹兮其贵言哉"，与帛书本、郭店简本"犹呵（乎）其贵言也"相近；而"百姓皆曰我自然"，则与郭店简本"百姓曰我自然也"相近。

人乐为主，曰帝也。【一】……嗟之叹之，故谓之王。【二】

[辑佚说明]

　　【一】强思齐《道德真经玄德纂疏》释"其次亲之誉之"引。蒙辑、王辑以及严辑"严遵《老子》注"同。

　　【二】强思齐《道德真经玄德纂疏》释"其次畏之，其次侮之"引。蒙辑、王辑以及严辑"严遵《老子》注"同。

第十八章

> 大道废，有仁义。智慧出，有大伪。
> 六亲不和，有孝慈。国家昏乱，有贞臣[①]。

第十九章

> 绝圣弃智，民利百倍；绝仁弃义，民复孝慈；绝巧弃利，盗贼无有，此三者以为文不足，故令有所属，见素抱朴，少私寡欲。

【指归】

　　黜聪弃明，倚依太素，反本归真，则理得而海内钧也。【一】

[辑佚说明]

　　【一】《汉书》卷六十二《司马迁传》"黜聪明"如淳注："不尚贤，绝圣弃知也。"晋灼注引。

第二十章

> 绝学无忧。唯之与阿，相去几何。善之与恶，相去若何。人之所

[①] "有贞臣"，今王弼本、河上公本作"有忠臣"，范应元《老子道德经古本集注》"六亲不和，有孝慈焉；国家昏乱，有贞臣焉"，曰："'贞'字，严遵、王弼同古本。世本多作'忠'，盖避讳也。"则严遵本《老子》作"贞臣"。傅奕本、帛书本、北大简本作"贞"、郭店简本作"正"（通"贞"），皆与严遵本同。

畏，不可不畏。荒兮其未央哉！众人熙熙，如享太牢，如春登台。我独怕兮其未兆，如婴儿之未孩。若无所之。^① 众人皆有余，而我独若遗。我愚人之心也哉，沌沌兮。俗人昭昭，我独若昏。俗人察察，我独闷闷。忽兮若晦^②，漂兮若无所止。众人皆有以，而我独顽似鄙。我独异于人而贵食母。

【指归】

……俗学则尊辩贵知，群居党议，吉人得之以益，凶人得之以损。天地之内，吉人寡而凶人众，故学之为利也浅，而为害也深。夫凶人之为学也，犹虎之得于羽翼，翱翔游于四海，择肉而食。圣人绝之，天下休息，不教而自化，不令而自伏也。【一】

［辑佚说明］

【一】强思齐《道德真经玄德纂疏》释"绝学无忧"引。蒙辑、王辑以及严辑"严遵《老子》注"同。

第二十一章

孔德之容，唯道是从。道之为物，唯恍唯忽。忽兮恍兮，其中有象；恍兮忽兮，其中有物；窈兮冥兮，其中有精；其精甚真，其中有信。自今及古^③，其名不去，以阅众甫，吾何以知众甫之然哉？以此。

---

① "若无所之"，范应元《老子道德经古本集注》曰："此句王弼同古本。河上公作'乘乘兮无所归'。严遵作'若无所之'。"则严遵本《老子》当作"若无所之"。今河上公本作"若无所归"，王弼本作"若无所归"，帛书本作"似（如）无所归"，傅奕本作"似无所归"，皆与严本异。

② "忽兮若晦"，陆德明《释文》曰："古、河上作'忽兮若海'，严遵作'忽兮若晦'。"彭耜《道德真经集注释文》说同，是严遵本《老子》本作"忽兮若晦"也。今王弼本、傅奕本作"澹（淡）兮其若海"，帛书本、河上公本等亦作"忽呵，其若海"。唯司马光、苏辙本等作"忽（兮其）若晦"，北大简本作"没兮其如晦"，与严遵本相近。

③ "自今及古"，范应元《老子道德经古本集注》作"自今及古，其名不去，以阅众甫，吾奚以知众甫之然哉？以此"，曰："自今及古，严遵、王弼同古本，一作'自古及今'。"是严遵本作"自今及古"，与帛书本、北大简本、傅奕本同。河上公本、今王弼本则作"自古及今"。

第二十二章

> 曲则全，枉则直，洼则盈，敝则新，少则得，多则惑。是以圣人抱一为天下式。不自见，故明；不自是，故彰；不自伐，故有功；不自矜，故长。夫惟不争，故天下莫能与之争。

【指归】

……侯王虽圣，犹以为曲，任百官而理，其德则全也。【一】……所约者寡，所得者众，犹为寡少而物，物自得当矣。【二】……信己思虑，不取于人，多言多知，则狂乱也。【三】……圣人不自矜见其明，任天下之目以视天下，故离娄不得齐其明矣。【四】……（伐，犹攻伐也。）因天下之怒以伐天下，故黄帝不能与并威；因天下之力以战天下，故汤武不能与之量功，是以普天下可任，诸侯之后可臣也。【五】……夫影之随形，响之应声，既不与物争，谁争之？【六】……

[辑佚说明]

【一】强思齐《道德真经玄德纂疏》释"曲则全"引。蒙辑、王辑以及严辑"严遵《老子》注"同。

【二】强思齐《道德真经玄德纂疏》释"少则得"引。蒙辑、王辑以及严辑"严遵《老子》注"同。

【三】强思齐《道德真经玄德纂疏》释"多则惑"引。蒙辑、王辑以及严辑"严遵《老子》注"同。

【四】强思齐《道德真经玄德纂疏》释"不自见故明"引。蒙辑、王辑以及严辑"严遵《老子》注"同。

【五】强思齐《道德真经玄德纂疏》释"不自伐故有功"引。蒙辑、王辑以及严辑"严遵《老子》注"同。波成谨案："伐，犹攻伐也"，似非《指归》之体式，疑非严遵语。唯此"犹攻伐也"与严遵之旨相同，故附之于此。

【六】强思齐《道德真经玄德纂疏》释"夫惟不争，故天下莫能与之争"引。蒙辑、王辑以及严辑"严遵《老子》注"同。

第二十三章

古之所谓曲则全者，岂虚言哉？诚全而归之。^①　希言自然。故飘风不终朝，骤雨不终日。孰为此者？天地。天地尚不能久，而况于人乎？故从事于道者，道者同于道，德者同于德，失者同于失。同于道者，道亦乐得之。同于德者，德亦乐得之，同于失者，失亦乐得之。信不足焉，谓主身也。有不信焉。谓天人也。【一】

【指归】

事从于道，道从于事；事从于德，德从于事；事从于失，失从于事。【二】

［辑佚说明］

【一】强思齐《道德真经玄德纂疏》释"信不足焉，有不信焉"引严曰："信不足，谓主身也；有不信，谓天人也。"蒙辑、王辑以为《指归》文，严辑以为"严遵《老子》注"。波成谨案：身、人皆为真部字，四字为韵，末为"也"字，当为"严遵《老子注》"或严遵《老子章句》之"句"，故缀于经文之后。

【二】强思齐《道德真经玄德纂疏》释"同于道者，道亦得之。同于德者，德亦得之。同于失者，失亦得之"引。蒙辑、王辑以及严辑"严遵《老子》注"同。

第二十四章

企者不立，跨者不行，自见者不明，自是者不彰，自伐^②者无功，自矜者不长。其在道也，曰：余食赘行。物或恶之。故有道者不处。

【指归】

万人未动，天下未应，为之起兵，失君之道。为兵之道，失君之机，万民

---

① 此十七字，河上公本在上一章之末，唯晁公武《郡斋读书志》卷三曰："《老子指归》十三卷……其章句颇与诸本不同。如以《曲则全章》末十七字为后章首之类。"今据晁氏所记改。

② 此"伐"字为"征伐"之意，与"自称其功"之伐不同。

怨恨，天心不平，宗庙危殆，终身无功也。【一】

[辑佚说明]

【一】强思齐《道德真经玄德纂疏》释"自伐者无功"引。蒙辑、王辑以及严辑"严遵《老子》注"同。

第二十五章

> 有物混成，先天地生。寂兮寥兮，独立而不改，周行而不殆，可以为天下母。吾不知其名，字之曰道，强为之名曰大。大曰逝，逝曰远，远曰反。故道大，天大，地大，王亦大。域中有四大，而王居其一焉。功德同也。【一】人法地，地法天，天法道，道法自然。

[辑佚说明]

【一】强思齐《道德真经玄德纂疏》释"域中有四大，而王居其一焉"引。蒙辑、王辑以为《指归》文，严辑以为"严遵《老子》注"文。波成谨案：此体式似为"严遵《老子注》"或严遵《老子章句》之"句"。故缀于经文之后。

第二十六章

> 重为轻根，静为躁君。是以圣人终日行，不离辎重。虽有荣观，燕处超然。奈何万乘之主而以身轻天下？轻则失本①，躁则失君。

【指归】

（言君好轻躁，如树之根本而摇动。）根摇动，则枝木枯而槁矣；人主不静，则百姓摇荡、宗庙倾危，则失其国君之位也。【一】

---

① "本"，《韩非·喻老》、河上公本作"臣"，帛书本、北大简本、王弼本作"本"。范应元《老子道德经古本集注》释"轻则失本，躁则失君"曰："本字，严遵、王弼同古本；河上公作'轻则失臣'，与前文不相贯，宜从古本。"案：范氏《古本集注》谓严遵本《老子》作"轻则失本"，是也。下《指归》云"根摇动，则枝木枯而槁矣"，此"根"即"本"也，可为佐证。

【一】强思齐《道德真经玄德纂疏》释"轻则失臣，躁则失君"引。蒙辑、王辑以及严辑"严遵《老子》注"同。波成谨案："言君好轻躁，如树之根本而摇动"据与下文义复，或非《指归》本文。

第二十七章

善行无辙迹，善言无瑕谪，善数者无筹策①，善闭无关键②而不可开，善结无绳约而不可解。是以圣人常善救人，故人无弃人，常善救物，故物无弃物，③ 是谓袭明。故善人者，不善人之师；不善人者，善人之资。不贵其师，不爱其资，虽智大迷，是谓要妙。

【指归】

拆关破捷，使奸者自止。【一】

[辑佚说明]

【一】《汉书》卷六十二《司马迁传》"至于大道之要，去健羡"，晋灼曰："《老子》曰'善闭者无关捷'，严君平曰：'拆关破捷，使奸者自止。'"

第二十八章

知其雄，守其雌，为天下溪。为天下溪，常德不离，复归于婴

---

① "善数者无筹策"，河上公本、敦煌五千言本等皆作"善计不用筹策"，范应元《老子道德经古本集注》作"善数者无筹策"，曰："王弼、严遵同古本，河上公作'善计'。"今据范氏《集注》作"善数者无筹策"。

② "键"，傅奕本同，王弼本作"楗"，河上公本作"捷"，帛书本作"钥"（高明释作"管键"）。案：《天下有始章》"关之以舌，键之以心"、《上士闻道章》"拆关破键"，则严遵本当作"关键"。又案：参《天下有始章》"故能塞其聪明，闭其天门，关之以舌，键之以心"及下《指归》"拆关破捷，使奸者自止"，则"关捷"非"管键"之类，而为"拒门之木"，即王弼注"以形制物"者，亦即《淮南子·时则训》"修楗闭、慎管钥"之"楗闭"。严遵"拆关破捷，使奸者自止"之意与《淮南子·说山训》"善闭者不用关楗"相近，疑严遵本《老子》此句也当与"善闭者不用关楗"相近。

③ "是以圣人常善救人，故人无弃人；常善救物，故物无弃物"，河上公本、王弼本作"是以圣人常善救人，故无弃人；常善救物，故无弃物"，帛书本作"是以圣人恒善救人，而无弃人，物无弃财"。范应元《老子道德经古本集注》作"是以圣人常善救人，故人无弃人；常善救物，故物无弃物。是谓袭明"，曰："严遵同古本。"今经文即据范氏《古本集注》。

儿。知其白，守其黑，为天下式。为天下式，常德不忒，复归于无极。知其荣，守其辱，为天下谷。为天下谷，常德乃足，复归于朴。朴散则为器，圣人用之则为官长。故大制无割①。

【指归】

（于婴儿，复归于志。于婴儿，蠢然无而无知也。）【一】……反于未生，复于未始，与道为常，归于无极矣。【二】……道德是佑，神明是助，道足德足，则万物大淳朴矣。【三】

［辑佚说明］

【一】强思齐《道德真经玄德纂疏》释"知其雄，守其雌，为天下溪。为天下溪，常德不离，复归于婴儿"引。蒙辑、王辑以及严辑"严遵《老子》注"同，唯其标点不同，于文本亦有改易。蒙辑为"于婴儿，复归于志于婴儿，蠢然而无知也"；王辑为"于婴儿，复归于志。于婴儿，蠢然无而无知也"。波成谨案：《河上公章句》云"复归于婴儿。复当复志于婴儿，恚然无所知也"，与上揭文相似，则此似为《河上公章句》之文而强氏误引。

【二】强思齐《道德真经玄德纂疏》释"知其白，守其黑，为天下式。为天下式，常德不忒，复归于无极"引。蒙辑、王辑以及严辑"严遵《老子》注"同。

【三】强思齐《道德真经玄德纂疏》释："知其荣，守其辱，为天下谷。为天下谷，常德乃足，复归于朴。"引。蒙辑、王辑以及严辑"严遵《老子》注"同。

第二十九章

将欲取天下而为之，吾见其不得已。天下神器，不可为也。为者败之，执者失之。故物或行或随，或嘘②或吹，或强或剉，或培或

---

① "无割"，今王弼本、河上公本作"不割"，范应元《老子道德经古本集注》释"朴散则为器，圣人用之则为官长，故大制无割"曰："无割，严遵、王弼同古本，河上公与世本作'不割'。"故此处经文按范说作"无割"，帛书本、傅奕本亦作"无割"，与严遵同。

② "嘘"：王弼本作"歔"；敦煌五千言本（S. 6453、P. 2584）、唐中宗景龙二年龙兴观碑作"嘘"；河上公本作"呴"；昭宗景福二年龙兴观碑等作"煦"；帛书本乙本作"热"，甲本作"炅"（《广韵》音古惠切，与"热"古音皆在月部）；傅奕本作"嘘"。范应元《老子道德经古本集注》"或嘘或吹"下云："嘘，严遵同古本。"今经文即据范说作"嘘"。

堕。[1] 是以圣人去甚，去奢，去泰。

【指归】

天下者，神灵所成，太和所遂。神灵所察，圣智所不能及，而威力之所不能制。【一】（甚，有为也。奢，不中和也。泰，高大也。故去之也。）【二】

［辑佚说明］

【一】强思齐《道德真经玄德纂疏》释“将欲取天下而为之，吾见其不得已”引。蒙辑、王辑以及严辑“严遵《老子》注”同。

【二】强思齐《道德真经玄德纂疏》释“是以圣人去甚，去奢，去泰”引。蒙辑、王辑以及严辑“严遵《老子》注”同。波成谨案：观此句，似与《指归》之例不合，唯不知何所本。

第三十章（阙）

第三十一章

夫佳兵者，不祥之器，物或恶之，故有道者不处。君子居则贵左，尚生长也。【一】用兵则贵右。兵者，不祥之器，非君子之器，不得已而用之。恬淡为上。胜而不美，而美之者，是乐杀人。夫乐杀人者，则不可以得志于天下矣。吉事尚左，凶事尚右，偏将军居左，上将军居右。言以丧礼处之。杀人之众，以哀悲泣之；战胜，以丧礼处之。

【指归】

君子者，有土之君也。【二】

---

① “或强或剉，或培或堕”，范应元《老子道德经古本集注》释“故物或行或随，或噤或吹，或强或剉，或培或堕，是以圣人去甚、去奢、去泰”曰：“或强或剉，或培或堕’，严遵、王弼、傅奕、阮籍同古本。”今经文据范书补。此句今王弼本作“或强或羸，或挫或隳”，河上公本作“或强或羸，或载或隳”。唯北大简本作“或强或桦，或伓（培）或隋与严遵本较近；此外，马王堆帛书甲本作“□□□□，或杯（或释作“坏”，读“培”）或撱（堕）”，乙本作“或陪或堕”，帛书本、傅奕本此似颇可与严遵本相参。

[辑佚说明]

【一】强思齐《道德真经玄德纂疏》释"知君子居则贵左，尚生长也。用兵则贵右"引。参下注。

【二】强思齐《道德真经玄德纂疏》释"知君子居则贵左，尚生长也。用兵则贵右"引。蒙辑、王辑以及严辑"严遵《老子》注"同。此句后本有"贵左者，尚生长也"七字，其中"尚生长也"句，似为四字韵文注，故列于经文之下。

第三十二章（阙）

第三十三章

> 知人者智，自知者明。胜人者有力，自胜者强。知足者富，强行者有志，不失其所者久，死而不亡者寿。

【指归】

不知人，则无以通事；不通事，则无以交世。不自知，则无以知天；不知天，则无以睹未然。不胜人，则无以在上；不在上，则无以为王。不自胜，则无以自得；不自得，则无以得人。不知足，则无以知富；不知富，则无以止欲。不强行，则无以顺道；不顺道，则无以得意。动作非任，无以得和；不得和，则无以久生。不久生，则无以畜精神；精神不积，无以得寿。

故立身经世，兴利除害，接物通变，莫广乎知人；摄聪畜明，建国子①民，达道之意，知天之心，莫大乎自知。柄政履民，建法立仪，设化施令，正海内，臣诸侯，莫贵乎胜人；奉道德、顺神明，承天地、和阴阳，动静进退，曲得人心，莫崇乎自胜。治家守国，②使民佚乐，虔（处）③顺恭谨，慈孝畏法，莫高乎知足；游神明于昭昭之间，恬憺安宁，尊显荣华，莫善乎得意。任官奉职，

---

① "子"，李霖《道德真经取善集》作"于"。案：作"子"者是，王德有谓"以民为子"，是也。
② "治家守国"，李霖《道德真经取善集》作"动家守国"。
③ "处"，李霖《道德真经取善集》作"虔"。案：李霖《取善集》作"虔"，是也。虔，敬也。

事上临下，成人之业，继人之后，施之万民，莫过乎可久①；天地所贵，群生所恃，居之不厌，乐之不止，万福并兴，靡与争宠，莫美乎寿。【一】功用备成，不名己有。【二】

［辑佚说明］

【一】陈景元《道德真经藏室纂微篇》释"不失其所者久，死而不亡者寿"引。蒙辑、王辑以及严辑同。"立身经世"以下至"莫美乎寿"亦见李霖《道德真经取善集》。

【二】据李霖《道德真经取善集》释"不失其所者久，死而不亡者寿"所引补。蒙辑、严辑同，王辑无。

第三十四章

大道泛兮，其可左右。万物恃之而生而不辞，功成不名有，爱养万物而不为主。常无欲，可名于小。万物归焉而不为主，可名为大。是以圣人以其终不自为大，故能成其大。②

第三十五章

执③大象，天下往。往而不害，安平泰。乐与饵，过客止，道之出口，淡乎其无味，视之不足见，听之不足闻，用之不足既。

【指归】

……道无形，故天地资之以生；道无有，故阴阳资之以始；道无法，故四

---

① "莫过乎可久"，李霖《道德真经取善集》作"莫急乎久"。
② 此十六字，亦据范应元《老子道德经古本集注》补，范氏《古本集注》释"是以圣人以其终不自为大，故能成其大"，曰："严遵、王弼同古本。"此句河上公本作"是以圣人终不为大，故能成其大"；王弼本作"以终不为大，故能成其大"；傅奕本作"是以圣人能成其大也，以其终不自大，故能成其大"；帛书本作"是以圣人之能成大也，以其不为大也，故能成大"。
③ "执，"今各传本及帛书本皆作"执"，郭店简本作"埶"，读作"设"。案：严遵本经文此处亦当作"埶大象"。此章《指归》谓道"无形""无象"；而"无象"又为"大象"，此与《上士闻道章》"大象无形"义同，而严遵注之为"无所设也"，即本经文"设大象"而言。又：《道生章》"势（埶）成之"，《指归》"德以无设之设，遂万物之形而无事"，义亦与此近，而亦将"埶成之"释作"设遂之"。

时资之为业；道无象，故万类资之以往。故大法无法，大象无象，大无不无，大有不有。为生于不生，为否于不否，故道无为而天地成，德无事而万物处。夫何为哉？不无不有，不为不否，道自得于此，而万物自得于彼矣。（斯所谓天德而已矣。）使道变化待有为而后然，则其所然者寡矣；待有事而后施（功）①，则万物所蒙者鲜矣。（斯所谓有得失进退也。）【一】

［辑佚说明］

【一】陈景元《道德真经藏室纂微篇》释"执大象，天下往，往而不害，安平泰"引。此段文字，辑佚三家所引长短各异。

王辑引至"而万物自得于彼矣"而止。蒙辑虽引"斯所谓天德而已矣"而不引"斯所谓有得失进退也"，至"则万物所蒙者鲜矣"而止。严辑则俱引之。波成谨案："使道变化待有为而后然，则其所然者寡矣；待有事而后施功，则万物所蒙者鲜矣"句亦论有为无为，与上文一致，似当为《指归》原文，唯两"斯所谓"似与文旨、文例不合。"已"为之部、"退"为"缉"部，而"此""彼""然""鲜"等字则为歌、元部或相近之支部，是于韵亦不合。而"斯所谓天德而已矣""斯所谓有得失进退也"两句当为陈碧虚之语。唯无他书可为佐证，今俱照陈氏《纂微篇》迻录。

第三十六章

将欲翕②之，必固张之。将欲弱之，必固强之。将欲废之，必固兴之。将欲夺之，必固与之。是谓微明。柔弱胜刚强。鱼不可脱于渊，国之利器，不可以示人。

【指归】

道德所经，神明所纪，天地所化，阴阳所理：实者反虚，明者反晦；盛

---

① 案：施功，"功"字疑衍。"施"义已明，不必赘一"功"字，"待有事而后施"正与"待有为而后然"相骈，"施"为歌部，亦与元部之"然"字相叶。唯无例可征，姑存之。

② "翕"，严灵峰《辑严遵老子注》曰："经文'翕'原作'歙'，依注当作'翕'，因据改。"案：严说固是，唯"歙"或"噏""翕"皆有收、合之义，本无甚别。即便是同一源流之传本，也不无歧异，以河上公本系为例，宋代诸刻本作"噏"、强本作"歙"、《道藏》本作"翕"。

者反衰，张者反弛；有者反亡，生者反死，此物之性而自然之理也。故反复之便，屈伸之利，道以制天，天以制人君，人君以制臣，臣以制民，含气之类，皆以活身。虎豹欲据，反匿其爪；豺狼将食，不见其齿；圣人去意以顺道，智者反世以顺民；忠言逆耳以含其正，邪臣将起务顺其君。知此而用之，则天地之间、六合之内皆福也；不知此而用之，则闺门之内、骨肉之间皆贼也。故子之与弟，时为虎狼；仇之与雠，时为父兄。然中有否，然中有然，一否一然，或亡或存。故非忠，虽亲不可信；非善，虽近不可亲。【一】……此四者明，绝圣而德自起，废智而化自行，翕天下之心而使自张，弱天下之志而使自强矣。【二】

［辑佚说明］

【一】陈景元《道德真经藏室纂微篇》释"将欲歙之，必固张之。将欲弱之，必固强之。将欲废之，必固兴之。将欲夺之，必固与之。是谓微明"引。蒙辑、严辑、王辑同。

【二】强思齐《道德真经玄德纂疏》释"将欲歙之，必固张之。将欲弱之，必固强之。将欲废之，必固兴之。将欲夺之，必固与之。是谓微明"引。蒙辑、王辑以及严辑"严遵《老子》注"同。

第三十七章（阙）

其他

【指归】

功与造化争流，德与天地齐光。【一】

［辑佚说明］

【一】《文选·张协·七命》"功与造化争流，德与二仪比大"李善注引。

【指归】

夫原我性命，受化于心。心受之于意，意受之于精，精受之于神，形体消而神不毁，性命既而神不终，形体易而神不变，性命化而神常然。【二】

[辑佚说明]

【二】《类聚神祇本源》引贾大隐《老子述义》"君平曰"。①

【指归】

虚无者，道德之身。道德者，虚无之神。【三】

[辑佚说明]

【三】《净土三部经音义》引贾大隐《老子述义》"君平曰"②。

---

① 孙猛：《日本国在见书目录详考》，上海：上海古籍出版社，2015，第 1002－1003 页。
② 同上注。

　　《老子指归》作为秦汉道家著作，有很多极具特色的语词，例如"混冥""溟涬""蒙澒""潏泛"等，都可与《庄子》《淮南子》等书互证。《指归》成书于西汉、富于文辞，而其作者又兼为语言学家与新道家，使得该书中不少词汇相当难读。近来王德有为之译注，已使《指归》文义畅达，唯于难词之释读仍多有未安。笔者发现这些难词，多为同义复词和重言，由于通假异读使得涵义晦涩。今结合早期文献因声求义，以图发蕴显微，烛见本义。

一、同义复词考释

1. 冰纨

　　《行于大道章》释《老子》"服文采"曰："衣重五采，锦绣玄黄，冰纨绮縠，靡丽辉光。"① 其中"冰纨"，亦见于《汉书》等典籍，如《地理志》"织作冰纨绮绣纯丽之物"，臣瓒注："冰纨，纨细密坚如冰者也。"颜师古曰："冰，谓布帛之细，其色鲜絜如冰者也。纨，素也。"② 此后各家包括《汉语大词典》都将"冰纨"释作洁白如冰的细绢，③ 将"冰"认作"纨"的定语。

　　案：臣瓒、小颜说或未是。"冰"字当读作"绫"，声之误也。绫、纨、绮、縠皆为布帛之贵者。

---

① 严遵注：《道德真经指归》，载《道藏·第一二册》，第 364 页上。
② 班固：《汉书》，第 1660 页。
③ 罗竹风主编：《汉语大词典》，中国汉语大词典编辑委员会，汉语大词典编纂处编，上海：汉语大词典出版社，1986，第 2137 页。

冰、绫古音皆属蒸部。故"冰"与"绫"同声首之"凌"互作，如《老子》"涣兮若冰之将释"，帛书本"冰"作"凌"。① "冰"与古文字"绫"都从"仌"得声，"仌"一般认为是"冰"的初文，金文"冰"从水从 声，而金文、战国文字之"陵""蔡"如" "" "者亦从 得声。又：《说文》谓："膝从仌，或又从夌。"② 这些"仌""夌"声符互换的现象皆可说明"冰"与"夌"声字的假借关系。

"绫纨"作为两种细密又有光泽的布帛，同义并称也屡见于文献，而《韩诗外传》曰"绫纨绮縠，靡丽于堂"③，更可说明"冰"当读作"绫"。

2. 徼捍

《天下有道章》释"天下有道，却走马以粪"曰："徼捍之人，无所効其言；果壮之士，无所施其功。"徼捍，王德有释作"拦截""强悍"。④

案："徼捍"双声，读作"獟悍""趫悍"，"獟""悍"皆勇也。

"徼"，古音可读作"骁""獟""蹻""趫"，勇也，与"悍"义同。"徼""骁"古音在见纽宵部，"獟"古音在疑纽宵部，韵部相通而声纽皆为喉音。"敫"与"尧"作为声符常常替换，如《庄子·在宥》"侥幸"，《释文》或作"徼"⑤。故此"徼"可读作"骁"或"獟"。《史记·韩安国传》张晏注："骁，勇也。"⑥ "獟"，《集韵》或从"走"作"趬"，曰"勇也"⑦。"獟悍"亦见于《汉书·霍去病传》，颜师古注曰："獟，健行轻貌也，字或作趬。悍，勇也。"⑧ 又由于尧声字与乔声字也常通作，故或又作"趫悍"。张衡《西京赋》"茂陵之原，阳陵之朱，趫悍虓豁，如虎如貙"。⑨

---

① 高明：《帛书老子校注》，第 293 页。
② 许慎：《说文解字》，徐铉校定，北京：中华书局，1963，第 240 页。
③ 韩婴撰，许维遹校释：《韩诗外传集释》，北京：中华书局，1980，第 261 页。
④ 严遵撰，王德有译注：《老子指归译注》，第 86－87 页。
⑤ 郭庆藩：《庄子集释》，王孝鱼点校，北京：中华书局，2012，第 393 页。
⑥ 司马迁：《史记》，裴骃集解，司马贞索隐，张守节正义，北京：中华书局，1959，第 2862 页。
⑦ 丁度等：《集韵》，北京：中华书局，1989，第 165 页。
⑧ 班固：《汉书》，第 2483 页。
⑨ 萧统编，李善、吕延济、刘良等注：《六臣注文选》，第 54 页。

3. 涓湏

《善为道者章》曰："翔风嘁嘁，醴泉涓湏，甘露漠漠，朱草荣荣，嘉禾丰茂，万物长生。"[1] "涓湏"为他书所未见，王德有释为"涓涓"。涓字易解而"湏"字难释。

案：湏，系"沫"之古文，读作"潤"。《说文·水部》"沫，洒面也。从水未声。湏，古文沫从页。"[2] "湏"字亦见正始石经，即《尚书·顾命》"頮"字省"卅"之形，则"湏（沫）"古音在明纽物部，声韵俱与"潤"同。故《集韵·贿韵》："潤、湏，水皃，或从页。"[3] 潤，《说文·水部》"潤，水流浼浼皃。"[4]《诗·邶风·新台》"河水浼浼"，毛传："平地也。"[5] 湏、潤、浼皆水满平流之貌。湏为水流平缓，与细流之"涓"义近。

4. 罔荡

《善为道者章》释《老子》"至于大顺"曰："玄德之沦，罔荡挽遁，恍惚无形，反物之务，和道德、导神明、含万国、总无方。"王德有释为"迷惑""放荡"[6]。

案：罔荡，即"莽荡""荒唐"，皆旷远广大之貌。两字皆有"大"义。

罔，从亡得声，可读为同从亡声之"荒""茫""芒"，古音皆在明纽阳部，（惟"荒"在晓纽，亦与明纽相通，即黄侃所谓之"唇音变喉牙"。[7]）故《国语·鲁语》"汪芒氏之君"，《史记·孔子世家》即作"汪罔氏"。[8] "荒""茫""芒"皆可训作"大"，与"荡"同（即浩荡之"荡"，字书多见"荡，大也"。）又：从亡声字与"莽"音近（两字同为明纽阳部），《淮南子·精神训》"芒芠"

---

① 严遵撰，王德有译注：《老子指归译注》，第 245 – 246 页。
② 许慎：《说文解字》，第 237 页。
③ 丁度等：《集韵》，第 101 页。
④ 《说文解字》，第 231 页。
⑤ 马瑞辰撰：《毛诗传笺通释》，陈金生点校，北京：中华书局，1989，第 160 页。
⑥ 《老子指归译注》，第 248 – 249 页。
⑦ 司马迁：《史记》，第 1394 页。
⑧ 黄侃：《黄侃国学文集》，北京：中华书局，2006，第 142 页。

高诱注："芒，读王莽之莽也。"① 则"罔（芒）荡"亦可读作"莽荡"。班彪《北征赋》"野萧条以莽荡，迥千里而无家"，张铣曰："旷远之貌。"②

又：荡、唐音亦近（两字皆为舌音阳部），故"荡"亦可读作"唐"，如《周易·系辞传》"八卦相荡"释文："相荡，众家作荡，王肃音唐。"③ 荡、唐亦皆有大意。结合"罔"可读作"荒"，则"罔荡"亦可读作我们熟知的"荒唐"，《庄子·列御寇》"以谬悠之说，荒唐之言，无端崖之辞"，郭象注曰："荒唐，谓广大无域畔者也。"④ 罔荡、荒唐亦广大之貌。

5. 溷挽、恩挽、闵闵缦缦、闵闵挽挽

《民不畏威章》释《老子》"自知不自见"曰："是以圣人智达无穷，能与天连，变化运动，洞于大常，犹以积德重厚，释心意，隐聪明；忧于溷挽，畏于无形，窜端匿迹，遁貌逃情。"⑤

又《以正治国章》释《老子》"其政闷闷，其民偆偆"曰："人主之正，不孝不仁，不施不予，闵闵缦缦，万民恩挽，墨墨偆偆，好恶不别，是非不分，故得所欲，性命以全。"⑥

两段文字中的"溷挽""恩挽"虽然怪异难解，但是结合上下文以及《老子》"其民偆偆"，可以得出"溷挽""恩挽"可能和无知无识有一定的关系。案：溷挽，读作"昏愄"。溷，与"混""浑""昏"音义俱近，古音皆属文部，声纽、晓纽、匣纽皆为喉音，字义上也有一定的联系，都是昏乱不清之义。

挽，读作"愄"。⑦ 愄，亦即"昏"义，《六书故》："愄，昏曹也。"⑧ 又《韩非子·忠孝篇》"愄密蠢愚"。《庄子·大宗师》"愄乎忘其言也"，郭象注：

---

① 何宁撰：《淮南子集释》，第 503 页。
② 萧统编，李善、吕延济、刘良等注：《六臣注文选》，第 184 页。
③ 孔颖达：《周易正义》，载《十三经注疏》，第 76 页。
④ 郭庆藩撰：《庄子集释》，第 1100 页。
⑤ 严遵撰，王德有译注：《老子指归译注》，第 297 页。
⑥ 同上书，第 186 页。
⑦ 在已出版的《老子指归校笺》中，笔者将"挽"字通假读作"玄"（默默挽挽）或者"冥"（溷挽），此系错误的，应该一律释作"愄"。
⑧ 戴侗：《六书故》，上海：上海社会科学院出版社，2006，第 322 页。

"不识不知，而天机自发，故惽然也。"① 是惽、挽皆昏也。"惽"或与"闷"相通，《素问阳明脉解》"阳明厥则喘如惋，惋则恶人"，惋，《太素》作"惽"，《甲乙经》作"闷"。② "闷"与"惛"相近，《老子》"其政闷闷"也是。又：惽，字或作"慢"，"曼"与"免"作为声符古音相通。《集韵·桓韵》："惽，惑也。或从曼。"③ 此"慢"即《管子·四时》"五漫漫，六惽惽，孰知之哉"之"漫漫"。

又，据上所论，"万民恩挽"之前的"闵闵缦缦"，也就是《至柔章》"生而不喜，死而不忧；**闵闵挽挽**，性命有余"之"闵闵挽挽"。王德有训作"纷乱""拉扯"，④ 显然不确。案："闵闵挽挽""闵闵缦缦"也就是"恩挽"或"五漫漫六惽惽"或"昏惋"。闵，读作昏。"闵"古音在明纽文部，而"昏"在晓纽文部，两字韵部相同，而声纽亦近。⑤ "文""昏"作为声符常常互换，如《集韵·平声·真韵》"忞，亦作暋。"⑥《汉书·刘向传》颜师古注曰："惛，古闵字。"⑦《楚辞》"以身之察察，受物之汶汶者"杨倞注《荀子》引此作"惛惛"。⑧ 皆是读"文"声字为"昏"声。

6. 潼溶

《上德不德章》释"上德无为，而无以为"曰："溟滓蒙澒，天下莫知。潼溶方外，翱翔至远。阴阳为使，鬼神为谋，身与道变，上下无穷，进退推移，常与化俱。"潼溶，王德有释作"高远"。⑨

案：潼溶，即"动搈""动溶""动容"，动摇之意。

潼，读作动，古音皆在定纽东部。潼从童得声，《说文·辛部》"童，重省

① 郭庆藩：《庄子集释》，第 393 页。
② 郭霭春编著：《黄帝内经素问校注语译》，天津：天津科学技术出版社，1981 年，第 188 页。
③ 丁度等：《集韵》，第 43 页。
④ 严遵撰，王德有译注：《老子指归译注》，第 65－66 页。
⑤ 晓母、明母相变不乏其例，章太炎以为喉舒唇敛（章太炎：《国故论衡·古双声说》，载《中国现代学术经典》，石家庄：河北教育出版社，1996，第 26－27 页），也就是黄季刚所谓之"唇音唯变喉牙"（黄侃：《黄侃国学文集》，第 142 页）。
⑥《集韵》，第 34 页。
⑦ 班固：《汉书》，第 1957 页。
⑧ 王先谦：《荀子集解》，沈啸寰、王星贤点校，北京：中华书局，1988，第 45 页。
⑨《老子指归译注》，第 10 页。

声"，动、潼皆从重声。故"潼溶"亦作"动溶"，即《淮南子·原道训》"动溶无形之域，而翱翔忽区之上"，[①] 以"动溶"与"翱翔"相对，与所讨论之"潼溶方外，翱翔至远"相同。潼，字亦作"衝"，《广雅·释诂》："搈、衝，动也。"[②]

溶，或作容，及《楚辞·哀郢》"悲秋风之动容"王逸注："动，摇也。言风起而草木之类摇动。"[③] 此"容"或"溶"当读作"搈"，《说文·手部》"搈，动搈也"段玉裁注："动搈，汉时语。《广雅》曰：'搈，动也。'"[④]

故而双声迭韵词"潼溶"其实为"动"之意。"潼溶""动搈""动溶""动容"于《老子指归》"潼溶方外"、《淮南子》"动溶无形之域"、《楚辞》"悲秋风之动容"皆为动摇之意。疑《孟子·尽心下》"动容周旋"亦为此意。

"潼溶"既为音近同义复词，那么在作为"形况字"的时候，也可以拆分并以重言的形式出现。如《盐铁论·刺复》"心憧憧若涉大川"之"憧憧"，《易林·屯之益》"往来溶溶，心劳且忧"之"溶溶"等。

7. 堤壒

《大成若缺章》："堤壒如地，运动如天。"堤壒，王德有释作"堤坝""囤积""拦阻积存，形容大地凝滞状"。[⑤]

波成谨案："堤""壒"声近义通，俱训作"滞""止"，正与下文"运动"相对。

《说文·土部》："堤，滞也。"段玉裁注："按此篆与坻篆音义皆同。《国语》曰：'戾久将底，底著滞淫。'《左传》曰'勿使有所壅闭湫底'，杜云：'底，滞也。'《释诂》'底''厎'皆训'止'也。'底'字与'坻''堤'字音虽别而义略同。"[⑥] 朱骏声曰："堤，当为坻之或体。"[⑦] "坻"亦"止"也。"壒"为"堤"

---

① 何宁：《淮南子集释》，第55页。
② 王念孙：《广雅疏证》，第190页。
③ 洪兴祖：《楚辞补注》，第137页。
④ 许慎撰，段玉裁注：《说文解字注》，上海：上海古籍出版社，1988，影印本，第602页。
⑤ 严遵撰，王德有译注：《老子指归译注》，第77页。
⑥《说文解字注》，第687页。
⑦ 朱骏声：《说文通训定声》，武汉：武汉古籍书店，1983，影印本，第520页。

音之转，"墆"古音在禅纽支部，"堤"古音在定纽歌部。歌、支两部古多合韵，故《埤仓》云："长沙谓堤为墆。"《广韵》《集韵》俱训为"止"，朱骏声谓"假借作为滞"皆是①。

二、《老子指归》重言通释

1. 嘶嘶

前揭《善为道者章》"翔风嘶嘶"，王德有释作"细细"。案：嘶嘶，读作祈祈（祁祁），风雨徐和貌。"嘶"字字书罕见，音同"氣"，"氣"从气得声，此处宜读作"祈"或"祁"。"气"古音在溪纽物部，"祈"在群纽微部，"祁"在群纽脂部（汉代脂微不分），声纽相同、微物阴入对转。是故从气得声字往往与祈、祁字相通。《周礼·夏官·小子》"祈五祀"，郑玄注："祈，或为刏。"《周礼·秋官·士师》"凡刏珥"，《小子职》作"珥祈"。② 祈祈、祁祁，舒迟貌，以形容德化之仁和舒缓。《诗·小雅·大田》："有渰萋萋，兴雨祈祈（"祈"或作"祁"），雨我公田，遂及我私。"《韩诗外传》卷八释之曰："是知太平无飘风暴雨，明矣！"③ 班固《灵台诗》云："习习祥风，祁祁甘雨。"④

2. 偟偟儳儳

《以正治国章》释《老子》"其政察察，其民缺缺"曰："孝悌仁义，万事差别，偟偟儳儳，知伪缺缺。""偟偟儳儳"意不明，"儳"字甚至不见于字书，王德有释为"不定""细小"⑤。

案：偟偟儳儳，读作"惶惶惨惨"，惶恐忧心。偟偟，读作惶惶、皇皇、遑遑，惶恐不安。

---

① 宗福邦、陈世铙、萧海波主编：《故训汇纂》，北京：商务印书馆，2003，第 440 页。
② 孙诒让：《周礼正义》，王文锦、陈玉霞点校，北京：中华书局，2013，第 2389、2792 页。
③ 王先谦：《诗三家义集疏》，吴格点校，北京：中华书局，1987，第 767 页。
④ 范晔：《后汉书》，第 1372 页。
⑤ 严遵撰，王德有译注：《老子指归译注》，第 186－187 页。

慅慅，即"惨惨"，忧心之貌。参、戚声字古音皆在心纽，韵母分属侵、谈部，典籍常相通转，《诗·魏风·葛屦》"掺掺女手"，《说文》引作"攕"。① 惨惨，忧心之貌，《诗·小雅·正月》"忧心惨惨，念国之为虐"，毛传："惨惨，犹戚戚也。"②

偟偟慅慅（惶惶惨惨）者，惶恐忧心也。孔融《六言诗》"万官惶怖莫违，百姓惨惨心悲"③，即以"惶""惨"相对。《指归》"偟偟慅慅，知伪缺缺（缺缺即狄狄、狯狯，狡猾多智）"是说为政察察而人知祸福，故忧心惶恐而生知伪狡黠。

3. 绳绳忽忽

《昔之得一章》曰"故其为物也，虚而实，无而有，圆而不规，方而不矩，绳绳忽忽，无端无绪"，其中"绳绳忽忽"一词，王德有释作"恍惚不清"。④

案：绳绳忽忽，绳绳，本字可以视作"䑃"，读作"冥冥"；"忽忽"本字或作"吻吻"。䑃、吻皆训"冥"，则"绳绳忽忽"实为幽昧不明之意。

绳，《说文》谓其"从蝇省声"，惟"绳绳"有音"弭尽切"者（见《类编·纟部》《集韵·上声》），即《老子》"绳绳不可名"《释文》"又音"之"民忍反，梁帝云：'无涯际之貌'"。⑤ 此"绳"字从黾得声，古音在明纽真部（或谓耕部），与明纽耕部之"冥"相通。《左传·定公四年》之"冥阨"，《战国策·韩策》作"渑隘"，《战国策·燕策》作"鄳隘"，《楚策》谓之"黾塞"。⑥ 又《说文·冥部》："䑃，冥也。从冥黾声，读若黾蛙之黾。"⑦ 从以"冥"声训作"䑃"来看，"䑃"字从黾与冥两个声符。"冥""冥冥"，皆闇昧之貌。字书多有，不烦举例。《汉书·王吉传》颜注之"冥冥，言未有端绪"⑧，正可与《指归》"绳绳忽忽，无端无绪"相应。

---

① 王先谦：《诗三家义集疏》，第 399 页。
② 同上书，第 672 页。
③ 逯钦立辑校：《先秦汉魏晋南北朝诗》，北京：中华书局，1983，第 197 页。
④ 严遵撰，王德有译注：《老子指归译注》，第 24－25 页。
⑤ 宗福邦等主编：《故训汇纂》，第 1781 页。
⑥ 孙诒让：《墨子间诂》，北京：中华书局，2001，第 134 页。
⑦ 许慎：《说文解字》，第 269 页。
⑧ 班固：《汉书》，第 3056 页。

忽忽，亦为昏暗蒙昧之貌，《高唐赋》"悠悠忽忽，怊怅自失"，李善注："忽忽，迷貌。"① 此"忽忽"本字盖作"昒"，《说文·日部》"昒，尚冥也。"是"昒昒"与"冥冥"同义，故《广雅·释诂》："昒、昧、晻、曭，冥也。"②《淮南子·道应训》："冥然忽然，视之不见其形，听之不闻其声。"③ 亦以冥、忽相对，文意与"虚而实，无而有，圆而不规，方而不矩，绳绳忽忽，无端无绪"也相去不远。

4. 讻讻謷謷

《为学日益章》"道路悲忧，尽言军旅，讻讻謷謷，至相烹煮"，讻讻謷謷，王德有以"讻讻"为"喧扰不安"，"謷謷"为"众人悲叹声"。④

波成谨案：讻讻謷謷，恐惧忧愁之貌。讻讻，读作"凶凶"，恐惧也；謷謷，读作"嗷嗷"，众口愁也。

凶，《说文》"凶部"："凶，扰恐也。"字或作"恟""怓"。《左传·僖公二十八年》"曹人凶惧"，杜预注："凶凶，恐惧声。"⑤《国语·晋语一》"敌入而凶"，韦昭注："凶犹凶凶，恐惧也。"⑥

謷謷，字当作"嗷"，《说文·口部》："嗷，众口愁也。从口敖声。《诗》曰：'哀鸣嗷嗷。'"⑦ 或作熬熬、嚣嚣，《汉书·陈汤传》"国家罢敝，府臧空虚，下至众庶，熬熬苦之"，颜师古注："熬熬，众愁声。"贾谊《过秦论》："夫寒者利裋褐，饥者甘糟糠，天下之嚣嚣，新主之资也。"

5. 纤纤

《善为道者章》"天下智巧诈伪滋生，奇物并起，嗜欲无穷，奢淫不止，邪

---

① 萧统编，李善、吕延济、刘良等注：《六臣注文选》，第 348 页。

② 王念孙：《广雅疏证》，第 627 页。

③ 何宁撰：《淮南子集释》，第 892 页。

④ 严遵撰，王德有译注：《老子指归译注》，第 104－105 页。

⑤ 孔颖达：《春秋左传正义》，载《十三经注疏》，第 1824 页。

⑥ 徐元诰：《国语集解》，北京：中华书局，2002，第 264 页。

⑦ 许慎：《说文解字》，第 55 页。

枉纤纤，豪特争起"，纤纤，王德有释为"细小貌"。①

波成谨案：纤纤，读作"槮槮"，木长貌，此处比喻邪枉滋长。《续汉志·五行一》载汉桓帝时童谣"茅田一顷中有井，四方纤纤不可整"，司马彪案曰："言奸慝大炽不可整理。"② 是亦以草木之盛喻奸慝之多。此"纤"盖读作"槮"，参、鐵声字古音皆在心纽，韵母分属侵、谈部，阳入对转，故常相通作。如前揭《魏风·葛屦》"掺掺女手"，《说文》或作"攕"。是故此处之"纤纤"，读作槮槮。槮，《说文·木部》："槮，木长皃。"宋玉《九辨》"蔺櫹槮之可哀兮"，洪兴祖《补注》："槮音森，櫹槮，树长皃。"③ 纤、槮、森音近，是故"纤纤"犹"槮槮"，亦犹"槮森"。《马融·长笛赋》"林箫蔓荆，森槮柞朴"，李善注："森槮，木长貌。"④

6. 偆偆滂滂、墨墨偆偆、默默沌沌

《万物之奥章》："气志窅冥而形容隐匿，居如惊恐，貌似不足。偆偆滂滂，消如冰释，遇时而伸，遭世而伏。"偆偆滂滂，王德有分别释为"喜悦貌"和"安详平静"貌⑤。

波成谨案：偆偆滂滂，或读作"纯纯穆穆"，即静默敦悫之"默默沌沌"（《万物之奥章》），在此被释为冰溶解时静默无声、随时变化（敦朴）之意。严遵释"焕然若冰之将释"谓："冰者，常阴而不阳，静而不哗，随事变化，与物推移。柔弱润滑，无所不可，犹冬积为冰，春释为水，天顺时也。"⑥ 即敦朴静默之意。

偆偆，本字作敦、惇，诚悫貌。《说文》："惇，厚也。"《礼记·中庸》"肫肫其仁"，郑玄注："肫肫，读如'诲尔忳忳'之忳忳。忳，垦诚貌也。肫肫，或为纯纯。"⑦ "滂滂"，读作"缪缪"，即"穆穆"也。"缪"读"穆"古书多

---

① 严遵撰，王德有译注：《老子指归译注》，第 244 页。
② 范晔：《后汉书》，第 3283 页。
③ 洪兴祖：《楚辞补注》，第 186 页。
④ 萧统编，李善、吕延济、刘良等注：《六臣注文选》，第 326 页。
⑤ 《老子指归译注》，第 218－219 页。
⑥ 严遵撰，樊波成校笺：《老子指归校笺》，第 261 页。
⑦ 孔颖达：《礼记正义》，载《十三经注疏》，第 1635 页。

见，不烦举。穆穆，静默也。扬雄《河东赋》"遂臻阴宫，穆穆肃肃"，颜师古注曰："穆穆，静也。"① "偆偆漻漻"即《荀子·哀公》"缪缪肫肫，其事不可循。"《大戴礼记·哀公问五义》作"穆穆纯纯"②。

又："偆偆漻漻"即《以正治国章》云"人主之正，不孝不仁，不施不予，闵闵缦缦，万民恩挽，墨墨偆偆，好恶不别，是非不分，故得所欲，性命以全"③ 之"墨墨偆偆"。墨墨，或作"嘿嘿""嘿嘿""默默"，默，不言貌。

三、"联绵词"的考释问题

以上所考释的不少同义复词他们内部往往都是双声叠韵或者是声韵俱近的，比如"潼溶""徽捍""罔荡""闵挽""涽挽""堤壩"等，在很多辞书和论著中，可以被视作"联绵词"，而重言更是联绵词的特殊形式，这类词很多学者认为"不可分训"。即便某些是内部声韵关系相对较远的词汇，也就是那些"无双声迭韵关系的双音节词"有时也被称为联绵词。④ 王国维《联绵字谱》就有"非双声迭韵之字"一项。⑤

"联绵词"一般认为是两个音节表示一个语素的词，也就是双音节单纯词⑥，因为两个字只表示一个语素，故而普遍认为联绵词是不可分训的，符定一、徐通锵⑦、周法高⑧等学者包括王力都曾指出"联绵词不可拆分"。

然而在实际词汇考订中，我们发现有些联绵词是可以拆分的，比如"蹊径""经纬""跛躃""骐骥""栖迟"等；而其中有些联绵词虽然直接不能拆分，但是只要以声求之，也不是不能求得其义，例如"盘桓"就是"盘还"，"坎坷"

---

① 班固：《汉书》，第 3056 页。

② 王先谦：《荀子集解》，第 542 页。

③ 严遵撰，王德有译注：《老子指归译注》，第 186 页。

④ 符定一：《联绵字典》，北京：中华书局，1955，第 3 页。

⑤ 王国维：《联绵字谱下》，载《王国维遗书：第九册》，上海：上海书店出版社，1983，卷下，第 1－10 页。

⑥ 有学者指出：传统语文学中的连绵词从不区别单纯词、合成词。连绵词和合成词不在同一范畴中，无从形成对立概念。所论甚是。说参许惟贤（《论联绵字》，载《南京大学学报（哲学·人文科学·社会科学）》，1988 年第 2 期，第 199－208 页）、陈瑞衡（《当今"联绵字"：传统名称的"挪用"》，载《中国语文》，1989 年第 4 期，第 308－311 页）、李运富《是误解不是"挪用"——兼谈古今联绵字观念上的差异》，载《中国语文》，1991 第 5 期，第 383－387 页）。

⑦ 徐通锵：《语言论——语义型语言的结构原理与研究方法》，吉林：东北师范大学出版社，1997，第 348 页。

⑧ 周法高：《联绵字通说》，载《中国语文论丛》，台北：中正书局，1963，第 132－149 页。

就是"坎科","匍匐"就是"俯伏","齯鮡"就是"齯粗","葫芦"就是"壶卢","从容""怂恿"的"怂""恿""搐"都有"动"义,"磅礴"声转为"旁""溥"都有大意,"扶摇""钭"和"遥"都有疾义,等等。这些词都是由两个声韵相近的单音节同义词构成,所以有一种双音节单纯词的错觉。①

部分内部音韵关系相对比较远的联绵词其实也是同义复词,例如"胥靡"一词,很多联绵词典都是有收的。② 其实"胥靡"当读作"緤縻"③,"緤""縻"是两种系制类刑具。④

在典籍中,很多所谓"联绵词"有的拆解使用、有的倒写、有的用同义词替换其中一字的。

1. 拆分联绵词:双声联绵词"恍惚",《老子》用"恍兮惚兮、惚兮恍兮";联绵词"犹豫"⑤,"犹""豫"皆有诈、惑之意,故《老子》"与(豫)兮若冬涉川,犹兮若畏四邻";《荀子·非十二子篇》"利跂",也就是"离跂",或作"离纵而跂訾"(纵、訾亦同义)。《荀子·议兵篇》双声迭韵词"路亶",《晏子春秋·外篇下二》作"路世之政,单(与"亶"音近假借)事之教"。叠韵词"觳督"或"恂愁"也可拆分重组作"沟犹瞀儒"(《荀子·非十二子篇》)。

2. 典籍中联绵词上下字互乙:落拓和拓落,溟涬和涬溟,恍惚和惚恍,葱茏和茏葱⑥,玲珑和珑玲,攒蚖和元赞(腌攒)⑦,儒输和偷懦,等等。

3. 联绵词内部同义替换,使"联绵词"变成没有声韵关系的复合词。如

---

① 已经有不少学者指出"连绵词"全部是或部分是同义复词或者其他复音合成词,如白平(《汉语史新论》,太原:书海出版社,2002)、沈怀兴(《连绵词不可分训说辨疑》,载《汉字文化》,2008 年第 5 期;《〈联绵字典〉的收词及相关问题》,载《辞书研究》,2007 年第 4 期)等,胡正武、曹莉亚、马秀月等学者也有讨论。

② 符定一:《联绵字典》,第 287 - 289 页。高文达:《新编联绵词典》,郑州:河南人民出版社,2001,第 463 页。

③ 睡虎地 77 号墓西汉简牍有"昔者殷王有臣曰王子胥靡好夷而不间",《太平御览》卷四百九十作"王子须"。参见复旦出土文献与古文字研究中心:《睡虎地 77 号墓西汉简牍书籍简校读》,载刘钊主编《出土文献与古文字研究:第三辑》,上海:上海古籍出版社,2009,第 389 - 394 页。国家文物局编:《2008 中国重要考古发现》,北京:文物出版社,2009 年,第 102 - 106 页。

④ 吴荣曾:《胥靡试探——论战国时的刑徒制》,载《先秦两汉史研究》,北京:中华书局,1995,第 153 页。

⑤ "犹"或在喻纽,与"豫"同;"犹""豫"古音韵部幽、鱼亦甚近。

⑥ 裘锡圭指出:"汉语双音节单纯词的两个音节或并列式双音节复合词的两个词素,其前后位置往往可变动。前者如落拓 - 拓落,溟涬 - 涬溟,恍惚 - 惚恍,葱茏 - 茏葱。"(裘锡圭:《说"薄土"》,载《裘锡圭学术文集:第二卷》,第 50 页。)

⑦ 见俞忠鑫:《释"攒蚖"》,载《敦煌学辑刊》,1989 年第 2 期,第 70 - 72 页。

《庄子·马蹄》"踶跂为义"，在后文中写作"县跂仁义"，用义近词"县"代替"踶"。① 《荀子·王霸篇》"罢（皋）牢天下"、马融《广成颂》"皋牢陵山"，"罢"字当读作"牿"②，在《新序》中"皋牢"写作"宰牢"，宰、牿都是牛羊之牢，也是同义词替换。

这些词既然能拆分、能倒序、能以同义词代替，就不能算作是作为最小词义单位的语素，不如视作同义复词更为恰当。

为什么同义复词会变得难以识别，以至于将其一部分归入了双音节单语素的"联绵词"中呢？这和同义复词的产生和演变有关。殷墟甲骨文中目前没有发现复词，从周初八《诰》看，西周初期同义复词也非常少见。西周中期的金文中才陆续出现复合词③，东周时期开始，同义复词大量产生和使用，而此时又恰逢文字形体最不稳定的时代。新造字和异体字的使用使得原本指而可识的词义变得难以识读。从两汉经师的经文异读来看，文字的转写和方音的转述确实给信息的交流和解读带来了不小的分歧。所以新造字、异形字乃至于文字的使用偏好，在构词上带来的认读麻烦是显而易见的。例如"匍匐"，两字所从的"勹"其实就是"俯"形的人（"勹"表示卧倒的人形，音与"俯"近），匍和匐很可能是为"俯"或者"伏"两字的新造字。如果写作"俯伏"我们尚能知其本义，但随着"勹"作为声符、意符的弱化，要认识这个词的本义变得相当困难。

那么，为何很多同义复词往往在声韵上有关系呢？王国维曰：

> 凡雅俗、古今之名，**同类之异名与夫异类之同名，其音与义恒相关**。同类之异名，其关系尤显于奇名：……苹与蓱，蕲与芨，薕与芦、薍，螟与蟊，铜与鋈，鲦与鰝，皆一声之转。此不独生物之名然也。……栱、阁一声之转也。……唐、途、陈皆一声之转也。……歧、剧、衢、期、逵皆一声之转也。……靮与御、第与蔽，皆一声之转也。

---

① 踶也是"悬"的意思。《说文·足部》："踶，跂也。"踶，《史记·司马相如传》"隃绝梁、腾殊榛，捷垂条、踔稀间"，《集解》引郭璞云："踔，县蹄（蹄）也。"

② "罢牢"就是"牿牢"或者"梏牢"，上博简《周易》《容成氏》"梏"字从"**罣**"。

③ 郭锡良：《先秦汉语构词法的发展》，载《汉语史论集（增补本）》，北京：商务印书馆，2005，第162页。

《释天》："天气下地不应曰雺，地气发天不应谓之雾，雾谓之晦。"亦一声之转也。《释丘》之"重崖岸"，《释山》之"重甗陮"，崖、岸、甗、陮四者，皆一声之转也。又如……磝、礐、谷、沟、浍、澜、沧，亦皆一声之转。其余仿此，盖其流期于有别，而其源不妨相通，为文字变化之通例矣。[①] ……

王国维指出：由于"其源相通"，很多同义词在音读上往往是一声之转的（这里的"一声之转"包括双声迭韵）。由它们所组成的双声词也自然是双声迭韵的。值得一提的是，汉赋由于音节的关系，需要大量的两字、四字的同义复词，所以需要对同源词、同义词乃至近义词以及文字声训有足够的了解。故而辞赋家们往往也是语言学家，都撰有训诂学著作，例如司马相如有《凡将篇》，扬雄有《方言》《训纂篇》，班固有《大甲篇》《在昔篇》，这些训诂著作都是他们创作辞赋的语文基础。

笔者并不是要全面否定双音节单语素词（即现代语文学意义上的"联绵词"）的存在，仅仅是指出部分联绵词其实可能是同义复词。组成同义复词的两个词往往音近，又经过了晚周秦汉时期纷繁复杂的转写，往往不易被识读。所以如今被认为"联绵词"的同义复词，其数量应该是相当可观的，占据的比例也应该不小。

要之，在实际考释中，过去语言学家不能直接粗暴地拆分联绵词的见解是有价值的，也不宜直接否认联绵词的存在；但要认清很多所谓的"联绵词"其实是复合词，可以因声求得两字的本来面目，不能被双声迭韵即"不可拆分"的教条所掣肘。

---

① 王国维：《尔雅草木虫鱼鸟兽名释例》，载《观堂集林》，石家庄：河北教育出版社，2003，第 107 – 108 页。

　　《老子指归》虽然是保存至今最早系统性阐释《老子》的西汉文献，但由于明代以来被认为是伪书，未得应有之重视。不过，"伪书说"建立在错误的版本系统上，讨论《老子指归》当以道藏本为基础。结合青海上孙家寨汉简所反映的西汉晚期军制来看，《老子指归》绝非伪书。

　　严遵本《老子》存有早期传本的特质，但仍有局部经文遭到了后世主流传本的"同化"。道藏本《老子指归》所附"序"和"说目"也是严遵所作，两者既是严遵的《老子》大义，也保留了早期《老子》文本的部分特征。

　　今《道藏》本《老子指归》中《老子》经文下面的四字韵文注，体式类似于《易传》《尔雅·释训》《楚辞章句》等晚周汉魏文献。参其用韵特征和用字特征，可知作于西汉蜀楚之地，为严遵亲撰，也就是过去认为已经亡于六朝隋唐的"严遵《老子注》"。但西汉并无"注"体，严遵《老子注》旨在顺通文句，实为"训"体，是"章句"体式中"句"的部分；而"指归"论议各章的义旨，即"碎义"之"章指"，是"章句"体式中"章"的部分。严遵所著，本为严遵《老子章句》。"章句"是汉代说经的主要体式，繁琐章句拥有"训通"（注释）与"论义"的二元复合结构，这也是明清书录称"指归"部分为"道德指归论"的原因。

　　严遵本《老子》、严遵"《老子注》"和严遵"《老子指归》"三者具有同一性，都是严遵《老子章句》的一个部分，根据后两者校定前者，能复原出最符合严遵本意的《老子》文本。校定后的结果与同时期的西汉马王堆帛书本、西汉北大简本非常相似，非后世所能伪造。

　　汉代章句体式之下，循"文"训注的严遵"《老子注》"和循"义"论议展开的《老子指归》统合为一，七十二章"章旨"之所以文意复冗，也是当时章句"碎义逃难"的风尚所催使。魏晋宋齐"义学"与"章句学"分离的大环境，又令《老子注》和《旨归》分离。唐以后经籍注释多与经典文本"同构"，"指归"体式遂渐脱离经典解释之"主流"，爰有真伪之议。严遵《老子章句》为西汉黄老学之殿军，以非线性的混沌思维，指归于自然，以治国理身为务；而王弼《老子》学为玄学先锋，旨在贵无贱有，以形而上学为务。两者虽在《老子》文本上有所交涉，但学术旨趣殊途异路，晋宋玄学风行，《老子指归》逐步退出世俗思想史主流。由于齐梁时代对玄学"纯任虚无"有所反思，《老子指归》曾一度重新受到关注。梁元帝《老子讲疏》（敦煌遗书 BD14649＋14738）就参考了严遵本《老子》和《老子指归》。但唐五代之后，严遵《老子章句》繁琐的解经体式和庞杂的学术体系就再难以纳入唐宋经籍注释的"主流"之中。

《老子指归》颇受道教思想家们的重视，晋宋天师道在此基础上造作了《妙真经》。此后，成玄英、王玄览、杜光庭、陈景元等重玄学道士都吸收严遵著作为己用。有赖于历代道藏的收藏和道教学者的征引，使得这本两汉章句的孑遗大部分得以保存至今。历代道藏保存了不少珍贵的文献，为古代文献及其相关历史研究提供了很大的帮助，《老子指归》是一个鲜明的例子。但也正因为保存方式比较特殊，在世俗社会突然出现时才会有伪书之议。

《妙真经》虽已亡佚，但在晋宋天师道戒律文献《大道家令戒》中，却是与《黄庭经》并称为"道德之光华"的重要著作；在六朝道经太玄部中又与《西升经》《道德经》并列为道教义学的主要经典。该书尽管被指化用了佛教经典的语句，但更多地还是在《老子指归》的基础上编成的，说明《老子指归》在魏晋南北朝时期的道教内部很有影响力；也能发现六朝道教创建义学时，尽管有选择地参考佛教说经的形式，但更主要的还是对传统周秦汉道家典籍的吸收和再创造。

《老子》注释的研究范畴远大于《老子》或者道家学术本身，无论是撰作还是流传，背后往往涉及各个方面的知识，需要多方法、多角度、多领域的跨学科观察才能收获更全面的发现；同时，这些收获又能对所涉学科的知识有所反馈甚至推进。

一、征引古籍

［1］白玉蟾.玉隆集［M］∥道藏：第 4 册.北京：文物出版社，1988.

［2］班固.汉书［M］.颜师古注，北京：中华书局，1962.

［3］曹学佺.张玄羽集［M］∥四库全书存目丛书编纂委员会编.四库全书存目丛书：第 287 册.济南：齐鲁书社，1996.

［4］晁公武，孙猛.郡斋读书志校证［M］.上海：上海古籍出版社，1990.

［5］陈景元.道德真经藏室纂微篇［M］∥道藏：第 13 册.北京：文物出版社，1988.

［6］陈景元.南华真经章余事［M］∥道藏：第 15 册.北京：文物出版社，1988.

［7］陈寿祺.五经异义疏证［M］.曹建敦，校点.上海：上海古籍出版社，2012.

［8］道宣.广弘明集［M］.上海：上海古籍出版社，1991.

［9］道宣.集古今佛道论衡［M］∥大正新修大藏经：第 52 卷.台北：佛陀教育基金会，1990.

［10］董诰，等.全唐文［M］.北京：中华书局，1983.

［11］董思靖.道德真经集解［M］∥道藏：第一二册.北京：文物出版社，1988.

［12］杜光庭.道德真经广圣义［M］∥道藏：第一四册.北京：文物出版社，1988.

［13］杜光庭.太上黄箓斋仪［M］∥道藏：第九册.北京：文物出版社，1988.

［14］杜佑.通典［M］.王文锦，王永兴，刘俊文，等点校.北京：中华书局，1998.

［15］法琳，陈子良.辩正论［M］∥大正新修大藏经：第 52 卷.台北：佛陀教

育基金会，1990.

[16] 范翛然. 至言总 [M] ∥ 道藏：第 22 册. 北京：文物出版社，1988.

[17] 范晔. 后汉书 [M]. 李贤，等注. 北京：中华书局，1965.

[18] 范应元. 老子道德经古本集注 [M]. 上海：华东师范大学出版社，2001.

[19] 顾炎武，黄汝成. 日知录集释 [M]. 秦克诚，点校. 长沙：岳麓书社，1994.

[20] 洪兴祖. 楚辞补注 [M]. 白化文，点校. 北京：中华书局，1983.

[21] 黄丕烈. 士礼居藏书题跋记 [M]. 潘祖荫，辑. 北京：书目文献出版社，1989.

[22] 黄以周. 儆季杂著 [M]. 黄氏试馆刊本，1894（清光绪二十年）.

[23] 纪昀. 纪文达公遗集 [M] ∥ 顾廷龙，主编. 续修四库全书：第 1435 册. 上海：上海古籍出版社，2002.

[24] 贾公彦. 仪礼注疏 [M] ∥ 阮元，校刻. 十三经注疏. 北京：中华书局，1980.

[25] 焦竑. 庄子翼 [M]. 蒋氏慎修书屋，1914（民国三年）.

[26] 焦循. 孟子正义 [M]. 沈文倬，校点. 北京：中华书局，1987.

[27] 焦延寿，徐传武，胡真. 易林汇校集注 [M]. 上海：上海古籍出版社，2012.

[28] 金桂馨，漆逢源. 逍遥山万寿宫志 [M]. 南昌：铁柱宫，1878（清光绪四年）.

[29] 孔颖达. 毛诗正义 [M] ∥ 阮元，校刻. 十三经注疏. 北京：中华书局，1980.

[30] 孔颖达. 周易正义 [M] ∥ 阮元，校刻. 十三经注疏. 北京：中华书局，1980.

[31] 李隆基. 唐玄宗御制道德真经疏 [M] ∥ 道藏：第一一册. 北京：文物出版社，1988.

[32] 林希逸. 老子鬳斋口义 [M]. 黄曙辉，点校. 上海：华东师范大学出版社，2010.

[33] 刘宝楠. 汉石例 [M]. 北京：中华书局，1985.

[34] 陆德明，黄焯. 经典释文汇校 [M]. 黄延祖，重辑. 北京：中华书局，2006.

[35] 陆德明，吴承仕. 经典释文序录［M］. 张力伟，点校. 北京：中华书局，2008.

[36] 陆心源. 仪顾堂题跋［M］∥顾廷龙，主编. 续修四库全书：第930册，上海：上海古籍出版社，2002.

[37] 陆游. 陆游集［M］. 北京：中华书局，1976.

[38] 吕知常. 道德经讲义［M］∥熊铁基，陈红星，主编. 老子集成：第四册. 北京：宗教文化出版社，2011.

[39] 马端临. 文献通考［M］. 北京：中华书局，1986.

[40] 彭耜. 道德真经集注杂说［M］∥道藏：第一三册. 北京：文物出版社，1988.

[41] 皮锡瑞. 经学通论［M］. 北京：中华书局，1954.

[42] 钱大昕. 嘉定钱大昕先生全集［M］. 陈文和，主编. 南京：江苏古籍出版社，1997.

[43] 钱谦益. 牧斋有学集［M］. 钱曾，笺注. 钱仲联，标校. 上海：上海古籍出版社，1996.

[44] 钱曾，管庭芬，章钰. 读书敏求记校证［M］. 佘彦炎，标点. 上海：上海古籍出版社，2009.

[45] 潜说友. 咸淳临安志［M］. 杭州：钱塘汪氏振绮堂，1830（清道光十年）.

[46] 全祖望. 全祖望集汇校集注［M］. 朱铸禹，汇校集注. 上海：上海古籍出版社，2000.

[47] 阮元. 揅经室集［M］. 北京：中华书局，1993.

[48] 邵懿辰，邵章. 增订四库简明目录标注［M］. 新1版. 上海：上海古籍出版社，1979.

[49] 沈钦韩. 汉书艺文志疏证［M］∥尹承，整理. 王承略，刘心明，主编. 二十五史艺文经籍志考补萃编：第二卷. 北京：清华大学出版社，2011.

[50] 陶方琦. 淮南许注异同诂［M］. 长沙：湖南使院刊本，1881（清光绪七年）。

[51] 王弼. 老子道德真经［M］. 宇佐美惠，考订. 东京：江都书肆花说堂. 1780（日本明和七年）.

[52] 王弼. 道德真经注［M］∥张继禹. 中华道藏：第九册. 北京：华夏出版社，2004.

[53] 王先谦. 汉书补注 [M]. 北京：中华书局，1983.

[54] 王先谦. 后汉书集解 [M]. 北京：中华书局，1984.

[55] 王尧臣，等. 崇文总目 [M]. 钱东垣，辑释. 北京：中华书局，1985.

[56] 王玄览. 玄珠录 [M] // 王太霄，记. 道藏：第二三册. 北京：文物出版社，1988.

[57] 王应麟，翁元圻. 困学纪闻全校本 [M]. 乐保群，田松青，吕宗力，校点. 上海：上海古籍出版社，2008.

[58] 王应麟. 玉海：合璧本 [M]. 影印本. 京都：中文出版社，1977.

[59] 吴骞. 愚谷文存续编 [M] // 续修四库全书：第 1454 册. 上海：上海古籍出版社，2002.

[60] 吴筠. 宗玄先生文集 [M] // 道藏：第二三册. 北京：文物出版社，1988.

[61] 吴寿旸. 拜经楼藏书题跋记 [M] // 续修四库全书：第 940 册. 上海：上海古籍出版社，2002.

[62] 吴玉搢. 别雅 [M] // 文渊阁四库全书：第 222 册. 台湾：商务印书馆股份有限公司，1973.

[63] 萧统. 六臣注文选 [M]. 李善，吕延济，刘良，等注. 中华书局，2012.

[64] 萧绎. 金楼子校笺 [M]. 许逸民，校笺. 北京：中华书局，2011.

[65] 许敬宗. 文馆词林 [M]. 上海：商务印书馆，1936.

[66] 严可均. 全上古三代秦汉三国六朝文 [M]. 北京：中华书局，1958.

[67] 扬雄，司马光. 太玄集注 [M]. 刘韶军，点校. 北京：中华书局，1998.

[68] 严遵. 道德指归论 [M] // 沈士龙，胡震亨，校. 胡震亨，辑. 秘册汇函. 1573－1620（明万历年间）.

[69] 严遵. 道德真经指归 [M]. 谷神子，注. 成都：唐氏刻本，1922（民国十一年）.

[70] 严遵. 道德真经指归 [M] // 谷神子，注. 道藏：第一二册. 北京：文物出版社，1988.

[71] 严遵. 老子指归 [M]. 王德有，点校. 北京：中华书局，1994.

[72] 严遵，王德有. 老子指归译注 [M]. 北京：商务印书馆，2004.

[73] 杨士骧. 山东通志 [M]. 山东：通志刊印局，1918.

[74] 姚范. 援鹑堂笔记 [M] // 续修四库全书：第 1149 册，上海：上海古籍出版社，2002.

[75] 姚思廉.梁书 [M].北京：中华书局，1973.

[76] 姚振宗.后汉艺文志 [M]//马小方，整理.王承略，刘心明，主编.二十五史艺文经籍志考补萃编：第七卷.北京：清华大学出版社，2011.

[77] 姚振宗.隋书经籍志考证 [M].北京：中华书局，1955.

[78] 佚名.传授经戒仪注诀 [M]//道藏：第三二册.北京：文物出版社，1988.

[79] 佚名.大道通玄要 [M]//中华道藏：第二八册.北京：华夏出版社，2004.

[80] 佚名.道典论 [M]//道藏：第二四册.北京：文物出版社，1988.

[81] 佚名.洞神八帝妙精经 [M]//道藏：第一一册.北京：文物出版社，1988.

[82] 佚名.洞玄灵宝太上六斋十直圣纪经 [M]//道藏：第二八册.北京：文物出版社，1988.

[83] 佚名.上清道宝经 [M]//道藏：第三三册.北京：文物出版社，1988.

[84] 佚名.天台山志 [M]//道藏：第一一册.北京：文物出版社，1988.

[85] 佚名.无上秘要 [M]//道藏：第二八册.北京：文物出版社，1988.

[86] 佚名.正一法文天师教诫科经 [M]//道藏：第一八册.北京：文物出版社，1988.

[87] 殷敬顺.冲虚至德真经释文 [M]//陈景元，补遗.道藏：第一五册.1988.

[88] 永瑢，等.四库全书总目 [M].北京：中华书局，1965.

[89] 袁说友.成都文类 [M].赵晓兰，整理.北京：中华书局，2011.

[90] 张惠言.易义别录 [M]//阮元.皇清经解（第 1244－1245 卷）.广州：学海堂，1860（清咸丰十一年）.

[91] 张金吾.两汉五经博士考 [M]//续修四库全书：第 179 册.上海：上海古籍出版社，2002.

[92] 张君房.云笈七签 [M].北京：中华书局，2003.

[93] 赵岐，等.三辅决录·三辅故事·三辅旧事 [M].张澍辑，陈晓捷注.西安：三秦出版社，2006.

[94] 赵琦美.脉望馆书目 [M]//孙毓，修.涵芬楼秘笈：第六集.上海：商务印书馆，1918（民国 7 年）.

[95] 赵翼.陔余丛考 [M].北京：商务印书馆，1957.

[96] 郑樵. 通志二十略 [M]. 王树民，点校. 北京：中华书局，1995.

[97] 志磐，道法. 佛祖统纪校注 [M]. 上海：上海古籍出版社，2012.

[98] 周广业. 孟子四考 [M] // 王先谦. 皇清经解续编. 无锡：南菁书院，1888
（清光绪十四年）.

[99] 周中孚. 郑堂读书记 [M]. 黄曙辉，印晓峰，标校. 上海：上海书店，2009.

[100] 朱法满. 要修科仪戒律钞 [M] // 道藏：第六册. 北京：文物出版社，1988.

[101] 朱骏声. 说文通训定声 [M]. 武汉：武汉古籍书店，1983.

二、中文论著

[1] 安作璋，熊铁基. 秦汉官制史稿 [M]. 济南：齐鲁书社，2007.

[2] 北京大学出土文献研究所. 北京大学藏西汉竹书：二 [M]. 上海：上海古籍出版社，2012.

[3] 曹建国.《楚辞章句》韵体注考论 [J]. 文学评论，2010 (5)：118-125.

[4] 长沙市文物工作队. 长沙出土南朝徐副买地券 [M] // 湖南省博物馆. 湖南考古辑刊：第一辑. 长沙：岳麓书社，1982：33-46.

[5] 陈碧君.《孟子章指》研究 [J]. 汉学研究集刊，2001 (1)：210-223.

[6] 陈复华，何九盈. 古韵通晓 [M]. 北京：中国社会科学出版社，1987.

[7] 陈国符. 道藏源流考 [M]. 北京：中华书局，1963.

[8] 陈丽桂. 道家养生观在汉代的演变与转化：以《淮南子》、《老子指归》、《老子河上公章句》、《老子想尔注》为核心 [J]. 国文学报，2008 (39)：35-80.

[9] 陈梦家. 尚书通论 [M]. 北京：中华书局，2005.

[10] 陈瑞衡. 当今"联绵字"：传统名称的"挪用"[J]. 中国语文，1989 (4)：308-311.

[11] 陈新雄. 陈新雄语言学论学集 [M]. 北京：中华书局，2010.

[12] 陈垣. 道家金石略 [M]. 陈智超，曾庆瑛，校补. 北京：文物出版社，1988.

[13] 陈直. 关中秦汉陶录 [M]. 北京：中华书局，2006.

[14] 陈直. 汉书新证 [M]. 天津：天津人民出版社，1979.

[15] 陈直. 文史考古论丛 [M]. 天津：天津古籍出版社，1988.

[16] 陈直. 武威汉简文学弟子题字的解释 [J]. 考古，1961 (10)：567–569.

[17] 程南洲. 东汉时代之春秋左氏学 [M]. 上海：华东师范大学出版社，2011.

[18] 程元敏. 尚书学史 [M]. 台北：五南图书出版公司，2008.

[19] 池田温. 唐研究论文选集 [M]. 孙晓林，等译. 北京：中国社会科学出版社，1999.

[20] 岛邦男. 老子校正 [M]. 东京：汲古书院，1973.

[21] 邓声国. 王逸《楚辞章句》考论 [M]. 北京：北京图书馆出版社，2011.

[22] 丁光迪. 太清导引养生经·养性延命录 [M]. 北京：中国中医药出版社，1993.

[23] 董恩林.《道藏》四卷本《唐玄宗御制道德真经疏》辨误 [J]. 宗教学研究，2005 (1)：3–7.

[24] 董恩林. 唐代《老子》诠释文献研究 [M]. 济南：齐鲁书社，2003.

[25] 冯浩菲. 中国古籍整理体式研究 [M]. 北京：高等教育出版社，2003.

[26] 符定一. 联绵字典 [M]. 北京：中华书局，1955.

[27] 复旦出土文献与古文字研究中心. 睡虎地 77 号墓西汉简牍书籍简校读 [M] ∥ 刘钊，主编. 出土文献与古文字研究：第三辑. 上海：上海古籍出版社，2009：389–394.

[28] 傅亚庶. 孔丛子校释 [M]. 北京：中华书局，2011.

[29] 甘肃省博物馆，中国科学院考古研究所编. 武威汉简 [M]. 北京：文物出版社，1964.

[30] 高亨. 周易大传今注 [M]. 济南：齐鲁书社，1979.

[31] 高明. 帛书老子校注 [M]. 北京：中华书局，1996.

[32] 高明. 高明论著选集 [M]. 北京：科学出版社，2001.

[33] 高文达. 新编联绵词典 [M]. 郑州：河南人民出版社，2001.

[34] 郜积意. 宣、章二帝与两汉章句学的兴衰 [J]. 汉学研究，2007 (1)：61–94.

[35] 葛兆光. 古代中国的历史、思想与宗教 [M]. 北京：北京师范大学出版社，2006.

[36] 葛兆光. 屈服史及其他：六朝隋唐道教的思想史研究 [M]. 北京：生活·

读书·新知三联书店，2003.

[37] 龚鹏程. 唐代思潮 [M]. 北京：商务印书馆，2007.

[38] 管锡华. 尔雅研究 [M]. 合肥：安徽大学出版社，1996.

[39] 广东省博物馆，香港中文大学文物馆. 广东出土晋至唐文物 [M]. 香港：香港中文大学，1985.

[40] 郭沫若. 青铜时代 [M]. 北京：中国人民大学出版社，1995.

[41] 郭沫若. 由王谢墓志的出土论到《兰亭序》的真伪 [J]. 文物，1965 (6)：1-25.

[42] 郭锡良. 汉语史论集：增补本 [M]. 北京：商务印书馆，2005.

[43] 郭永秉. 古文字与古文献论集 [M]. 上海：上海古籍出版社，2011.

[44] 国家图书馆善本金石组. 宋代石刻文献全编 [M]. 北京：北京图书馆出版社，2003.

[45] 国家文物局. 2008 中国重要考古发现 [M]. 北京：文物出版社，2009.

[46] 韩巍. 北大汉简《老子》简介 [J]. 文物，2011 (6)：67-70.

[47] 何九盈.《尔雅》的年代和性质 [J]. 语文研究，1984 (2)：15-23.

[48] 洪业. 洪业论学集 [M]. 北京：中华书局，1981.

[49] 胡道静.《道藏》的版本和利用及其前景 [J]. 学术月刊，1987 (6)：62-64.

[50] 胡道静. 公孙龙子考 [M]. 上海：商务印书馆，1934.

[51] 湖北省博物馆. 武汉地区四座南朝纪年墓 [J]. 考古，1955 (4)：176-214.

[52] 黄侃. 黄侃国学文集 [M]. 北京：中华书局，2006.

[53] 黄侃. 文心雕龙札记 [M]. 周勋初，导读. 上海：上海古籍出版社，2000.

[54] 黄维忠，郑炳林. 敦煌本《修文殿御览》残卷考释 [J]. 敦煌学辑刊，1996 (1)：36-48.

[55] 简宗梧. 司马相如赋篇用韵考 [J]. 中华学苑，1972 (10)：1-40.

[56] 江澄波. 古刻名抄经眼录 [M]. 南京：江苏人民出版社，1997.

[57] 姜守诚.《太平经》研究：以生命为中心的综合考察 [M]. 北京：社会科学文献出版社，2007.

[58] 蒋天枢. 楚辞论文集 [M]. 西安：陕西人民出版社，1982.

[59] 蒋湘南. 七经楼文钞 [M]. 郑州：中州古籍出版社，1991.

[60] 焦桂美.南北朝经学史 [M].上海：上海古籍出版社，2007.

[61] 金春峰.汉代思想史 [M].北京：中国社会科学出版社，2006.

[62] 金生杨.汉唐巴蜀易学研究 [M].成都：巴蜀书社，2007.

[63] 荆门市博物馆.郭店楚墓竹简 [M].北京：文物出版社，1998.

[64] 孔令宏.道教新探 [M].北京：中华书局，2011.

[65] 劳思光.新编中国哲学史 [M].桂林：广西师范大学出版社，2005.

[66] 李斌城.敦煌写本唐玄宗《道德经》注疏残卷研究 [J].世界宗教研究，
1987 (1)：51-61.

[67] 李德范辑.敦煌道藏 [M].北京：中华全国图书馆文献缩微复制中
心，1999.

[68] 李丰楙.《道藏》所收早期道书的瘟疫观：以《女青鬼律》及《洞渊神咒
经》系为主 [J].中国文哲研究集刊，1993 (3)：417-454.

[69] 李丰楙.六朝道教的终末论 [M].陈鼓应，主编.道教文化研究：第六辑.
上海：上海古籍出版社，1996：88-89.

[70] 李刚.杜光庭《道德真经广圣义》"身国同治"的生命政治学 [J].宗教
学研究.2007 (1)：30-35.

[71] 李均明，刘军.简牍文书学 [M].南宁：广西教育出版社，1999.

[72] 李零.青海大通县上孙家寨汉简性质小议 [J].考古，1983 (6)：549-
553.

[73] 李小光.道教"真一"思想考 [J].宗教学研究，2010 (4)：35-42.

[74] 李学勤.古文献丛论 [M].北京：中国人民大学出版社，2011.

[75] 李学勤.李学勤讲中国文明 [M].北京：东方出版社，2008.

[76] 李学勤.走出疑古时代 [M].长春：长春出版社，1997.

[77] 李养正.试论支遁、僧肇与道家（道教）重玄思想的关系 [J].宗教学研
究，1997 (2)：64-75.

[78] 李玉.秦汉简牍帛书音韵研究 [M].北京：当代中国出版社，1994.

[79] 李运富.是误解不是"挪用"：兼谈古今联绵字观念上的差异 [J].中国语
文，1991 (5)：383-387.

[80] 廖名春，康学伟，梁韦弦.周易研究史 [M].长沙：湖南出版社，1991.

[81] 林庆彰.中国经学史论文选集 [M].台北：文史哲出版社，1992.

[82] 林秀一.孝经述议复原研究 [M].乔秀岩，叶纯芳，顾迁，编译.武汉：

崇文书局，2016.

[83] 刘安志：《华林遍略》乎？《修文殿御览》乎：敦煌写本 P. 2526 号新探 [M] // 高田时雄. 敦煌写本研究年报：第七号，京都：京都大学人文科学 研究所"中国中世写本研究班"，2013：167 - 202.

[84] 刘固盛. 老庄学文献及其思想研究 [M]. 长沙：岳麓书社，2009.

[85] 刘固盛. 宋元老学研究 [M]. 成都：巴蜀书社，2001.

[86] 刘冠才. 两汉韵部与声调研究 [M]. 成都：巴蜀书社，2007.

[87] 刘建国. 中国哲学史史料学概要 [M]. 长春：吉林人民出版社，1983.

[88] 刘乐贤. 马王堆天文书考释 [M]. 广州：中山大学出版社，2004.

[89] 刘汝霖. 汉晋学术编年 [M]. 上海：华东师范大学出版社，2010.

[90] 刘韶军. 日本现代老子研究 [M]. 福州：福建人民出版社，2006.

[91] 刘师培. 刘申叔遗书 [M]. 南京：江苏古籍出版社，1997.

[92] 刘笑敢. 老子古今 [M]. 北京：中国社会科学出版社，2005.

[93] 刘屹. 敬天与崇道：中古经教道教形成的思想史背景 [M]. 北京：中华书 局，2005.

[94] 刘屹. 神格与地域：汉唐间道教信仰世界研究 [M]. 上海：上海人民出版 社，2011.

[95] 刘屹. 小林正美《唐代の道教と天师道》[M] // 荣新江，主编. 唐研究： 第十卷. 北京：北京大学出版社，2004：598 - 604.

[96] 刘玉建. 两汉象数易学研究 [M]. 南宁：广西教育出版社，1996.

[97] 刘昭瑞. 姝女地券与早期道教的南传 [M] // 《华学》编辑委员会. 华 学：第二辑. 广州：中山大学出版社，1996：303 - 313.

[98] 卢国龙. 道教哲学 [M]. 北京：华夏出版社，1997.

[99] 卢国龙. 论陈景元的道家学术 [M] // 陈鼓应，主编. 道家文化研究：第十 九辑，北京：读书·生活·新知三联书店，1998：357 - 374.

[100] 卢国龙. 中国重玄学 [M]. 北京：人民中国出版社，1993.

[101] 鲁瑞菁. "《离骚》称经"与汉代章句学 [J]. 静宜人文社会学报，2007 (2)：1 - 33.

[102] 栾调甫. 墨子研究论文集 [M]. 北京：人民出版社，1957.

[103] 罗常培，周祖谟. 汉魏晋南北朝韵部演变研究 [M]. 北京：中华书 局，2007.

[104] 罗因.战国秦汉几种《老子》注养生思想的递变：从全身保身、精神境界、技术化导向到宗教教训的发展 [J].东吴中文学报：19，2010：25-54.

[105] 罗振玉.吉石庵丛书续 [M]//罗雪堂先生全集初编：第一八册.台北：大通书局，1986.

[106] 罗振玉.松翁近稿 [M].台北：文华出版社，1969.

[107] 罗振玉.雪堂校刻群书叙录 [M]//罗雪堂先生全集初编：第一册.台北：大通书局，1986.

[108] 罗竹风.汉语大词典 [Z].中国汉语大词典编辑委员会，汉语大词典编纂处.上海：汉语大词典出版社，1986.

[109] 吕思勉.文字学四种 [M].上海：华东师范大学出版社，2009.

[110] 马宗霍.中国经学史 [M].北京：商务印书馆，1998.

[111] 毛远明.石刻文献通论 [M].北京：中华书局，2008.

[112] 蒙文通.佛道散论 [M].北京：商务印书馆，2011.

[113] 蒙文通.古学甄微 [M].成都：巴蜀书社，1987.

[114] 牟润孙.注史斋丛稿 [M].北京：中华书局，1987.

[115] 牟宗三.才性与玄理 [M].桂林：广西师范大学出版社，2006.

[116] 那薇.汉代道家的政治思想和直觉体悟 [M].济南：齐鲁书社，1992.

[117] 牛继清.《旧唐书·经籍志》增补《古今书录》考 [J].中国典籍与文化，2006（1）：25-28.

[118] 欧小牧.陆游年谱 [M].成都：天地出版社，1981.

[119] 钱穆.两汉经学今古文平议 [M].北京：商务印书馆，2001.

[120] 钱穆.庄老通辩 [M].北京：读书·生活·新知三联书店，2002.

[121] 钱玄同.重论经今古文学问题 [M]//顾颉刚，编著.古史辨：第五册，上海：上海古籍出版社，1982：22-100.

[122] 青海省文物考古研究所.上孙家寨汉晋墓 [M].北京：文物出版社，1993.

[123] 卿希泰.中国道教史 [M].成都：四川人民出版社，1988.

[124] 邱秀春.白虎通义与东汉经学的发展 [D].台北：辅仁大学中文所，2000.

[125] 秋月观暎.中国近世道教的形成：净明道的基础研究 [M].丁培仁，译.

北京：中国社会科学出版社，2005.

[126] 裘锡圭.古文献中读为"设"的"埶"及其与"执"互讹之例 [J].东方文化，1998（1-2）：39-45.

[127] 裘锡圭.郭店《老子》简初探 [M]∥陈鼓应，主编.道家文化研究：第十七辑，北京：读书·生活·新知三联书店，1999：25-63.

[128] 裘锡圭.裘锡圭学术文集 [M].上海：复旦大学出版社，2012.

[129] 裘锡圭.中国出土古文献十讲 [M].上海：复旦大学出版社，2004.

[130] 饶宗颐.老子想尔注校证 [M].上海：上海古籍出版社，1991.

[131] 任继愈，钟肇鹏.道藏提要 [M].北京：中国社会科学出版社，1991.

[132] 山田俊.道教"真一"思想探源：从《升玄经》到《本际经》 [J].海南大学学报，1991（1）：50-59.

[133] 沈文倬.菿闇文存：宗周礼乐文明与中国文化考论 [M].北京：商务印书馆，2007.

[134] 圣凯.初唐佛道"道法自然"论争及其影响 [J].华东师范大学学报：哲学社会科学版，2011（4）：54-62.

[135] 睡虎地秦墓竹简整理小组.睡虎地秦墓竹简 [M].北京：文物出版社，1990.

[136] 孙楷第.俗讲、说话与白话小说 [M].北京：作家出版社，1956.

[137] 孙筱.两汉经学与社会 [M].北京：中国社会科学出版社，2002.

[138] 孙亦平.杜光庭的"经国理身"思想初探：兼论道教的终极理想及其现代意义 [J].南京大学学报：哲学·人文科学·社会科学，2000（2）：52-61.

[139] 汤用彤：汉魏两晋南北朝佛教史 [M].北京：北京大学出版社，2010.

[140] 汤用彤.汤用彤学术论文集 [M].北京：中华书局，1983.

[141] 汤用彤.魏晋玄学论稿及其他 [M].北京：北京大学出版社，2010.

[142] 唐长孺.魏晋南北朝史论拾遗 [M].北京：中华书局，1983.

[143] 唐晏.两汉三国学案 [M].北京：中华书局，1986.

[144] 田永胜.王弼思想与诠释文本 [M].北京：光明日报出版社，2003.

[145] 瓦格纳.王弼《老子注》研究 [M].杨力华，译.南京：江苏人民出版社，2009.

[146] 万毅.敦煌本《升玄内教经》的南朝道教渊源 [J].中山大学学报，

2001 (4): 23 - 24.

[147] 汪惠敏. 三国时代之经学研究 [M]. 台北: 汉京文化事业有限公司, 1981.

[148] 汪圣铎. 宋代政教关系研究 [M]. 北京: 人民出版社, 2010.

[149] 王葆玹. 黄老与老庄 [M]. 北京: 中国人民大学出版社, 2012.

[150] 王葆玹. 今古文经学新论 [M]. 北京: 中国社会科学出版社, 1997.

[151] 王重民. 老子考 [M]. 北京: 中华图书馆协会, 1927.

[152] 王重民. 敦煌古籍叙录 [M]. 北京: 中华书局, 2010.

[153] 王德有. 严君平《老子指归》真伪考辨 [J]. 齐鲁学刊, 1985 (4): 60 - 64.

[154] 王德有. 严君平评传 [M]. 南宁: 广西教育出版社, 1997.

[155] 王德有. 严遵与王充、王弼、郭象之学源流 [M] // 陈鼓应, 主编. 道家文化研究. 上海: 上海古籍出版社, 1994: 222 - 231.

[156] 王国维. 观堂集林 [M]. 石家庄: 河北教育出版社, 2003.

[157] 王国维. 王国维遗书 [M]. 上海: 上海书店出版社, 1983.

[158] 王家佑. 道教论稿 [M]. 成都: 巴蜀书社, 1987.

[159] 王卡. 敦煌道教文献研究: 综述・目录・索引 [M]. 北京: 中国社会科学出版社, 2004.

[160] 王卡. 中国国家图书馆藏敦煌道教遗书研究报告 [M] // 季羡林, 饶宗颐. 敦煌吐鲁番研究: 第七卷. 北京: 中华书局, 2004: 345 - 380.

[161] 王力. 汉语语音史 [M] // 王力文集: 第十卷. 济南: 山东教育出版社, 1987.

[162] 王利器. 道藏本《道德真经指归》提要 [M] // 中国哲学: 第四辑, 北京: 生活・读书・新知三联书店, 1980: 337 - 360.

[163] 王明. 道家和道教思想研究 [M]. 北京: 中国社会科学出版社, 1984.

[164] 王明. 太平经合校 [M]. 北京: 中华书局, 1960.

[165] 王明. 论《太平经》的成书时代和作者 [M] // 中国社会科学院科研局. 王明集, 北京: 中国社会科学出版社, 2007.

[166] 王三庆. 敦煌类书・研究篇 [M]. 台北: 丽文文化事业有限公司, 1993.

[167] 王维诚. 老子化胡说考证 [J]. 国学集刊, 1934 (4 - 2): 1 - 122.

[168] 王维诚. 魏王弼撰《老子指略》佚文之发见 [J]. 北京大学国学季刊,

1952（7-3）：1-59.

［169］王育成：徐副买地券中天师道史料考释［J］.考古，1993（6）：551-555.

［170］王宗昱.《道教义枢》研究［M］.上海：上海文化出版社，2001.

［171］王仲镛.唐诗纪事校笺［M］.成都：巴蜀书社，1989.

［172］吴平.《天一阁书目》初探［J］.广东图书馆学刊，1989（3）：9-10.

［173］吴荣曾.先秦两汉史研究［M］.北京：中华书局，1995.

［174］吴毓江.墨子校注［M］.北京：中华书局，1993.

［175］武秀成.《旧唐书·经籍志》"增补《古今书录》"说辨误［J］.中国典籍与文化，2006（3）：9-15.

［176］小林正美.六朝道教史研究［M］.李庆，译.成都：四川人民出版社，2001.

［177］小林正美.三洞四辅与"道教"的成立［M］∥陈鼓应，主编.道家文化研究：第十六辑，1999：1-21.

［178］熊铁基，马良怀，刘韶军.中国老学史［M］.福州：福建人民出版社，2005.

［179］徐元诰.国语集解［M］.沈长云，王树民，点校.北京：中华书局，2002.

［180］徐芹庭.汉易阐微［M］.北京：中国书店，2010.

［181］徐芹庭.两汉京氏陆氏易学研究［M］.北京：中国书店，2011.

［182］徐通锵.语言论：语义型语言的结构原理与研究方法［M］.吉林：东北师范大学出版社，1997.

［183］许理和.佛教征服中国：佛教在中国中古早期的传播与适应［M］.李四龙，裴勇，译.南京：江苏人民出版社，2003.

［184］许惟贤.论联绵字［J］.南京大学学报：哲学·人文科学·社会科学，1988（2）：199-208.

［185］严灵峰.无求备斋老子集成［M］.台北：艺文印书馆，1965.

［186］严灵峰.周秦汉魏诸子知见书目：第一卷［M］.台北：正中书局，1975.

［187］杨伯峻.列子集释［M］.北京：中华书局，1979.

［188］杨建忠.秦汉楚方言声韵研究［M］.北京：中华书局，2011.

［189］杨树达.积微居小学述林［M］.北京：中国科学院，1954.

[190] 姚名达. 中国目录学史 [M]. 台北：台湾商务印书馆，1965.

[191] 叶贵良. 敦煌本《太玄真一本际经》辑校 [M]. 成都：巴蜀书社，2010.

[192] 殷宪，董其高. 北魏司马金龙墓屏风漆画题记 [J]. 中国书法，2014
(4)：124 - 135.

[193] 于安澜. 汉魏六朝韵谱 [M]. 暴拯群，校改. 郑州：河南人民出版
社，1989.

[194] 于北山. 陆游年谱 [M]. 上海：上海古籍出版社，2006.

[195] 余嘉锡. 古书通例 [M]. 北京：中国人民大学出版社，2004.

[196] 余嘉锡. 四库提要辨证 [M]. 北京：中华书局，1980.

[197] 余嘉锡. 余嘉锡论学杂著 [M]. 北京：中华书局，2011.

[198] 余英时. 历史与思想 [M]. 台北：联经出版书业公司，1988.

[199] 余英时. 士与中国文化 [M]. 上海：上海人民出版社，1987.

[200] 俞忠鑫. 释 "攒蚖" [J]. 敦煌学辑刊，1989 (2)：70 - 72.

[201] 虞万里. 榆枋斋学术论集 [M]. 南京：江苏古籍出版社，2001.

[202] 张宝三. 汉代章句之学论考 [J]. 台大中文学报，2001 (14)：35 - 73.

[203] 张国华. 中国秦汉思想史 [M]. 北京：人民出版社，1994.

[204] 张觉. 韩非子考论 [M]. 北京：知识产权出版社，2013.

[205] 张量.《孟子章指》研究 [J]. 北京大学中国古文献研究中心集刊，2002
(3)：402 - 417.

[206] 张双棣. 淮南子用韵考 [M]. 北京：商务印书馆，2010.

[207] 张舜徽. 中国古代史籍校读法 [M]. 武汉：华中师范大学出版社，2004.

[208] 张勋燎，白彬. 中国道教考古 [M]. 北京：线装书局，2006.

[209] 张政烺. 张政烺论易丛稿 [M]. 李零，整理. 北京：中华书局，2011.

[210] 章太炎. 菿汉三言 [M]. 虞云国，标点整理. 沈阳：辽宁教育出版
社，2000.

[211] 章太炎，庞俊，郭诚永. 国故论衡疏证 [M]. 北京：中华书局，2008.

[212] 章太炎. 章太炎全集 [M]. 上海人民出版社，编. 上海：上海人民出版
社，1984.

[213] 章太炎. 中国现代学术经典·章太炎卷 [M]. 石家庄：河北教育出版
社，1996.

[214] 赵超. 汉魏南北朝墓志汇编 [M]. 天津：天津古籍出版社，2008.

[215] 郑灿山. 东晋唐初道教道德经学: 关于道德经与重玄思想暨太玄部之讨论 [M]. 台北: 国立编译馆, 2009.

[216] 郑良树. 从帛书《老子》论严遵《道德指归》之真伪 [M] // 四川大学历史系古文字研究室. 古文字研究: 第七辑, 1982: 243 – 272.

[217] 郑良树. 老子新论 [M]. 上海: 上海古籍出版社, 2011.

[218] 郑良树.《老子》严遵本校记 [J]. 书目季刊, 1977 (4): 23 – 51.

[219] 郑万耕. 扬雄及其太玄 [M]. 北京: 北京师范大学出版社, 2009.

[220] 中国国家图书馆编. 国家图书馆藏敦煌遗书 [M]. 北京: 北京图书馆出版社, 2010.

[221] 中国画像砖全集编辑委员会. 中国画像砖全集·四川汉画像砖 [M]. 成都: 四川美术出版社, 2006.

[222] 钟肇鹏. 中国古代佚名哲学名著评述 [M]. 济南: 齐鲁书社, 1985.

[223] 周法高. 联绵字通说 [M] // 中国语文论丛. 台北: 正中书局, 1963.

[224] 周勋初. 韩非子札记 [M]. 南京: 江苏人民出版社, 1980.

[225] 朱伯崑. 易学哲学史 [M]. 北京: 华夏出版社, 1995.

[226] 朱大星. 敦煌本《老子》研究 [M]. 北京: 中华书局, 2007.

[227] 朱谦之. 老子校释 [M]. 北京: 中华书局, 1984.

[228] 朱越利. 道经总论 [M]. 沈阳: 辽宁教育出版社, 1991.

[229] 朱越利. 道藏说略 [M]. 北京: 北京燕山出版社, 2009.

[230] 朱越利.《养性延命录》考 [J]. 世界宗教研究, 1986 (1): 101 – 116.

[231] 庄耀郎. 郭象玄学 [M]. 台北: 里仁书局, 1998.

[232] 宗福邦, 陈世铙, 萧海波. 故训汇纂 [Z]. 北京: 商务印书馆, 2003.

三、日文论著

[1] 大渊忍尔. 初期の道教: 道教史の研究·其の一 [M]. 东京: 创文社, 1991.

[2] 大渊忍尔. 道教とその经典: 道教史の研究·其の二 [M]. 东京: 创文社, 1997.

[3] 大渊忍尔. 敦煌道经·目录编 [M]. 东京: 福武书店, 1978.

[4] 岛邦男. 老子校正 [M]. 东京: 汲古书院, 1973.

[5] 福井康顺. 道教の基础的研究 [M]. 京都: 法藏馆, 1987.

［6］福井文雅. 都讲の职能と起源：中国・インド交涉の一接点. 栉田博士颂寿纪念：高僧传の研究［G］. 东京：山喜房佛书林，1968.

［7］古胜隆一. 中国中古の学术［M］. 东京：研文出版社，2006.

［8］荒牧典俊. 中国中世の宗教と文化［M］. 京都：京都大学人文科学研究所，1982.

［9］吉冈义丰. 吉冈义丰著作集［M］. 东京：五月书房，1988.

［10］加贺荣治. 中国古典解释史：魏晋卷［M］. 东京：劲草书房，1964.

［11］六朝道教教の研究研究班.《真诰》译注稿（四）［J］. 东方学报，1999，(71)：295－491.

［12］六朝随唐隋唐时代の道佛论争研究班.《笑道论》译注［J］. 东方学报，1988（60)：612.

［13］麦谷邦夫. 道と气と神：道教教理における意义をめぐって［J］. 京都大学人文科学研究所人文学报，1989（65)：93－106.

［14］麦谷邦夫. 唐玄宗御注《道德真经》および疏撰述をめぐる二、三の问题［J］. 东方学报，1996（62)：209－213.

［15］牧田谛亮. 弘明集研究：译注篇［M］. 京都：京都大学人文科学研究所，1974.

［16］楠山春树. 老子传说の研究［M］. 东京：创文社，1979.

［17］前田繁树. 初期道教经典の形成［M］. 东京：汲古书院，2004.

［18］前田繁树.《老子西升经》のテキストについて［J］. 山村女子短期大学纪要，1989，1：1－45.

［19］砂山稔. 隋唐道教思想史研究［M］. 东京：平河出版社，1990.

［20］山田俊.《升玄经》の卷次と「内教」に就いて［J］. 熊本县立大学文学部纪要，2001，8（1)：37－46.

［21］山田俊. 唐初道教思想史研究：《太玄真一本际经》の成立と思想［M］. 京都：平乐寺书店，1999.

［22］山田利明：The evolution of taoist ritual: k'ou ch'ienchih and lu hsiu-ching［J］. Acta Asiatica，1995（68)：73－75.

［23］神冢淑子.《海空智藏经》について［J］. 东京：东京大学东洋文化研究所纪要，2002，142：44－56.

［24］神冢淑子. 六朝道经の形成とその文体：上清经の场合［J］. 东京：东京

大学东洋文化研究所东洋文化研究所纪要，1996，129：53-60.

[25] 尾埼正治．道教の类书［M］∥编集委员．讲座敦煌4：敦煌と中国道教．
东京：大东出版社，1980.

[26] 吴其昱．敦煌汉文写本概观［M］∥伊藤美重子，译．池田温，主编．敦煌
讲座五：敦煌汉文文献［M］，东京：大东出版社，1992：1-143.

[27] 小林正美．《升玄经》の成立とその年代编纂者［G］．平井俊英博士古稀
纪念论集·三论教学と佛教诸思想．东京：春秋社，2000：87-110.

[28] 小南一郎．王逸《楚辞章句》をめぐって——汉代章句の学の一侧面
［J］．东方学报，1991，63：61-114.

[29] 兴膳宏，川合康三．《隋书·经籍志》详考［M］．东京：汲古书院，1995.

[30] 野村茂夫．前汉「章句の学」试探［J］．爱知教育大学研究报告：人文科
学·社会科学，1978，27：1-34.

[31] 原田正己．墓券文に见られる冥界の神とその祭祀［J］．东方宗教，
1967，22：17-35.

四、西文论著

[1] KOHN L. Taoist Mystical Philosoph：The Scripture of Western Ascension
［M］. Albany：State University of New York Press, 1991.

[2] KOHN L. Taoist Scripture as Mirror in Xiao Dao Lun ［J］. Taoist Resource 4,
1993（1）：47-69.

[3] LAGERWEY J. Wu-shang Pi-yao. Somme Taoiste du VIe siècle ［M］. Paris：
École française d'Extrême-Orient, Paris：Publications de l'EFEO, 1981.

[4] LOON P. Taoist Books in the Libraries of the Sung Period ［M］. London：
Ithaca Press, 1984.

[5] NICKERSON P. Taoism, Death, and Bureaucracy in Early Medieval China
［M］. Berkeley：University of California, 1996.

[6] PETERSON T. The demon statute of feminine verdure：a preliminary study
［D］∥Master Dissertation, the Department of East Asian Language and
Cultures, Indiana University：1992.

[7] ROBINET I. Les commentaires du "Tao tö king" jusqu'au VIIe siècle ［M］.
Paris：Collège de France, Institut des hautes études chinoises：en vente,

Paris: Presses universitaires de France, 1977.

[8] ROTH H. The textual history of the huai-nan tzu [M]. Ann Arbor: Association for Asian Studies, 1992.

[9] SCHIPPER K. Purity and strangers-shifting boundaries in medieval taoism [J]. T'oung Pao, 1994 (80): 61 - 81.

[10] SCHIPPER K, VERELLEN F. The Taoist Canon: A Historical Companion to the Daozang [M]. Chicago: The University of Chicago Press, 2004.

[11] SEIDELA K. Traces of han religion in funeral texts found in tombs [G] // 道教と宗教文化, 東京: 平河出版社, 1987: 23 - 57.

[12] TING P. Chinese phonology of the wei-chin period: reconstruction of the finals as reflected in poetry [M] // Special publications no. 65, Taipei: Institute of history and philology, Academia Sinica: 1975.